专业学位教学案例精选精析

U0791468

金融教学案例（第一辑）

常东风　陈晓莉等　编著

中国财经出版传媒集团
经济科学出版社
Economic Science Press

图书在版编目（CIP）数据

金融教学案例．第一辑/常东风等编著．—北京：
经济科学出版社，2021.2
（专业学位教学案例精选精析）
ISBN 978－7－5218－2398－1

Ⅰ.①金…　Ⅱ.①常…　Ⅲ.①金融学－教案（教育）－
汇编－高等学校　Ⅳ.①F830

中国版本图书馆 CIP 数据核字（2021）第 033611 号

责任编辑：陈赫男
责任校对：王苗苗
责任印制：范　艳　张佳裕

金融教学案例（第一辑）
常东风　陈晓莉等　编著
经济科学出版社出版、发行　新华书店经销
社址：北京市海淀区阜成路甲 28 号　邮编：100142
总编部电话：010－88191217　发行部电话：010－88191522
网址：www. esp. com. cn
电子邮箱：esp@ esp. com. cn
天猫网店：经济科学出版社旗舰店
网址：http：//jjkxcbs. tmall. com
北京季蜂印刷有限公司印装
710×1000　16 开　13 印张　240000 字
2021 年 6 月第 1 版　2021 年 6 月第 1 次印刷
ISBN 978－7－5218－2398－1　定价：52.00 元
（图书出现印装问题，本社负责调换。电话：010－88191510）
（版权所有　侵权必究　打击盗版　举报热线：010－88191661
QQ：2242791300　营销中心电话：010－88191537
电子邮箱：dbts@esp. com. cn）

目　　录

中国企业海外并购：基于中海油并购加拿大尼克森石油公司的案例分析

常东风

一、行业背景

在 2008 ~ 2018 年间，油气、矿产等自然资源类企业的海外并购交易额占国内企业海外并购交易额的一半以上，因此中国企业在海外并购占据主要地位的是资源型企业，其中石油类企业尤为突出。

石油是重要战略资源，与国家的全局战略紧密相连。国际能源机构（IEA）在其报告中提到，中国已然成为世界石油需求增长的引擎，随着工业与交通运输业的高速发展，中国原油需求持续增长。目前我国发现的油田主要集中在西北部和东部，除去几个大型油田，其他的油田开采难度较高，原油质量也呈下降趋势，人均石油资源储量匮乏。

我国开采石油的成本相当高。据中国石化集团公司（以下简称“中石化”）、中国石油天然气集团有限公司（以下简称“中石油”）于 2016 年发布的数据显示，在国内油田开采成本为 50 美元/桶，在海上进行开采，成本更是高达 60 美元/桶。① 但其他石油资源相对丰富的国家，例如沙特阿拉伯等，开采成本基本在 5 美元/桶上下浮动。因此，对于我国来说，会导致在国内开采的成本高于直接进口的成本。

另外，在 2009 ~ 2012 年期间，为响应党中央的号召，加快“走出去”战略的实施，我国石油企业加大步伐并购海外企业。受金融危机的影响，并购成本大大降低，同时还抢占了具有战略意义的市场，丰富了能源源头的多样化，有效保障了我国的能源供给安全。无论从资源本身出发，还是国家政策的推行，或是企

① 《中石化 2016 年度业绩公告》《中石油 2016 年度业绩公告》。

业发展的需求，都使我国资源型企业不断加快海外并购的脚步。

二、企业背景

中国海洋石油集团有限公司，是三大国有石油公司之一，也是中国最大的海上油气生产商，旗下包含五家上市公司，其中就包括了中国海洋石油有限公司（以下简称“中海油”），是全球最大的独立油气勘探及生产集团之一。其主要业务有：勘探，开发新能源，生产销售原油、天然气以及其他石油产品。截至2018年，中海油拥有净证实储量约49.6亿桶油当量，相比2001年上市之初增长了175.6%。①

中海油早在2002年就开始积极响应国家号召，开启了海外收购之路。2002年，中海油收购印度尼西亚天然气项目储量股权；2004年以0.98亿美元完成了对印度尼西亚Muturi天然气公司的收购；2005年拟用185亿美元收购美国优尼科公司（Unocal），却以失败告终；2010年，中海油出资31亿美元以成立一家各占50%股份的合资公司的方式，对布里达斯公司达成收购计划；2011年以21亿美元完成对加拿大OPTI公司的收购；2012年分别以5.7亿美元和14.67亿美元对切萨皮克能源公司33.3%股权、英国图洛石油公司在乌干达1/3权益进行收购；2013年2月，中海油斥巨资以151亿美元收购加拿大尼克森石油公司，并承担其约43亿美元的债务，是我国石油类企业完成的海外最大宗收购案。

尼克森石油公司不仅是加拿大第十四大石油公司，同时还是独立的全球性能源公司。总部位于阿尔伯塔省——加拿大油气资源最富集的地区，其三大主要业务分别是常规油气、油砂和页岩气的勘探与开发。截至2011年底，该公司拥有9亿桶油当量。有分析称，完成此次收购，总产能至少能提升20%。并且尼克森公司拥有完整的上下游生产链体系以及充足的油气资源储量与成熟高效的作业团队，是一家具备较好增长前景且收益可观的多元化公司。

虽然尼克森石油公司在非常规油气领域内具有资产、技术双重优势，但由于开采非常规油气需要较高的成本投入并且对油价波动敏感，受2008年金融危机的影响，石油的需求与价格都持续走低，公司的经营状况也与日俱下。

---

① 资料来自Wind数据库。

三、动因分析

（一）危机下的机遇

在2008年金融危机影响下，石油的市场需求与价格都持续低迷。2009年，根据巴克莱银行的调查，其调查的石油公司所获得的投资相比于2008年下降了12%，以北美地区最为严重。同时由于金融危机和页岩气革命的成功，导致美国对能源的对外依存度降低，这就迫使原来依赖出口美国的加拿大寻找新的能源消耗大国，寻求像中国这样的市场来进行合作。尼克森石油公司由于其高昂的非常规油气开采成本而导致资金短缺，自2009年开始，净现金流量连续三年为负，急需外部资金的支持。这时，中海油便顺势以较低的成本对其进行收购。而对于中国来说，与加拿大达成合作，无疑是丰富了石油的进口渠道，使源头更加多元化。

（二）政策的支持

由于工业经济的快速增长，我国对石油的需求也急剧上升，导致供不应求，政府为了鼓励企业积极在海外市场上寻求机会，获取石油等资源，推出了一系列政策，例如税收优惠、财政补贴、建立专项基金、抵减与油气相关的所得税、简化海外并购审批程序等。这些政策都切实推进了“走出去”战略的进程，使各石油企业加快了海外并购步伐，这其中就包括了中海油。

（三）完善自身产业结构

中海油在收购尼克森石油公司之前，虽然也通过海外并购获取了一些石油资源，但是并没有成规模，导致石油产量只得到了小幅度的增长。根据中海油公司年报显示，油气储量寿命会下降，这也迫使中海油需要找到新的源头来维持石油储量。而加拿大地广人稀，油气资源丰富，是全球第三大原油储备地。尼克森公司更是位于加拿大油气资源最集中的地区，拥有丰富的油气储量。

尼克森石油公司的主要业务中油砂和页岩气的勘探与开发正是对中海油目前业务的拓展，因为该公司所具备的对非常规油气资源进行开发的先进技术正是中国目前急需的。并购尼克森石油公司，可以帮助中海油在勘探与开采非常规油气领域中占据一席之地。

（四）完成资产全球布局，提升竞争力

尼克森石油公司的业务区广、资源丰富，中海油在收购尼克森之后，可以加强在墨西哥湾的海域作业，会拥有两百多个区块，这也应对了中石化等在国内开始涉及海域开采的竞争危机。同时也可以获得其在英国北海的项目，首次将业务拓展到欧洲，在英国北海的产量直接跃升到当地公司的第二位。尼克森公司90%以上的石油储量都分布在政治、财税体系相对稳定的经济合作与发展组织（OECD）国家，中海油可以借此次收购，顺势进入这些成员国，实现布局多元化。

四、并购经济后果的内外部分析

（一）并购经济后果的内部分析

内部分析部分，主要从反映企业竞争能力的四个指标出发。这四个指标分别是盈利能力、偿债能力、现金产生能力和营运能力。由于中海油对加拿大尼克森石油公司的并购于2013年2月26日完成，因此我们选择并购前后3年的财务指标进行比较。

1. 盈利能力

盈利能力也被称为企业的资金或资本增值能力，通常表现为一定时期内企业收益数额的多少及其水平的高低。衡量盈利能力的指标主要包括净资产收益率、总资产净利率、投入资本回报率以及销售净利率。

表1和图1都反映了中海油并购尼克森石油公司前后3年的盈利能力指标情况。首先，我们从整体上看中海油并购尼克森石油公司之后盈利能力指标变化的情况。四个盈利能力指标都呈现着波动下降的趋势，净资产收益率从2010年的27.92%下降到2015年的5.29%。总资产净利率从2010年的19.08%下降到2015年的3.05%。投入资本回报率从2010年的21.42%下降到2015年的3.11%。销售净利率从2010年的32.91%下降到2015年的11.81%。这些都说明在中海油对尼克森石油公司完成并购之后，中海油的盈利能力持续下降。如果只关注并购前后两年，即2012年和2013年的盈利能力指标，可以发现这两年指标的下降幅度是比较大的，其中净资产收益率下降了4.9%，总资产净利率下降了4.68%，投入资本回报率下降了5.52%，销售净利润下降了7.27%。

表1　　中海油并购前后三年盈利能力指标情况　　单位：%

年份	净资产收益率	总资产净利率	投入资本回报率	销售净利率
2010	27.92	19.08	21.42	32.91
2011	29.36	19.73	21.65	33.62
2012	22.24	15.16	16.72	28.78
2013	17.34	10.48	11.20	21.51
2014	16.69	9.37	9.59	23.56
2015	5.29	3.05	3.11	11.81

资料来源：Wind 数据库。

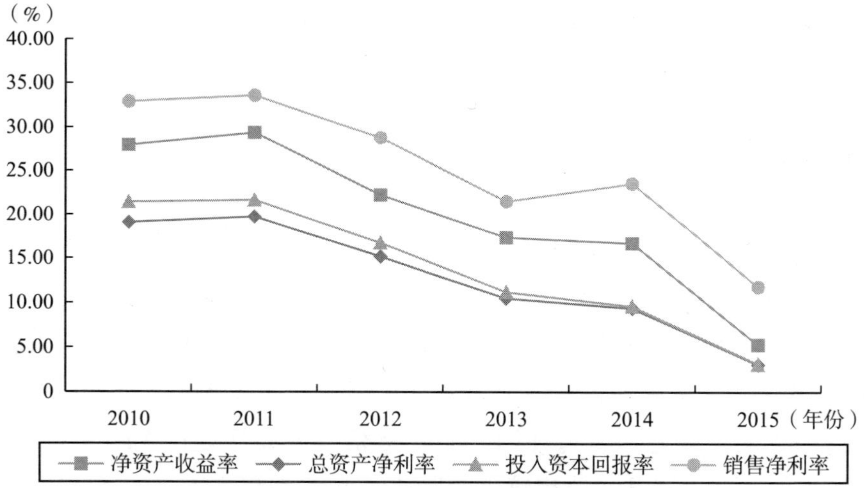

图1　中海油并购前后三年盈利能力变化趋势

资料来源：Wind 数据库。

同时，中海油的成本费用变化能从另一方面反映其盈利能力的下降。表2是中海油并购前后三年营业总支出的情况，能够大概描述其成本费用变化的情况。可以看到，整体上，中海油的营业总支出呈现着波动上升的趋势，从2010年的939.4216亿元到2015年的1511.76亿元。只关注2012年和2013年并购前后一年的营业总支出，相比于2012年，2013年的营业总支出增加了498.16亿元，上升了37.13%，这种支出的急剧上升一方面是支出了大量的并购费用，另一方面是并购带来的其他支出增加。

表 2　　中海油并购前后三年营业总支出的情况　　单位：万元

	2015 年	2014 年	2013 年	2012 年	2011 年	2010 年
营业总支出	15117600	17052700	18397800	13416200	11835500	9394216

资料来源：Wind 数据库。

通过以上分析得出结论：中海油并购加拿大尼克森石油公司之后，其盈利能力持续下降。

2. 偿债能力

这一部分主要引入 Z 评分模型（破产预测模型）和相关长短期偿债能力指标来分析中海油并购尼克森石油公司之后，其偿债能力的变化。

我们先介绍 Z 评分模型，模型公式如下所示：

$$z = 0.717x_1 + 0.847x_2 + 3.107x_3 + 0.420x_4 + 0.998x_5$$

其中，$x_1 = \frac{营运资本}{总资产}$，$x_2 = \frac{留存收益}{总资产}$，$x_3 = \frac{息税前利润}{总资产}$，$x_4 = \frac{所有者权益的账面价值}{总负债}$，$x_5 = \frac{销售收入}{总资产}$。当企业的 Z 值小于 1.20 时，该模型预测企业破产；Z 值介于 1.20 和 2.90 之间为“灰色区域”；Z 值大于 2.90 则企业没有破产风险。

表 3 和图 2 都反映了中海油在 2013 年对尼克森石油公司完成并购前后三年的 Z 值变化情况。从整体上来看，2010～2015 年的 Z 值始终介于 1.20 和 2.90 之间，也就是处在“灰色区域”，但中海油的 Z 值呈现着波动下降的趋势。特别是单独将 2012 年和 2013 年进行比较，发现 Z 值下降了 32.36%，这也说明了并购尼克森石油公司，增加了中海油破产的可能性。

表 3　　中海油并购前后三年 Z 值

年份	营运资本/总资产	留存收益/总资产	息税前利润/总资产	所有者权益的账面价值/总负债	销售收入/总资产	Z 值
2010	0.095274	0.472878	0.22213	1.923728	0.499682	2.465646
2011	0.160585	0.537988	0.241688	2.165063	0.540686	2.770671
2012	0.193955	0.55869	0.198624	2.117575	0.480742	2.598562
2013	0.028326	0.468243	0.13286	1.220712	0.415978	1.757554

续表

年份	营运资本/总资产	留存收益/总资产	息税前利润/总资产	所有者权益的账面价值/总负债	销售收入/总资产	Z 值
2014	0.056136	0.499456	0.128066	1.340199	0.37625	1.79957
2015	0.084037	0.49778	0.030901	1.387035	0.252814	1.412748

资料来源：Wind 数据库。

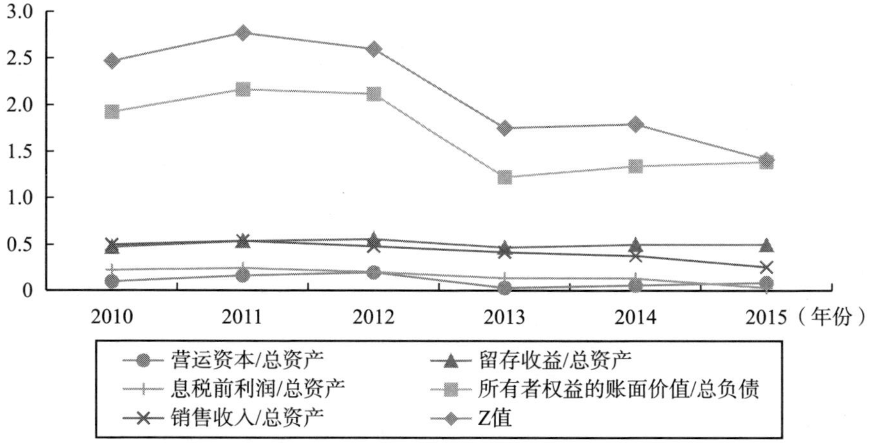

图 2　中海油并购前后三年 Z 值变动趋势

资料来源：Wind 数据库。

除了利用 Z 值分析外，对于中海油并购前后偿债能力的变化，我们选取了长短期偿债能力指标进行比较。选取的短期偿债能力指标包括流动比率、速动比率和现金比率；而选取的长期偿债能力指标包括资产负债率、产权比率和已获利息倍数。

首先，看短期偿债能力指标。其中，流动比率是流动资产对流动负债的比率，这一指标反映了企业流动资产在短期债务到期之前，变现为现金用于偿还债务的能力。该指标越高，企业短期偿债能力越强，并且一般认为该比率应在 2 以上。通过表 5 我们可以看到，中海油并购完成前后，其流动比率大多在 2 以下，在 2013 年（并购完成当年），该指标处在最低水平，随后又呈现上升趋势。速动比率是速动资产对流动负债的比率，反映企业流动资产中可以立即变现用于偿还流动负债的能力。一般认为，该指标大于 1，说明企业短期偿债能力较强。从表 5也可以看到，速动比率的变化趋势与流动比率的一致，并且该指标始终保持在 1 以上，说明并购前后中海油的短期偿债能力虽然有所下降，但还是较强的。现金比率是速动资产扣除应收账款后的余额与流动负债的比率，该指标最能反映企业直接偿付流动负债的能力。一般认为，现金比率 20% 以上为好。如表 4 所示，中海油并购完成前现金比率都在 20% 以上，并购之后在 15% 以下，这说明并购导致中海油短期偿债能力减弱。这一点也不难以理解，因为并购尼克森石油公司需要支付大量的对价，势必会导致中海油出现短期偿债能力下降的情况。

表 4　　中海油并购前后三年长短期偿债能力指标的汇总情况

年份	短期偿债能力指标			长期偿债能力指标		
	流动比率	速动比率	现金比率	资产负债率	产权比率	已获利息倍数
2010	1.45	1.39	0.57	0.34	0.52	1.35
2011	1.88	1.82	0.34	0.32	0.46	1.26
2012	2.07	2.01	0.67	0.32	0.47	1.12
2013	1.14	1.07	0.11	0.45	0.82	53.06
2014	1.36	1.26	0.14	0.43	0.75	35.57
2015	1.66	1.55	0.14	0.42	0.72	5.75

资料来源：Wind 数据库。

其次，看长期偿债能力指标。前两项是大家很常见的资产负债率和产权比率。在中海油并购完成后，这两个指标都是呈现着波动上升的趋势。一般认为，资产负债率等于 60% 时较为合适，很显然，并购前后中海油的资产负债率都没有超过 60%，说明其长期偿债能力还是较强的。产权比率和资产负债率没有根本性的区别，该指标越大，反映企业的长期偿债能力越强，并购之后，中海油的该指标显著上升。而已获利息倍数是企业一定时期息税前利润与利息支出的比率，反映了获利能力对债务偿付的保障程度。通常认为该指标越高企业的长期偿债能力越高，并且该指标大于 3 较为合适。并购之后，中海油的这一指标保持在 3 以上，并且在 2013 年和 2014 年数值陡增。

通过以上分析得出结论：中海油并购加拿大尼克森石油公司之后，企业的破产风险虽然有所增加，但保持在合理范围内。同时，企业的短期偿债能力有所下降，而长期偿债能力有所增强。

3. 现金产生能力

关于内部分析的第三个方面，主要通过中海油并购前后 3 年的期末现金与等价物余额以及经营活动、投资活动和筹资活动产生的现金流量净额来说明中海油并购尼克森石油公司前后的现金产生能力的变化。

期末现金及等价物余额是资产负债表中流动资产的一项，它的大小很大程度上了反映了企业的现金产生能力的大小。图 3 是中海油并购尼克森石油公司前后 3 年的期末现金及等价物余额的折线图，我们通过图 3 可以看到 2010 ~ 2015 年，中海油期末现金及等价物余额总体上呈现着波动下降的趋势，其中 2010 ~ 2013 年的波动幅度非常大，特别是 2013 年相比于 2012 年下降了 74%，随后几年趋于平缓。而期末现金及等价物余额的变化趋势说明了中海油于 2013 年完成对尼克森石油公司的并购之后，其现金产生能力进一步减弱。

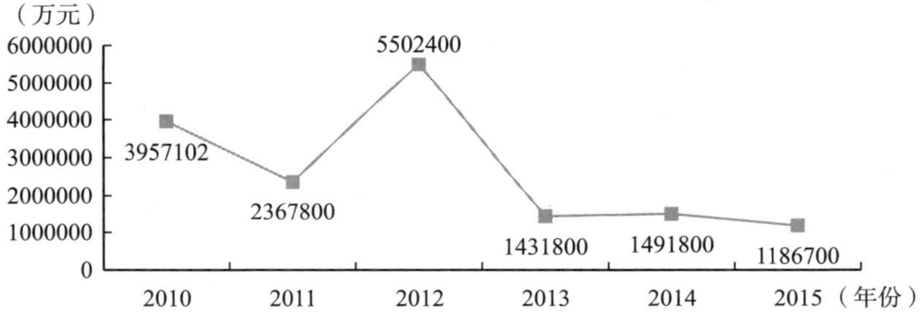

图 3　并购前后三年期末现金及等价物余额变化趋势

资料来源：Wind 数据库。

造成图 3 期末现金及等价物余额变化的原因主要是本期经营活动、投资活动和筹资活动产生的现金流量净额的变化。通过表 5，我们可以发现 2013 年之所以相比于 2012 年现金及等价物余额下降幅度巨大的原因是投资活动产生的现金流量净额巨大的负数，而这一数值的绝对值差不多是 2012 年的三倍。为什么会出现这么巨大的投资活动现金流负值呢？因为 2013 年正是中海油对尼克森石油公司完成并购的那年。

表 5　　并购前后三年三类活动现金流量净额　　单位：万元

年份	经营活动产生的现金流量净额	投资活动产生的现金流量净额	筹资活动产生的现金流量净额	本期现金及等价物净增加额
2010	8349825	-6480001	-128419	1695599
2011	11617100	-9903600	-2024600	-360900
2012	9257400	-6379700	258400	3134600

续表

年份	经营活动产生的现金流量净额	投资活动产生的现金流量净额	筹资活动产生的现金流量净额	本期现金及等价物净增加额
2013	11089100	-17003200	1860100	-4070600
2014	11050800	-9017700	-1948600	60000
2015	8009500	-7649500	-689300	-305100

资料来源：Wind 数据库。

图 4 反映了中海油并购尼克森石油公司前后三年经营活动、投资活动和筹资活动产生的现金流量净额的变化趋势。其中，2010～2015 年经营活动和筹资活动产生的现金流量净额变化不大，整体上保持平稳，但相比于经营活动始终带给公司正的现金流，筹资活动只在 2012 年和 2013 年这两年给公司带来正的现金流；而投资活动始终是负的现金流，并且波动较大，这也是导致本期现金及等价物净增加额变动的主要原因。

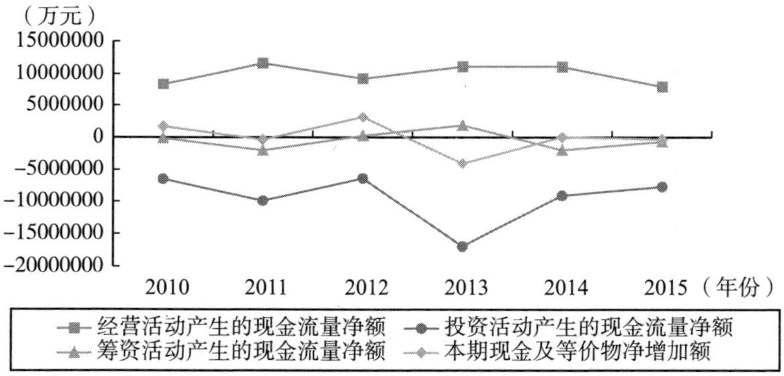

图 4　并购前后三年三类活动产生的现金流量净额的变化趋势

资料来源：Wind 数据库。

通过以上分析得出结论：中海油并购加拿大尼克森石油公司之后，其现金产生能力相比于并购之前有较大的降低。

4. 营运能力

企业的营运能力，主要指企业营运资产的效率和效益。其中，企业营运效率指资产的周转率或周转速度；而企业营运资产的效益指企业的产出量与资产占用量之间的比率。

根据数据的可得性，这里主要以应收账款周转率、流动资产周转率、固定资产周转率、总资产周转率和总资产收入率来分析中海油并购前后三年内的营运能力变化。

表 6 和图 5 展示了中海油并购尼克森石油公司前后三年主要营运能力指标的变化情况。前四项指标是关于企业营运资产的效率，其中，应收账款周转率在 2013 年完成并购之前，保持在 9.8 以上，并购完成之后，应收账款周转率逐年下降；流动资产周转率在完成并购之前不断下降，随着并购的完成，2013 年和 2014 年的流动资产周转率有所上升，但 2015 年又下降到 1.22；固定资产周转率和总资产周转率的变化趋势相同，在完成并购之后，不断下降。最后一项指标是关于企业营运资产的效益中的总资产收入率，中海油并购完成之后，该指标也呈现下降的趋势。

表 6　　并购前后三年营运能力指标汇总情况

年份	应收账款周转率	流动资产周转率	固定资产周转率	总资产周转率	总资产收入率
2010	9.83	1.93	0.88	0.58	0.51
2011	10.16	1.80	0.97	0.59	0.55
2012	9.90	1.46	0.94	0.53	0.49
2013	8.95	1.65	0.78	0.49	0.43
2014	7.85	1.78	0.58	0.40	0.39
2015	6.55	1.22	0.37	0.26	0.27

资料来源：Wind 数据库。

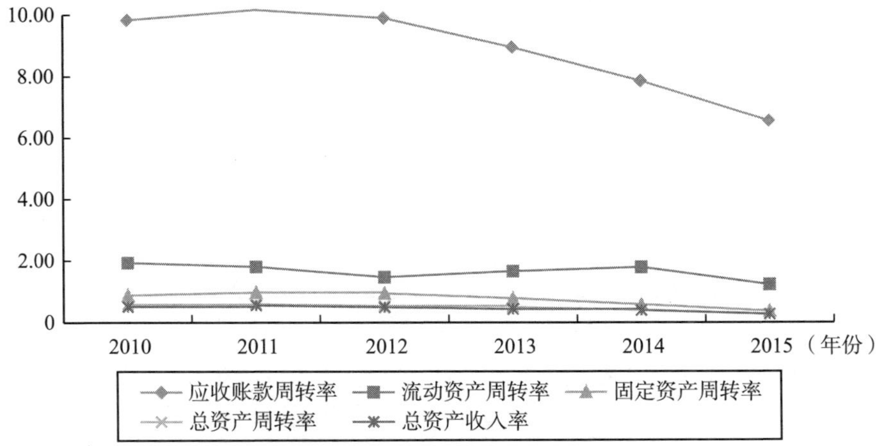

图 5　并购前后三年营运能力指标变化

资料来源：Wind 数据库。

通过以上分析得出结论：中海油并购加拿大尼克森石油公司之后，其自身的营运能力不升反降，说明并购后的几年内，中海油并没有完全改善尼克森石油公司经营不善的状况，反而在一定程度上降低了自身的营运能力。

（二）并购经济后果的外部分析

1. 并购前后股价变化分析

考虑并购活动对外部市场的影响，我们选取股价这一指标。并购的宣告、实施、完成等一系列活动都会对公司的经营业绩产生影响，从而影响公司的股价。本文选取 2012 年 4 月 ~2014 年 12 月这一段时期作为观察期，同时选取中石化、中石油的股价作为参考。

由图 6 可以发现，2012 年 7 月，中海油宣布收购计划，本一直呈下降趋势的股价突然回升，说明投资者看好此次收购，推动了股价的上涨。在这之后，又分别于 2012 年 10 月、11 月，2013 年 1 月，延期三次，我们可以发现虽然股价仍在上涨，但增长幅度一直在下降，这就说明了投资者对此次收购的成功率产生了担忧，信心不充足。2013 年 2 月完成交割，但由于此次收购是以溢价 60% 为代价的，除了 151 亿美元的对价，中海油还需额外承担尼克森石油公司 43 亿美元的债务，相当于并购成本接近 200 亿美元。投资者对于这笔交易能否给中海油带来合理的收益持观望态度，导致股价一直处于下降趋势。在 2014 年，中海油的股价波动较为剧烈，这是由于 2014 年美国页岩油革命导致原油供应多元化，并且冲击了美国西德克萨斯轻质石油（WTI）价格，也对全球油价造成了冲击。当中海油收购尼克森之后，由于业务中包含了对非常规油气的开采，其经营业绩对原油价格的波动较为敏感。

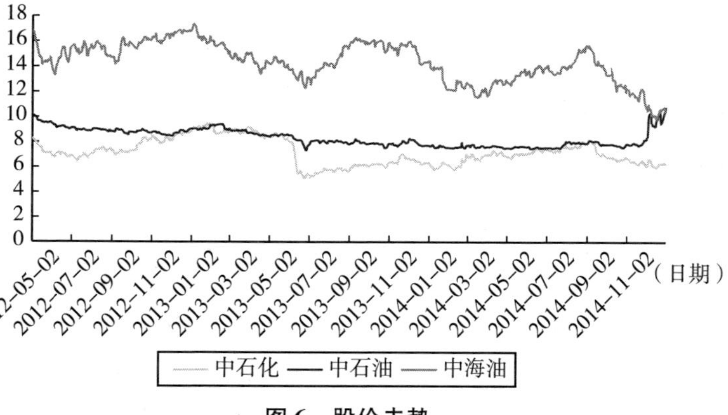

图 6　股价走势

资料来源：Wind 数据库。

我们再通过与行业中的另外两个企业的比较来进行分析。在 2013 年 2 月，即完成收购之前，中海油的股价波动幅度与中石油、中石化的波动幅度都比较平缓，但在并购之后，中海油股价波动幅度明显高于中石油与中石化，这说明在并购之后，中海油对市场的变化较为敏感。2014 年 3 月 ~2014 年 8 月底，即在国际油价下跌之前，中海油的股价一路上涨，中石化与中石油虽然股价也有细微上涨趋势，但中海油股价的上升趋势明显高于二者。根据中海油 2014 年的年报显示，净利润同比增长 6.6%，而中石化与中石油的净利润都同比下降，由此可见，中海油的业绩表现明显优于二者，增强了投资者的信心。但在 2014 年 9 月之后，由于国际油价持续偏软，石油股跑输。中海油的股价大幅下跌，中石化也有轻微下跌趋势。但是中海油下降的趋势更为明显是由于在收购之后，开采成本大幅提高，中海油的业务拓展导致经营业绩对油价的变化相当敏感，因此当油价持续下跌时，投资者持不看好态度，因此减持股票，以致其股价大幅下跌。虽然波动较大，但从长期情况来看，跌幅高于行业平均水平，即中海油在收购尼克森之后的长期资本市场呈下行趋势。

2. 短期绩效研究分析

本文采用事件研究法，通过计算平均超额收益率（AAR）、超额收益率（CAR）对中海油并购的短期绩效进行分析。首先，确定事件日，并购事件通常选择宣布公告的当天，即 2013 年 2 月 26 日完成收购，但是并购涉及的事项很多，又由于事件研究法是评价短期行为，因此，我们选择事件窗口 [-3, 3]。其次，确定清洁期，但不能包括事件期，本文即选取 2012 年 11 月 1 日 ~2013 年 2 月 22 日。

根据文献，假设个股报酬率与市场报酬率之间存在线性关系，具体方程如下：

$$R_{it} = \alpha_i + \beta_i R_{mt} \tag{1}$$

其中，R_{it}为企业报酬率，R_{mt}为市场加权指数收益率，α_i 是回归截距项，表示无法由市场解释的平均收益，β_i 代表企业对市场的敏感度。

超额收益率 AR_{it}：

$$AR_{it} = R_{it} - ER_{it} \tag{2}$$

其中，ER_{it}为预期收益率。同理，累积超额收益率 $CAR = \sum AR_{it}$，涵盖整个窗口期。

先基于清洁期，也就是正常收益率的估计期间计算出中海油的股票收益率和恒生指数收益率，通过 Eviews 得出回归结果：$R_{it} = -0.000287 + 1.252278R_{mt}$，由该等式，可求出中海油预期正常收益率。再由公式（2），可求出中海油的超额收益率。如表 7 所示。

表 7　　中海油超额收益率

交易日	AR	CAR
-3	0.0013	0.0013
-2	0.0082	0.0095
-1	0.0039	0.0134
0	0.0064	0.0198
1	-0.03	-0.0102
2	-0.0006	-0.0108
3	0.002	-0.0088

资料来源：Wind 数据库。

我们从表 8 和图 7 中都可以看到，在宣布并购之后，无论是 AR 还是 CAR 都为负数，这就说明了投资者在中海油收购尼克森之后，对其前景并不是很看好，这与前面股价的分析相吻合。三次的推迟加上高溢价的收购，让投资者对于中海油是否能获得对等的收益持怀疑态度。

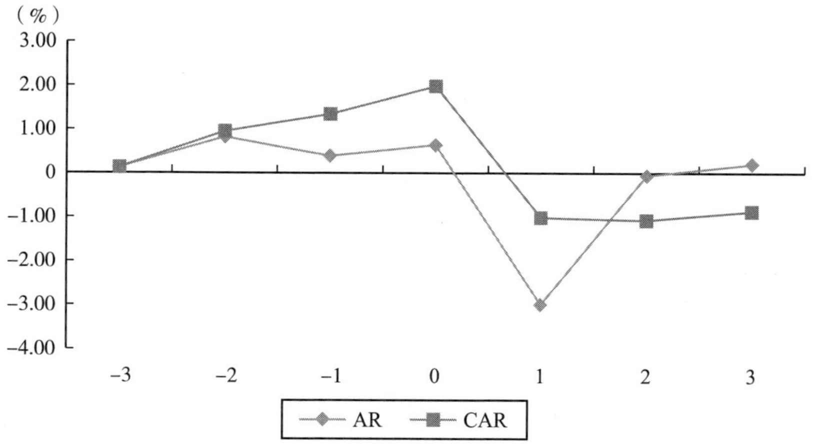

图 7　中海油超额收益率

资料来源：Wind 数据库。

3. 在产品市场上的表现

中海油在收购尼克森之后，并不像当初所设想的那样，根据2013年的年报可发现，尼克森石油公司在2013年为中海油提供石油仅占中海油当年总产量的14.5%，据分析，尼克森仅占据了中海油利润的2%。中海油、中石油、中石化的油气销售情况如图8所示。

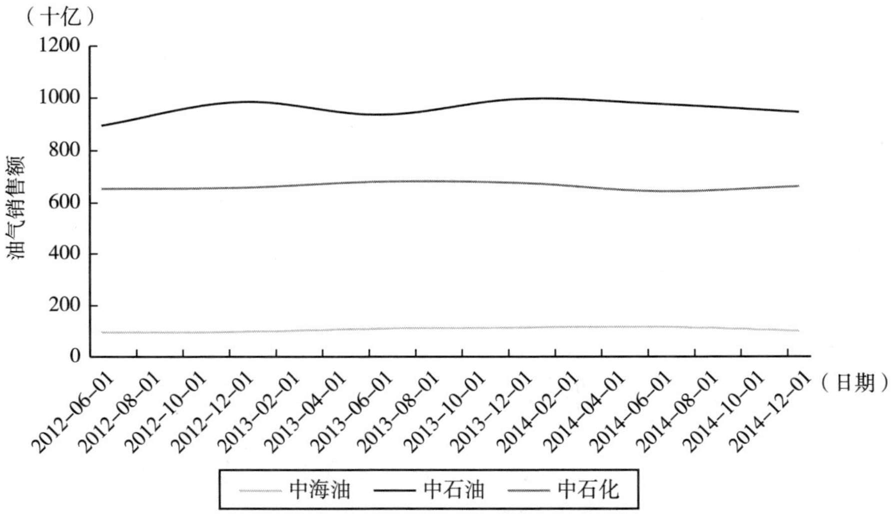

图8　中海油、中石油、中石化油气销售额对比

资料来源：Wind数据库。

从图8中我们可以发现，中海油市场份额与竞争对手中石油和中石化的差距非常明显，而且在成功收购尼克森石油公司之后，市场份额也并没有得到显著提升。虽然在成功收购之后，2013年第一季度油气净产量同比增长17.3%，但是中石化与中石油也在积极扩展海上油气业务，并且，中海油相比于中石化和中石油这两个特大型石油石化企业集团来说，所占市场份额本来就遭到严重挤压，要想尽可能多的占取市场份额，就要涉足新的领域。此次的收购，不仅是因为尼克森公司有丰富的常规油气，还因为其涉足页岩气这类非常规油气资源，随着中海油不断掌握非常规油气的勘探与开采技术，市场份额与利润也会有一定程度的提高。

五、并购风险分析

这部分将风险按照并购过程分为三个阶段，分别是并购前期的风险、并购中的风险和并购后期的风险。由于中海油并购加拿大尼克森石油公司这一并购案一方面涉及海外并购，另一方面涉及石油行业的并购，因此该并购案的风险具有自身的复杂性。

首先，我们先看海外并购，海外并购的最突出的特征就是会涉及不同的国家，受到不同的法律环境的限制，而且在支付并购费用时中会存在外汇风险。因此并购方在了解被并购企业的同时还要了解被并购方所在国的政治法律环境等相关情况。其次，石油是一种战略资源，因而更具敏感性，更易在并购中受到法律和政策的限制。

（一）并购前期的风险

中海油并购尼克森前期的风险主要是政治风险和外部环境风险

首先，我们先看政治风险的表现。政治风险的第一个明显表现是多国政府的审查风险。石油作为一种与国家经济安全密切相关的战略资源，同时跨国并购金额涉及重大，每个国家的政府都会对这类并购活动进行严格审查。因为尼克森石油公司的资产分布在全球不同的国家，所以此次并购会受到加拿大、美国和英国等国的审查。政治风险的第二个表现是西方政治党派对华的偏见。在中国“走出去”的历史上，不乏由于西方国家关于市场经济合法性的争议和偏见导致我国对外并购受到阻碍的情况。在本案例中，美国很有可能出于自身在政治和经济上的立场，从而阻碍并购的圆满完成。

其次，并购前期的外部环境风险的表现是加拿大的环境保护障碍。加拿大建立了十分完善和严格的环境保护法律体系，同时国民教育十分注重环保意识的培育，使其国民的环保意识很高。石油开采很可能会破坏当地的生态环境，导致水资源污染、土壤污染等，严重影响当地居民的生活环境。一旦出现这种情况，企业既要受到所在国的法律法规的惩罚，也会遭到当地民众的抵制和不满。例如，尼克森石油公司在 2015 年因为长湖项目发生了石油泄漏，关闭了当地的石油管道，面临着当地能源局高额处罚的风险。

（二）并购中的风险

中海油并购尼克森石油公司面临的最大风险是财务风险，而财务风险主要包括估值风险、融资风险、支付风险和外汇风险四个方面。

作为加拿大规模较大的石油公司，尼克森的资产分布范围广泛，包括加拿大、北海、西非上海以及墨西哥湾海域，这导致难以精确估计其资产的规模和质量。同时，尼克森所拥有的先进的页岩气开发技术和自身长期形成的商誉也非常难估计。而且估值方法的选取是否适当也增加了估值风险。

虽然作为国企，中海油的融资能力强，但是支付151亿美元对中海油也是压力不小。这势必会让中海油对外筹集，选择何种筹集方式以及如何合理安排筹集数额是中海油面对的主要融资风险。

支付风险主要是中海油采用现金支付这种方式可能造成的风险。虽然现金支付相比于换股支付来说，不会稀释并购方的股权，但是支付这么多的现金，在很大程度上会影响企业正常的经营活动。

海外并购肯定会存在外汇风险。中海油与尼克森石油公司的谈判从2012年7月开始到2013年2月才完成并购，这期间历时7个多月，导致无法准确预测交易的时间，使中海油无法采用远期汇率合同等方式来规避外汇风险。

（三）并购后期的风险

并购后期的风险是指中海油并购完成后，整合尼克森石油公司产生的风险，这种风险包括财务制度整合风险、偿债引发的风险、资源整合风险以及文化、人力资源整合风险。中海油并购尼克森石油公司的最大目的是整合被并购企业的资源，发挥其优势以达到协同效应。然而，中海油和尼克森石油公司由于处在不同的国家，使它们在社会环境、文化环境等方面有着天然的差异。例如，中海油的企业文化是“大庆文化”，代表着追求盈利的同时也遵循国家的政策方针，而尼克森石油公司的企业文化是“多元文化”，公司的利益才是最主要的。这让中海油如何协调双方的不同点成为其并购完成后亟待解决的难题。

六、启示和建议

中海油并购尼克森石油公司是一起成功的海外并购案例，为之后我国石油企业海外并购提供了非常宝贵的经验，同时在并购过程中如何应对风险也不可避免地存在一些问题。首先，要紧跟国家政策方针制定合理的海外并购战略；其次，要采取合理的评估方法降低估值风险，运用税收筹划等方式降低融资风险，安排合理的资金预算降低支付风险，提高对外汇风险的判断和对应能力；最后，并购后的整合过程要循序渐进，特别要增强被并购企业员工的认同感，降低它们对被并购产生的顾虑和担忧。

参考文献

［1］谷峰．中国石油企业跨国并购动因及影响因素研究［D］．四川：西南财经大学，2014.

［2］葛玲云．中国石油企业海外并购财务风险控制研究——以中石化并购加拿大 Tanganyika 石油公司为例［D］．山东：山东大学，2013.

［3］顾一凡．中国石油企业海外并购财务风险控制研究——以中海油并购加拿大尼克森为例［D］．河南：河南大学，2016.

［4］刘莉亚．中国企业海外并购经济后果研究——基于联想并购 IBMPC 业务的案例分析［R］．上海：上海财经大学，2010.

［5］岳倩．我国三大石油企业海外并购绩效评价．［D］福建：华侨大学，2019.

［6］余思佳．企业跨国并购的风险控制探讨——以中海油并购加拿大尼克森为例［D］．江西：江西财经大学，2018.

海尔电器并购日本三洋的案例分析

陈晓莉　于洁宇　郑昊杰

一、背景

（一）行业分析

1. 中国家电行业的发展历史

改革开放40余年，中国家电行业经历了从弱到强的过程。按照中国家电业的发展进程可以分成以下三个阶段。

（1）兴起阶段：1979～1988年，中国家电行业产品单一，技术含量不高。居民收入的提高和市场需求量的增大，促使中国家电市场发展壮大。日本等国的家电品牌进入中国家电市场，新产品的进入，加速了中国家电业生产规模扩张的趋势。20世纪80年代，巨大的国内市场需求，使家电业开始了在中国的第一次大规模扩张。这一阶段的中国家电行业领先的技术和生产线从日本、美国等国家进口，还处于"直接引用"阶段。

（2）竞争加剧阶段：1989～1995年，中国家电行业开始了第一次产业调整。随着居民收入的增加，广大居民对家电产品产生了新的需求，如新品种、新功能等要求。国外家电品牌开始抢占中国高端市场，为了生存下来，中国家电企业转变发展思路，开始进入了成熟的发展阶段。在整合过程中，家电行业的生产地逐步集中，同时厂商开始注重技术的开发、产品结构的调整和售后服务质量的优化，从"直接引用"向"自主研发"转变，中国家电业开始崛起，迈向世界家电大国的行列。

（3）国际化阶段：1996年至今，中国家电企业从单一的生产发展到建立了比较完善的生产、经营、研发、售后服务体系，进入了成熟稳定的阶段。中国家电行业已有20多年的高速发展历史，中国家用电器市场逐渐饱和，中国市场已经基本达到了完全竞争状态，家电行业的竞争逐渐白热化。各家电企业为了扩大市场占有率，求得生存空间，相互之间开展了激烈的竞争，从单一的价格竞争到以技术、质量等为代表的非价格竞争成为新的发展趋势。

2. 世界白色家电行业分析比较

20 世纪 70 年代以来，随着中国、韩国家电企业的崛起，日本家电在全球市场的竞争力逐渐削弱。自 2013 年后，日本白色家电出货额逐年降低。2006 ~ 2016 年，中国白色家电产量逐年上升如表 1、图 1 所示。

表 1　　2006 ~ 2016 年我国主要白色家电年产量　　单位：万台

年份	冰箱	洗衣机	家用空调	合计
2006. 12	3326. 03	2914. 34	5550. 52	11790. 89
2007. 12	4129. 05	3374. 46	7079. 63	14583. 14
2008. 12	4299. 98	3748. 14	6320. 48	14368. 60
2009. 12	5581. 89	3982. 98	6484. 86	16049. 73
2010. 12	7055. 20	5026. 95	9771. 50	21853. 65
2011. 12	7881. 78	5558. 25	11000. 80	24440. 83
2012. 12	7513. 61	5580. 96	9983. 10	23077. 67
2013. 12	7641. 70	5701. 80	11002. 25	24345. 75
2014. 12	7546. 50	5645. 20	11742. 80	24934. 50
2015. 12	7317. 40	5638. 40	10361. 10	23316. 90
2016. 12	7460. 20	5886. 10	11152. 10	24498. 40

资料来源：Wind 数据库。

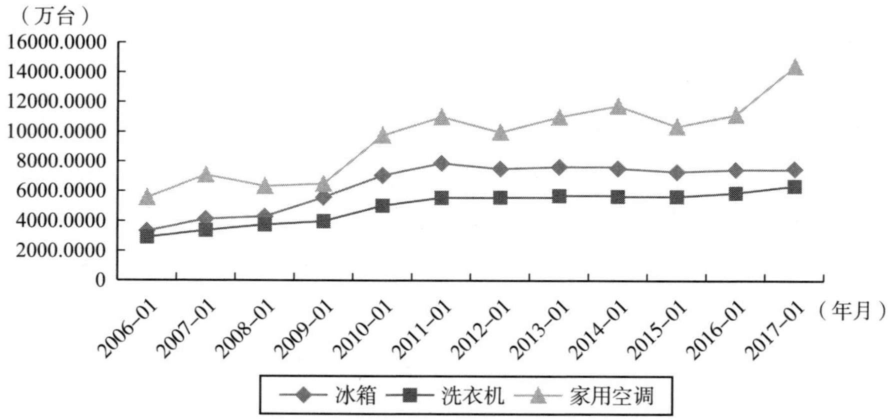

图 1　2006 ~ 2016 年我国主要白色家电年产量

资料来源：Wind 数据库。

3. 并购浪潮

科学技术的迅速发展使全球经济发展一体化程度加深。随着中国经济发展水平的不断提高，中国企业在全球经济舞台上表现得越来越活跃，中国商品进出口贸易 2015 年连续第三年位居世界第一。2001 ~ 2016 年，实际使用外资金额也不断攀升，如图 2 所示。

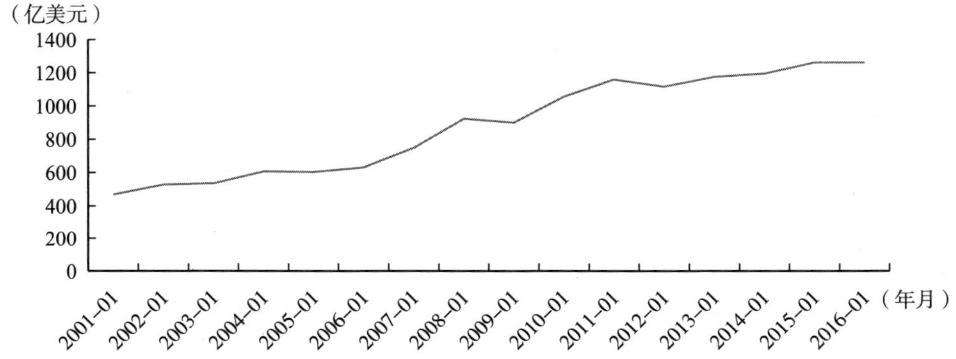

图 2　2001 ~ 2016 年中国实际使用外资金额：外商直接投资

资料来源：Wind 数据库。

而作为对外直接投资的重要组成部分，海外并购也成为中国企业“走出去”参与国际竞争、快速提高全球竞争力的重要途径之一，中国企业海外并购的活动也不断增加，成为全球海外并购的重要参与者如图 3 所示。

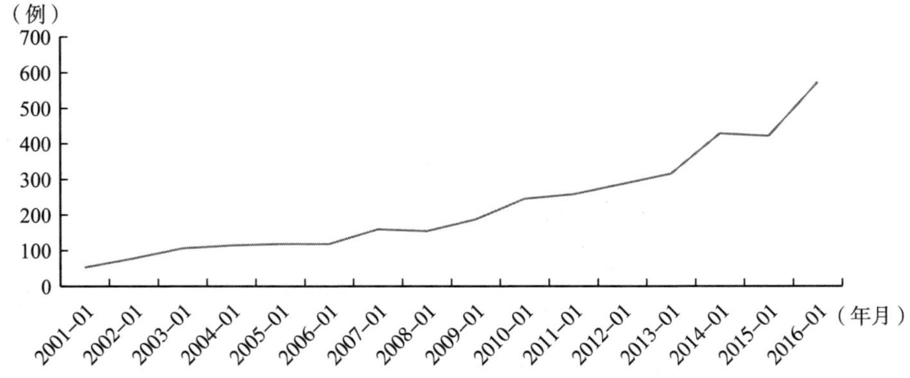

图 3　2001 ~ 2016 年中国企业跨国并购趋势

资料来源：Wind 数据库。

中国的对外投资经历了两个阶段。第一个阶段是起步阶段（2002～2007年）：2001年末，中国正式成为世界贸易组织（WTO）第143个成员，开始走出去参与全球化市场的竞争。这一阶段，中国企业的对外贸易快速增加。随着中国对外经贸的急剧增长，中国企业对外直接投资也开始出现快速增长的势头。而此时，海外并购作为快速实现对外直接投资的一种方式，对于国内的一些急于走出去参与全球化竞争的大企业来说成了自然的选择。在这一阶段，中国企业进行海外并购的金额和案例大幅增加。

第二个阶段是爆发阶段（2008～2016年）：随着金融危机带来全球经济陷入持续的低迷，中国经济发展速度减缓，发达国家资产价格下跌，人民币相对升值，中国企业出口贸易减少，从而要求寻求新的海外市场拓展途径。同时，中国的外汇储备、进出口贸易总额继续增长，贸易顺差持续扩大。随着对外直接投资的快速增加，中国企业的海外并购无论是总额还是数量都出现了持续爆发式的快速增长。

（二）并购流程

1. 收购前三洋情况

三洋电机株式会社（以下简称“三洋”）是一家在商用和民用领域提供环境、能源先进技术及产品的国际化企业。三洋不仅提供如太阳能发电系统以及从小型到大型充电电池等创能、储能、节能的产品和服务，还提供致力于环境保护的节能产品和电子设备。

被日本松下电器产业株式会社（以下简称“松下”）收购前三洋已经接连亏损。据悉，从2004年开始，三洋就出现巨亏，之后的财政数据接连出现赤字。2005财年（2005年4月～2006年3月）联合结算出现赤字，营业损失为171.54亿日元，净损失为2056.61亿日元。2006财年（2006年4月～2007年3月）联合结算最终净亏损为453亿日元。三洋连续三年营业出现亏损。2007财年（2007年4月～2008年3月）三洋扭亏为盈，实现纯利润2287亿日元。2008年4～6月份（2009财年）财报，经营利润较2008财年1季度下降24%，减收49亿日元，为4796.76亿日元。其中日本国内市场销售额同期下降1.8%，减少到1680亿日元。[①]

2009年12月9日，松下完成对三洋的收购，并持有三洋超过50%的股权。

① 张熙．三洋再陷转会危机　新老东家蓄意何在？［EB/OL］.（2011-07-29）［2020-10-10］. http：//jd. zol. com. cn/241/2416751. html.

被松下收购后的三洋，销量也一直不好，亏损额继续扩大。

2. 海尔电器

海尔集团（以下简称“海尔”）是世界大型家用电器品牌，中国最具价值品牌，世界品牌500强企业前50名。2008年3月，海尔第二次入选英国《金融时报》评选的“十大世界级品牌”。2008年6月，在《福布斯》“全球最具声望大企业600强”评选中，海尔排名13位，是排名最靠前的中国企业。2008年7月，在《亚洲华尔街日报》组织评选的“亚洲企业200强”中，海尔集团连续5年荣登“中国内地企业综合领导力排行榜”榜首。海尔已跻身世界级品牌行列，其影响力正随着全球市场的扩张而迅速上升。

2012年，海尔实施全球化品牌战略进入第七年。截至2020年，海尔深入全球160个国家和地区，服务全球“10亿+”用户家庭，拥有海尔智家、海尔电器、海尔生物医疗、盈康生命4家上市公司，成功孵化了5家独角兽企业和23家瞪羚企业，在全球设立了10+N开放式创新体系、25个工业园、122个制造中心、108个营销中心和143330个销售网络。①

3. 海尔与三洋并购过程

2002年1月8日，海尔与三洋联合在日本合资成立一个新公司——“三洋海尔株式会社”，该公司以中日两国市场为基础，互换市场资源，建立一种新型的竞合关系以创造更大的市场。

2002年海尔与三洋合作的主要内容包括以下几点。

（1）三洋利用海尔的销售网络在中国市场销售三洋品牌产品。

（2）海尔与三洋合资成立“三洋海尔股份有限公司”，在日本市场销售海尔冰箱和洗衣机等家电产品。

（3）双方在生产基地方面进行合作。

（4）扩大三洋零部件向海尔的供应及技术协作，在技术和人员交流上进行合作。

2006年，海尔收购三洋在日本的冰箱研发业务。

2007年，海尔收购三洋在泰国的电冰箱生产工厂。

2011年7月末，海尔对外公布已经与三洋电机拟定并签字有关二者意向收购事项的备忘录。在本次并购中，涉及标的资产包括原三洋在东南亚四国拥有的白色家电业务和其在日本国内拥有的业务部门、生产工厂等。

---

① 海尔集团官网，https：//www.haier.com/about-haier/intro/？spm = net.31736_pc.header_128848_20200630.1。

2011 年 10 月 18 日，海尔与三洋正式达成了最终协议，就海尔收购三洋在日本的洗衣机和家用冰箱业务及其在印度尼西亚、马来西亚、菲律宾和越南的洗衣机、家用冰箱和其他家用电器销售业务正式签署收购协议。

双方达成最终协议的主要内容与双方 2011 年 7 月 28 日签署的备忘录内容基本一致，包括以下几点。

（1）将三洋所持有的研发、生产及销售家用和商用洗衣机的“三洋 AQUA 株式会社”以及生产洗衣机的“Konan Denki 株式会社”的股份转让给海尔。

（2）将三洋所持有的设计与开发家用电冰箱的“海尔三洋电器株式会社”，以及生产家用电冰箱的“海尔电器（泰国）有限公司”的股份转让给海尔。

（3）将在东南亚生产及/或销售家用电冰箱和洗衣机等家电业务的“三洋 HA Asean 有限公司（越南）”“三洋印度尼西亚有限公司”“三洋印度尼西亚销售有限公司”“三洋菲律宾公司”以及“三洋销售及售后服务有限公司（马来西亚）”转让给海尔。“三洋 HA Asean 有限公司（越南）”“三洋印度尼西亚有限公司”“三洋印度尼西亚销售有限公司”“三洋菲律宾公司”以及“三洋销售及售后服务有限公司（马来西亚）”转让给海尔。

（4）双方达成协议，海尔可以在一定期限内在越南、印度尼西亚、菲律宾、马来西亚销售“SANYO”品牌的冰箱、洗衣机、电视、空调等家用电器产品。

（5）将上述家用电冰箱、家用和商用洗衣机的相关专利、设计和注册商标转让给海尔。三洋在日本从事相关业务的近 340 名专业人员加入海尔。

海尔强调指出收购完成后，三洋在白色家电方面拥有的专利、设计和商标全部归海尔所有，还有原就职于三洋日本本部的涉及本次转让业务的员工共计 340 余名，也全部重新编入海尔集团人力资源。海尔跟三洋约定相关时限，在并购公告日后五个月内将上述转移事项进行完毕，即 2012 年 3 月下旬为止。

2012 年 1 月初，并购双方开始第一次交易切割转让，内容包括仅在日本市场的三洋白色家电业务部门的交割。

2012 年 3 月底，海尔与三洋开展第二次交易切割转让。随着两次交割，海尔海外并购三洋白色家电业务顺利结束。

本次并购的特别之处在于，在前面提到的五个国家，海尔都计划继续营销数年原有三洋品牌，不仅营销海尔自有品牌，而是实施两个品牌同时运营的战略。并购还涉及多项专利权，共计 1200 余项。

虽然海尔此次并购涉及五个国家，但由于三洋的所在国是日本，因此我们主要对海尔并购后在日本的情况进行了案例分析。并且此次并购涉及总金额为 100

亿日元，折合人民币 8.3 亿元。由于涉及并购的公司共 9 家，其中三家位于日本，六家位于其他国家。由于日本三家子公司估值未知，因此在资本预算时假设截至 2018 年底 NPV =0，以计算相应的三家子公司的初始投资额。

二、动机

（一）收入相关动机

迅速拓展海外市场，提高市场占有率。2010 年的数据表明，海尔在全球电冰箱市场份额中占了 12.6%，排名第一；三洋占了全球电冰箱市场份额的 4.4%，排名第七。海尔在全球洗衣机市场份额中占了 9.2%，排名为第二；三洋占了全球市场份额的 5.5%，排名第六。除此之外，三洋在日本洗衣机市场份额为 15%，在越南冰箱市场所占份额为 30%。① 海尔通过此次并购，提高了中国企业品牌的国际影响力，借助标的公司的营销体系，实现企业国外市场占有率的提升。

（二）成本相关动机

1. 实现规模经济

由于三洋在东南亚和日本已经占有比较大的市场份额，收购三洋后，海尔的生产规模进一步扩大，海尔在以后的经营中可以充分利用三洋的销售网络、技术优势以及人员优势，以更大的规模与其他家电企业进行竞争。

2. 获取国外先进技术，缩短研发周期

技术先进是发达国家中知名企业的一个明显特征。在生产制造业领域中，我国企业海外并购的主要诉求之一是获取国外先进技术。企业通过并购可以弥补研发能力的不足，或者提前掌握海外较为先进的技术。从公司自身考虑，公司寄托于海外并购来实现公司产品市场的拓展，能够拥有同行业内的先进技术。

海尔本次并购三洋涉及多项专利权，共计 1200 余项。例如，在储氢合金领域的主要申请人中，三洋、松下、东芝株式会社和杰士汤浅株式会社近年来一直保持有专利技术产出。其中，三洋所占的总体份额最大，其在储氢合金领域的专利申请量也遥遥领先，达到 130 多件，是储氢合金领域的重要申请人，并且其近

---

① 吴文坤．首吞日家电巨头，海尔接盘三洋白电［EB/OL］.（2011 -7 -29）［2020 -11 -02］. https：//tech. qq. com/a/20110729/000289. htm.

些年的相关专利申请量呈增大趋势。且三洋的相关专利申请量比较稳定，保持相对平稳的发展趋势。

通过此次并购，海尔可以直接使用相关知识产权和专利，来提升竞争力。同时也缩短了海尔自己开发新技术的周期，提高了自身的研发水平。以此次并购为契机，海尔可以建立在亚洲研发能力超强的领先于行业的制造和研发基地。

3. 避免汇率风险

见下面汇率风险的计算与规避。

4. 恰当的市场时机

2011 年，日本家电企业受金融危机影响，一些大品牌例如松下、夏普、东芝等都遭受影响，经营惨淡。另外，由于松下在白色家电业务上与三洋业务的重合性会造成本身的内耗，同时三洋已经持续几年为亏损状态，此时进行并购，会直接拉低并购的价格。

（三）战略相关动机

1. 推动海尔全球化战略转型

在海尔的国际化发展初期，它仅在海外市场上包括欧洲和美洲，建设生产基地，然后独立展开销售。从 21 世纪初开始，海尔进一步确定其必须开展全球化战略，这与国际化战略最明显的区别在于全球化战略重点突出产品的本土化性质。

海尔的全球化阶段不是单纯地注重海外市场的扩大，而是更加注重全球资源的聚拢和整合，海外并购是其全球化战略中最重要和最有用的一种途径。本次并购完成后，海尔就充分实现了其在欧洲、美洲和亚洲的发达国家中的产业布局，促进了海尔向全球化企业转变。

2. 提升品牌形象

知名品牌既是企业的无形资产，又是企业形象的代表。中国家电企业在东南亚市场的品牌影响力远远小于日本，这主要还是由于我们进入其市场时间较晚造成的。而三洋作为日本老品牌，在东南亚有很大的市场，被当地人熟知，因此三洋在东南亚的品牌效应是海尔收购的重要考虑因素之一。收购后，三洋的子品牌 AQUA 成为海尔在日本市场的经营品牌，而在其他东南亚区域则可以使用“SANYO”品牌。这对海尔品牌的推广起到了很好的宣传作用。尤其是双品牌的使用，是品牌推广历史上的革新。“双品牌”这一方案给海尔适应市场以便赢得更多客户的青睐提供了一个平缓的过渡期。有三洋品牌的协同效应，海尔吸引了更多客户的关注，提高了其品牌效应。

三、跨国风险

（一）国家政策风险

1. 日本政府对以并购的方式收购公司的国外直接投资加以限制

日本政府根据1950年制定的《外国投资法》，长期以来对外企进入日本实行严格审批和管控，对来自中国的投资也不例外。日本国内民营企业在二战后建立的相互持股制度下，观念过于保守，对外资并购本国企业颇为反感，并且日本国内市场整体趋于闭塞，这也是对外资进入日本市场开展并购等活动造成阻力的主要因素。

对日本直接投资有4种形式：新设立法人等（又称绿地投资或创建投资）；取得不动产；贷款、持有公司债权；通过并购方式收购股权或公司等。采取第3、第4种形式时，如取得日本上市企业10%以上股份或从外国投资者以外取得日本国内非上市公司股份的情况属于对日直接投资，要受到相关规定的限制。

另外，日本《商法》规定的事项烦琐，如合并前要召开董事会、签订合约、召开股东大会通过合约、办理债权人保护手续，然后再次召开股东大会讨论有关合并报告等，并购交涉时间较长、手续复杂。受这些规定的制约，外资对日并购方式以现金交易居多。

2. 外资企业在日获得土地的规定

日本国土面积狭小，土地资源紧张，在土地使用方面的政策十分严格，对外资企业获得土地的资格更是有明确的规定。

日本颁布的《外国人土地法》规定，外资企业除了受与国内企业相同的法律条文约束以外，还禁止其取得国防重要区域的土地所有权，对土地所有权人丧失其权利后的处理也有着严格的规定。

3. 环境保护等方面政策严格

根据日本相关法律法规，企业有责任消除对环境的有害影响，因排放有害物质对人造成损害时，须接受法律规定的相应处罚。制定了公害健康损害赔偿制度，因企业活动或人为原因造成环境污染带来健康损害进行补充补偿。对森林保护、动植物保护、大气污染防治、水污染防治等都有明文规定。

4. 税制

由于日本税收体制复杂、税目繁多，中国对日投资企业往往不得不在日本国内支付高昂费用聘请精通税制的中间机构办理纳税相关手续，这也加重了中国对日投资企业的经济负担。

（1）消费税率的提高。2014 年 4 月 1 日起，消费税率由 5% 提高到 8%，个人消费需求受到冲击，海尔电器在日本的销量受到影响，当时极有可能导致子公司在日本的销售量减少。

（2）所得税税率高。2011 年 OECD 对 34 个成员国的调查显示，日本企业所得税税率为 39.5%，比 34 个成员国 25.5% 的平均税率还高出 14 个百分点。2011 年，日本大地震后，为加快灾后重建，日本政府调低了部分企业的企业所得税税率，但 2014 年日本企业所得税实际税率仍为 34.6%，远远高于所有发达国家。

（二）金融风险

1. 日本严重的通货紧缩

自 20 世纪 90 年代末以来，日本经济一直处于通货紧缩的恶性循环当中，消费者物价指数（CPI）几乎一直处于“零”的边缘。早在 20 世纪 90 年代初经济泡沫破灭后不久，在日本经济运行与发展中就开始出现一系列通货紧缩性征象，一方面表现为几乎全部或绝大部分商品的价格都同时呈现下跌态势，另一方面还表现为物价下跌已成为日本经济运行与发展中的一种长期态势。

从图 4 可以看出，日本消费者物价指数 2000～2003 年一直下降，2004～2007 年基本持平，2008～2011 年再次步入下降周期，2012～2015 年终于出现上升趋势。

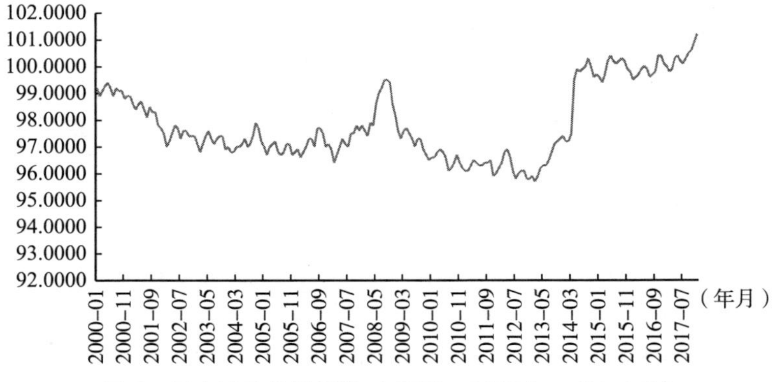

图 4　日本消费物价指数（CPI）：2015 年 =100（月）

资料来源：Wind 数据库。

日本政府为刺激经济回升，连续推出了力度强大、规模空前的扩张性财政货币政策。一方面，从 1992 年 8 月起连续 10 次推出以减税和增加公共事业投资为主要内容的扩张性财政政策，涉及财政收支规模达130万亿日元之巨。其后果是财政赤字和政府债务规模急剧扩大，财政危机空前恶化。另一方面，日本银行也不断推出以降低官定利率为中心的扩张性货币政策。

当时日本的通货紧缩是在日本政府长期推行扩张性财政金融政策的背景下形成的，物价总水平的持续下降与巨额财政赤字和超低利率水平等正常情况下不应同时出现的现象却纠缠在一起。

愈演愈烈的通货紧缩，已经并仍将对日本经济的运行与发展造成多层面的消极影响：一是恶化了企业经营环境；二是加剧了消费需求低迷；三是加重了财政赤字危机。

2. 汇率问题

具体分析见下面汇率风险的计算与规避。

3. 日本公共债务负担沉重

多年来，日本财政入不敷出，每年不得不发行大量国债。由图5可知，日本财政余额为负时较多。据日本共同社报道，日本财务省发布的数据显示，截至2017财年末（2018年3月底），包括国债、借款和政府短期证券在内的国家债务余额达1087.813万亿日元（约合人民币63万亿元），较2016财年末增加16.2536万亿日元，创历史新高。①

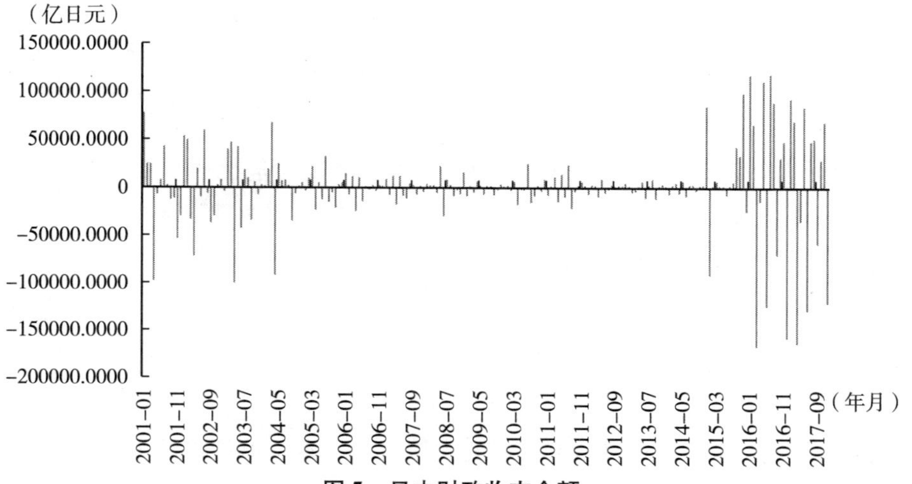

图5 日本财政收支余额

资料来源：Wind数据库。

① 日本国家债务增至1087万亿日元创新高. [EB/OL]. (2018-05-11) [2020-10-10]. http://finance.sina.com.cn/stock/usstock/c/2018-05-11/doc-ihamfahw0999538.shtml.

鉴于日本财政每况愈下，2011 年 1 月以来，标准普尔和穆迪等评级机构连续下调日本国债的等级。2015 年 9 月，标准普尔又将日本国债调低至 A +，降至中国、韩国、捷克之下。

日本依赖扩张性财政政策刺激经济。但由于日本政府过度举债，扩张性财政政策演变成赤字财政政策。财政赤字问题使日本政府财政风险高度聚集。

（三）其他风险：

1. 自然风险

日本位于亚欧板块和太平洋板块的交界地带，地壳活动频繁，地震频发，也为日本企业带来经济损失的风险。

2. 生产成本提高的风险

（1）劳动力成本。日本劳动力短缺。日本女性生育率下降，人口高龄化趋势增强。日本本土劳动力短缺，而从外国引进劳动力也十分困难。日本政府出于本国国民就业环境、社会治安及社会成本增加等因素，尚未对外开放劳动力市场。

除了劳动力短缺外，日本劳动力要求报酬较高。日本多数企业工会都加入某一行业工会，并通过行业工会加入全国工会。自“二战”后，日本企业工会一直保持强大的力量。每年春季，各行业工会都组织工人同资方开展集体加薪谈判，达不到要求就举行罢工。

（2）能源成本。为保证经济发展和国民生活需求，日本建立了庞大的发电体系，日本各类发电厂的总装机容量为 281099 万千瓦。由于日本东京电力和东北电力供电区设备在日本大地震中遭受重创，而且福岛核危机后各地核电站相继停运，导致全国发电量下滑，供电形势紧张。据《世界能源统计年鉴（2018）》统计，2017 年度日本发电量为 10200 亿千瓦时。

除此之外，日本各地的水、电、煤气价格略有差异，且计算方式非常复杂。从 2014 年 4 月 1 日起，日本消费税率由 5% 升至 8%，水、电、气价格均有所变化。

（3）土地成本。日本房地产市场的火热带动日本土地价格的上涨，提高了子公司在日本经营费用。据全球最有影响力的美国房地产服务公司高纬物业（Cushman & Wakefield）的调查报告，2012 年全球主要城市房地产租赁价格按每平方米年度租金排名，东京（2126 美元）仅次于中国香港（2633 美元）和伦敦（2579 美元），居全球第三。

3. 财务风险

并购过程中的财务风险也是中国企业最应该关注的地方。企业并购中的财务风险主要存在于并购定价、融资和并购支付等环节，一旦某项财务决策引起了企业财务状况的恶化，将可能导致并购行为的终结或者失败。在跨国并购中，财务风险最大的就是融资决策所引起的偿债风险。

海尔并购三洋的当年，海尔的资产负债率高达 70.95%，大大增加了海尔财务风险发生的可能性。

4. 优惠政策少

各国为吸引外商投资，都制定了许多优惠政策，而日本虽然制定了一些优惠政策，但仅限于放宽原有限制条件，与周边国家和地区的优惠条件相差较大。由于缺少材料支持故不考虑。

5. 东道国消费者的态度

日本消费者的排外情绪和对于本国产品的青睐会导致日本消费者产生购买国产产品的偏好，种种因素在一定程度上阻碍了海尔在日本市场的企业扩张，考虑到日本消费者对本国产品的忠实度，海尔电器采取并购日本本土品牌三洋的策略具有一定的优势，可以利用三洋的品牌效应迅速打开日本市场。

四、汇率预测

2011 年 10 月 18 日，海尔与日本三洋正式达成了最终协议，就海尔收购三洋在日本的洗衣机和家用冰箱业务及其在印度尼西亚、马来西亚、菲律宾和越南的洗衣机、家用冰箱和其他家用电器销售业务正式签署收购协议。由于日元和四种货币与人民币的直接兑换存在困难，因此在计算现金流时需要先将其与美元兑换，再换回人民币。由于我们只分析了在日本的并购事件，因此以下汇率预测过程为预测日元对人民币汇率。

（一）预测汇率的方法

预测的方法大体分为四类：技术预测法、基本预测法、市场预测法、混合预测法。由于缺少日元对人民币的远期汇率数据，并结合各种预测方法的优缺点，在预测汇率时，我们采取了以下两种方式。

1. 技术预测法

我们利用一个国家的历史汇率来预测未来汇率。基本方法是使用 Excel 的趋势线估计。但技术预测法存在很大局限性，通常只能预测未来一天的汇率情况且汇率变化受宏观因素影响较多，因此使用历史数据预测远期汇率的有效性较低。图 6 只给出一个预测结果，但这个结果不予采用。

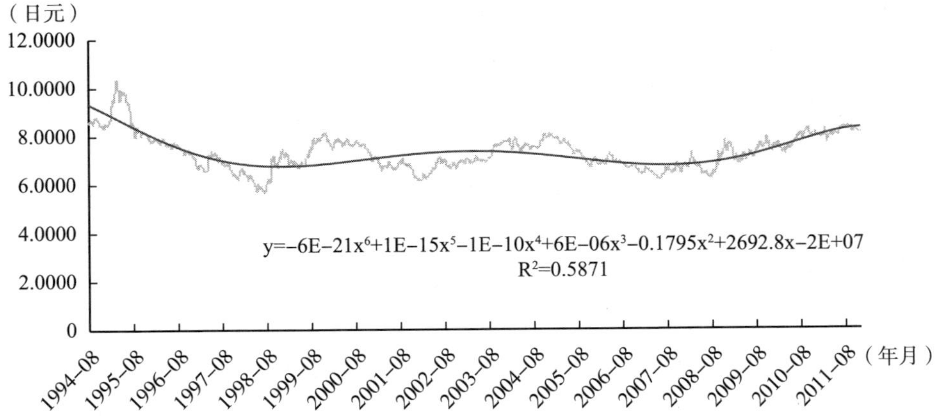

图 6　中间价：100 日元兑人民币

资料来源：Wind 数据库。

2. 基本预测法

海尔并购三洋白色家电这一事件发生于 2012 年初，我们经过数据查找与比较后决定采用基本预测法来预测汇率。选取的宏观经济变量为中国和日本季度实际利率变化率差异（当期）中国和日本 CPI 季度变化率差异（当期）、中国和日本国内生产总值（CPI）季度变化率差异（前期）。回归结果如表 2 所示。

表 2　　第一次回归

回归统计	
线性回归系数	0. 283362
R^2	0. 080294
调整后 R^2	0. 016866
标准误差	0. 057111
观测值	63

续表

方差分析					
	df	SS	MS	F	显著值
回归分析	4	0.016516	0.004129	1.265913	0.293813
残差	58	0.189179	0.003262		
总计	62	0.205695			

	系数	标准误差	T 检验值	P 值	下限 95%	上限 95%
截距	-0.00257	0.008449	-0.30363	0.762494	-0.01948	0.014348
中国和日本 CPI 季度变化率差异	0.244156	0.172475	1.4156	0.16224	-0.10109	0.589402
中国和日本 GDP 季度变化率差异	0.137361	0.110608	1.241864	0.219285	-0.08405	0.358768
中国和日本实际利率季度变化率差异	-0.00382	0.003033	-1.25932	0.21296	-0.00989	0.002252
中国和日本长期贷款利率季度变化率差异	-0.06112	0.065047	-0.93961	0.351315	-0.19133	0.069087

资料来源：Wind 数据库、国家统计局。

回归方程如下：

$$YEN_t = -0.00257 + 0.244156X_{1(t-1)} + 0.137361X_{2(t-1)} - 0.00382X_{3(t)} - 0.06112X_{4(t)} + \mu_t$$

其中：

YEN_t = 季度 100 日元价值变化百分比；

$X_{1(t-1)}$ = 中国和日本 CPI 季度变化率差异；

$X_{2(t-1)}$ = 中国和日本 GDP 季度变化率差异；

$X_{3(t)}$ = 中国和日本实际利率季度变化率差异；

$X_{4(t)}$ = 中国和日本长期贷款利率季度变化率差异；

μ_t = 误差。

由于并购事件发生已经有一段时间，因此用回归结果预测时需要用到的 2012 以后的中日 CPI 季度变化率、GDP 季度变化率、实际利率变化率、长期贷款利率变化率均采用真实值。得到初步预测结果如表 3 所示。

表 3　　汇率：（100 日元兑人民币）

时间	汇率变动率	汇率	时间	汇率变动率	汇率
2012－03	－0.013	8.004892	2015－09	0.014857	5.079561
2012－06	－0.027	7.46191	2015－12	0.006247	5.337438
2012－09	0.006312	8.015072	2016－03	－0.02184	5.269844
2012－12	－0.00613	8.118364	2016－06	－0.00943	5.698743
2013－03	－0.02941	7.090031	2016－09	0.021016	6.584633
2013－06	－0.00176	6.636867	2016－12	0.016305	6.708831
2013－09	0.015367	6.356911	2017－03	－0.00691	5.917937
2013－12	0.000224	6.280708	2017－06	－0.01519	6.082791
2014－03	－0.01	5.719333	2017－09	0.010729	6.113396
2014－06	－0.00781	5.945179	2017－12	0.00092	5.914336
2014－09	0.017992	6.190916	2018－03	－0.01856	5.680851
2014－12	0.015982	5.714089	2018－06	0.006757	5.946508
2015－03	－0.00931	5.089255	2018－09	0.025078	6.141653
2015－06	－0.01604	5.044959	2018－12	0.024061	6.21656

即便进行了多次回归，回归结果并不十分显著，这也说明了我们的回归并不准确，需要进行预测误差的计算。

（二）预测误差

1. 预测误差的计量

基本预测法仍然有一定的局限性，不能提供十分准确的预测。此时我们进行误差的计量，得到绝对预测误差占实际值的百分比的结果如表 4 所示。

表 4　　预测误差

时期	绝对误差	绝对预测误差占实际值的百分比	时期	绝对误差	绝对预测误差占实际值的百分比
1996－06	0.1252	0.0165	2004－06	0.2482	0.0325
1996－09	0.1077	0.0143	2004－09	0.2344	0.0314
1996－12	0.2674	0.0373	2004－12	0.5251	0.0659

续表

时期	绝对误差	绝对预测误差占实际值的百分比	时期	绝对误差	绝对预测误差占实际值的百分比
1997 – 03	0. 1907	0. 0284	2005 – 03	0. 0780	0. 0101
1997 – 06	0. 5251	0. 0719	2005 – 06	0. 1210	0. 0161
1997 – 09	0. 5296	0. 0776	2005 – 09	0. 3384	0. 0472
1997 – 12	0. 5621	0. 0883	2005 – 12	0. 4117	0. 0599
1998 – 03	0. 0087	0. 0014	2006 – 03	0. 0679	0. 0099
1998 – 06	0. 4602	0. 0788	2006 – 06	0. 0019	0. 0003
1998 – 09	0. 1211	0. 0198	2006 – 09	0. 2960	0. 0440
1998 – 12	1. 0406	0. 1451	2006 – 12	0. 2124	0. 0324
1999 – 03	0. 3212	0. 0467	2007 – 03	0. 1028	0. 0157
1999 – 06	0. 0403	0. 0059	2007 – 06	0. 3741	0. 0605
1999 – 09	0. 8229	0. 1057	2007 – 09	0. 2517	0. 0387
1999 – 12	0. 2536	0. 0313	2007 – 12	0. 1416	0. 0221
2000 – 03	0. 1478	0. 0189	2008 – 03	0. 7501	0. 1068
2000 – 06	0. 0741	0. 0094	2008 – 06	0. 9023	0. 1400
2000 – 09	0. 2915	0. 0379	2008 – 09	0. 3350	0. 0521
2000 – 12	0. 4963	0. 0685	2008 – 12	0. 7713	0. 1019
2001 – 03	0. 3094	0. 0457	2009 – 03	0. 7113	0. 1022
2001 – 06	0. 0368	0. 0055	2009 – 06	0. 2567	0. 0361
2001 – 09	0. 1358	0. 0198	2009 – 09	0. 5525	0. 0729
2001 – 12	0. 6913	0. 1097	2009 – 12	0. 1577	0. 0214
2002 – 03	0. 1074	0. 0172	2010 – 03	0. 1952	0. 0266
2002 – 06	0. 6762	0. 0981	2010 – 06	0. 3493	0. 0455
2002 – 09	0. 0889	0. 0131	2010 – 09	0. 3287	0. 0411
2002 – 12	0. 0548	0. 0079	2010 – 12	0. 1656	0. 0204
2003 – 03	0. 1132	0. 0164	2011 – 03	0. 1821	0. 0231
2003 – 06	0. 0524	0. 0076	2011 – 06	0. 0513	0. 0064
2003 – 09	0. 3808	0. 0512	2011 – 09	0. 1659	0. 0200
2003 – 12	0. 1786	0. 0231	2011 – 12	0. 2071	0. 0255
2004 – 03	0. 2421	0. 0309			

2. 不同时期的预测误差

从图 7 我们也可以看出，运用基本预测法进行汇率预测的误差也是很大的，因此要进行预测偏差的统计性检验。

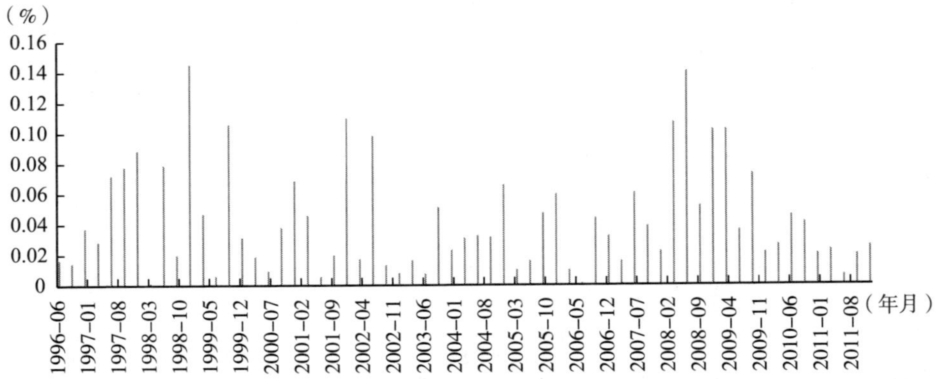

图 7　一段时期内日元的绝对预测误差（占实际值的百分比）

3. 预测偏差的统计性检验

运用上述回归得到的预测远期汇率与即期汇率进行统计检验，结果如表 5 所示。

表 5　回归结果

线性回归系数	0.604874					
R^2	0.365872					
调整后 R^2	0.355303					
标准误差	0.482352					
观测值	62					
方差分析						
	df	SS	MS	F	显著值	
回归分析	1	8.054369	8.054369	34.61813846	1.91992E-07	
残差	60	13.9598	0.232663			
总计	61	22.01416				
	系数	标准误差	T 检验值	P 值	下限 95%	上限 95%
截距	2.524228	0.787185	3.206653	0.002154422	0.949624373	4.098831738
F_{t-1}	0.646956	0.109957	5.883718	1.91992E-07	0.427009439	0.866903137

得到回归方程如下：

$$S_t = 2.524228 + 0.646956F_{t-1} + \mu_t$$

其中：S_t = t 时即期汇率；

F_{t-1} = t − 1 时预测的远期汇率；

μ_t = 误差。

（三）最终预测结果

通过查找偏差，我们来修正之前的预测，调整偏差，得到最终预测汇率如表 6 所示。

表 6　　最终预测汇率

时期	100 日元兑人民币	时期	100 日元兑人民币
2012 − 03	7.905191648	2015 − 09	5.788096007
2012 − 06	7.703043348	2015 − 12	5.810481972
2012 − 09	7.351757502	2016 − 03	5.977316829
2012 − 12	7.7096296	2016 − 06	5.933586967
2013 − 03	7.776454423	2016 − 09	6.211065707
2013 − 06	7.111168085	2016 − 12	6.784197799
2013 − 09	6.817990996	2017 − 03	6.864548532
2013 − 12	6.636871512	2017 − 06	6.35287461
2014 − 03	6.587571743	2017 − 09	6.45952781
2014 − 06	6.224386345	2017 − 12	6.479328042
2014 − 09	6.370499031	2018 − 03	6.350544814
2014 − 12	6.529480374	2018 − 06	6.19949025
2015 − 03	6.22099359	2018 − 09	6.371359097
2015 − 06	5.816753381	2018 − 12	6.497608891

通过最终预测结果与真实汇率的对比，我们发现最终预测结果即使经过修正，也存在着较大的误差。这说明我们运用基本预测法进行汇率预测时存在着遗漏变量，并且许多宏观因素无法很好地量化，这也是预测结果偏差较大的原因之一。由于预测误差的存在，上述分析只给出一个汇率预测的思路，在最终的资本

预算表中将采用真实汇率来对项目的现金流进行折算以评估项目可行性。

五、汇率风险的计算与规避

海尔并购三洋这一事件涉及多个国家货币，因此汇率风险必然存在。汇率风险的计量也尤为重要。汇率风险分为交易风险、经济风险和折算风险。

（一）交易风险

1. 交易风险的评估

为评估交易风险，我们需要确定外币预计的现金流量额并确定外币的潜在风险。现金流量净额这一数值的确定在跨国资本预算中涉及，因此现在主要计算外币的潜在风险。下面我们计算了所涉及的六种外币的标准差，以此来反应各种货币的波动性，货币波动性越小，其可能的价值变动就越小，将来由于汇率剧烈变动而引发的巨额损失的概率就越小。我们也计算了各国货币之间的相关系数，以反映各个国家货币之间的关联性。如果相关系数较大，则说明这两个国家的货币同向变动的可能性很大，企业面临的汇率风险也会更大。

经计算，日元标准差为0.006803，即0.6803%。为了使汇率风险更加直观，下面粗略估算季度最大损失（基于95%的置信水平），如表7所示。

表7　季度最大损失

时期	100日元兑人民币的季度变动百分比（最差情况）	时期	100日元兑人民币的季度变动百分比（最差情况）
2012-03	0.004218	2014-03	-0.01862
2012-06	-0.03676	2014-06	-0.06632
2012-09	-0.05679	2014-09	0.012283
2012-12	0.037488	2014-12	0.013765
2013-03	-0.00252	2015-03	-0.05844
2013-06	-0.09674	2015-06	-0.07617
2013-09	-0.05242	2015-09	-0.01612
2013-12	-0.03776	2015-12	-0.00732

续表

时期	100 日元兑人民币的季度变动百分比（最差情况）	时期	100 日元兑人民币的季度变动百分比（最差情况）
2016 - 03	0.017522	2017 - 09	0.005597
2016 - 06	-0.01851	2017 - 12	-0.00813
2016 - 09	0.035573	2018 - 03	-0.03107
2016 - 12	0.081085	2018 - 06	-0.03498
2017 - 03	0.000653	2018 - 09	0.016532
2017 - 06	-0.08573	2018 - 12	0.008624

由于最大损失是在所预测汇率的基础上计算可能的最大损失，因此此处汇率需要用到的是预测汇率而不是真实值。从表 12 中我们也可以看出，当我们做最坏打算时，日元相对于人民币的贬值情形存在较多，这也侧面说明了套期保值的必要性。

2. 交易风险的规避

规避交易风险时有四种套期保值的方法，分别是期货合同套期保值、远期合约套期保值、货币市场套期保值和货币期权套期保值。在进行汇率风险的规避时要考虑企业的需求问题，因此我们从这个角度来选择套期保值的方法。期货合同和远期合约允许企业锁定一个确定的汇率，以在未来某个时间以该汇率进行外汇交易。期货合同与远期合约的机制相同，区别在于期货合同是标准化的，可以在期货市场上购买。

货币市场套期保值更适用于企业有融资或借入资金需求时，即企业面临未来应付款时。买入期权的应付项目套期保值与期货合同有一定的相似之处，但期权购买方可以决定是否行权，即是否以之前确定的汇率进行外汇交易，并需要缴纳期权费。在本案例中我们考虑的是子公司现金流的汇回，因此货币市场套期保值的方法暂不采用。而子公司汇回的现金流通常较大，相应的期权费也会较高，大型跨国公司通常采用远期合约进行套期保值。且根据海尔智家的年报可知，海尔智家作为海尔电器的母公司也采用远期合约的方式规避交易风险。因此经过综合比较，在本案例中，采用远期合约来规避现金流汇回过程中的交易风险。

3. 套期保值的局限性及收益

在决定了使用远期合约进行交易风险的规避后，需要决定外汇交易中的交易数额。这个交易数额是难以确定的，因为子公司的销售额在年初的时候是难以确定的，因此最终有多少现金流可以汇回也是难以确定的。

在此我们假设预测的现金流是十分准确的，因此远期合约可以完全规避汇率风险。下面我们来计算远期合约的收益。

从表 8 中我们可以看出，如果海尔电器对未来现金流的预测十分精确且进行了完美的套期保值，那么其获得的收益是比较可观的。

表 8　　远期合约收益

时期	是否进行套期保值	若进行套期保值，获得的收益（亿元人民币）
2012	是	0. 069182894
2013	是	0. 088402175
2014	是	0. 043771648
2015	否	
2016	否	
2017	是	0. 020548675
2018	否	
收益总计		0. 221905391

（二）经济风险

企业在并购后涉及较多的外汇交易，比如原材料从母公司所在国进口、企业出口的商品以本国货币计价等。以海尔电器出口商品到日本为例，若日元相对于人民币贬值且商品以人民币计价，则海尔电器所出口的商品相对于日本居民来说更昂贵，对商品的需求就会减少，从而影响海尔的销售额和净现金流；若日元相对于人民币贬值且商品以日元计价，则海尔电器的销售额可能不会受到影响，但汇回的现金流经过汇率折算后会减少，因此也会受到影响。

为避免这一风险以及出于其他方面的考虑，海尔采用“三位一体”战略（见图 8），做到本地化研发、本地化制造、本地化营销，最大限度地规避了企业可能遭受的经济风险。

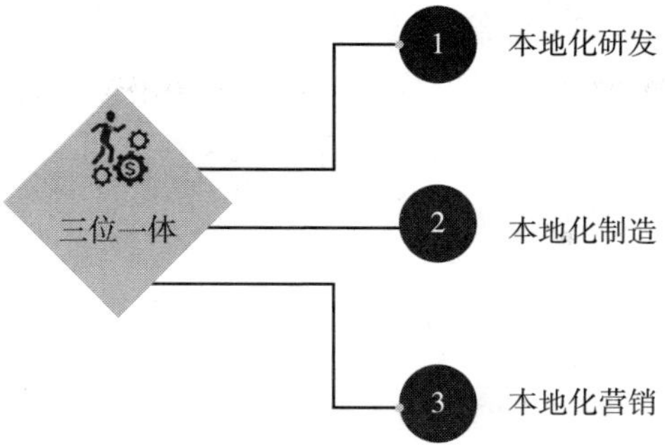

图 8　海尔相关战略

（三）折算风险

当企业需要合并母公司合资公司的财务报表以确定其财务报表时，若子公司是外国子公司时，其财务报表就会使用当地货币，因此就会遭受折算风险。企业面临的折算风险取决于国外经营的子公司所占比例、国外子公司所在地和所使用的会计方法。折算风险可能影响股票价格。

通过海尔电器 2011～2018 年的股价走势（见图 9），我们可以基本判断折算风险对股票价格的影响不大，并且我们认为在本案例中对折算风险进行规避是有很大局限性的，因此不加以考虑。原因有以下三点。

图 9　海尔电器股份（2011～2018 年）

资料来源：Wind 数据库。

（1）收益预测值不确定。同交易风险的规避相同，子公司的销售额在年初的时候是难以确定的。

（2）会计信息的扭曲。子公司是否会把所有现金流汇回并不确定，因此折算损失是账面损失，并不一定是真实损失。同时折算损失无法抵税，因此用于对折算风险套期保值的远期合约利得需要纳税。

（3）交易风险的增加。

六、跨国资本成本和资本结构

（一）债务的外部来源

1. 发行国内债券和全球债券

跨国公司可以选择发行国内债券和全球债券。从货币匹配角度考虑，我们希望从需要筹资的子公司所在国日本获取资金，因此会选择发行全球债券或者偏多发行全球债券；从税收的角度考虑，在日本发行企业债所支付的利息可以算作成本，从而可以减少预提税；从债券利率的角度考虑，从图 10 我们可以看出，日本 AAA 级企业发行的企业债利率明显低于中国，因此仍然选择在日本发行企业债。综合上述三点，选择在日本发行企业债。

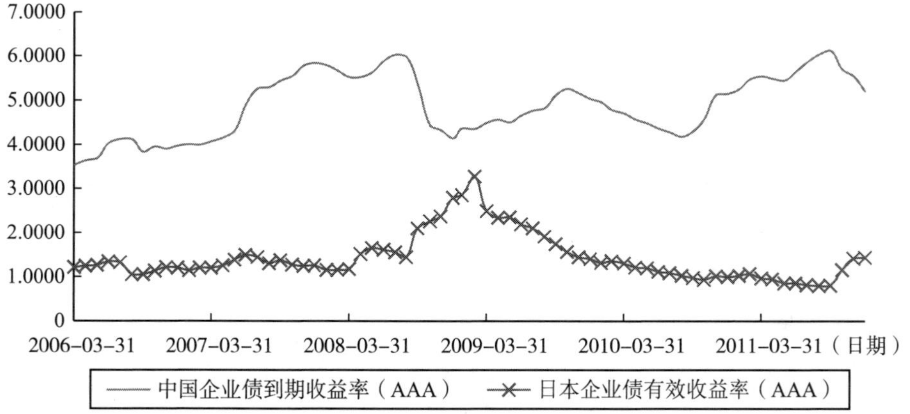

图 10　中日企业债到期收益率

资料来源：Wind 数据库。

2. 私募债券

企业可以选择向机构投资者发行债券，这样做的好处是面对的投资者较少，发行成本会较低。但企业通过这种方式往往不能筹集到全部的所需资金，且私募债券在二级市场的交易存在很多限制。出于对以上原因的考虑以及数据的缺乏，在此次案例分析中假定企业发行的私募债券所需支付的利息与全球债券利率相同，或者说企业暂不考虑发行私募债券。

3. 金融机构贷款

企业可以选择向金融机构贷款，且企业通常从子公司所在国的金融机构贷款，同时也依靠金融机构提供的服务。在这里考虑向银行借款，原因有两个：一是在跨国风险的分析中我们提到了东道国政府接管风险，而向日本银行借款可以降低这一风险；二是日本长短期贷款利率都相对较低，如图 11、图 12 所示。综上所述，考虑向日本银行贷款。

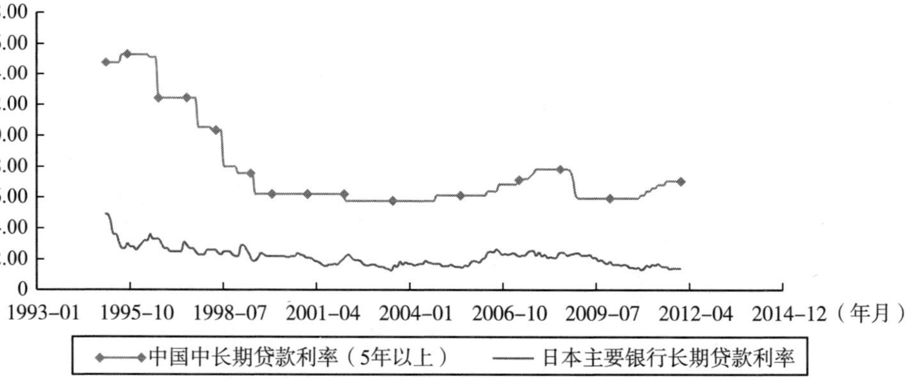

图 11　中日长期贷款利率

资料来源：Wind 数据库。

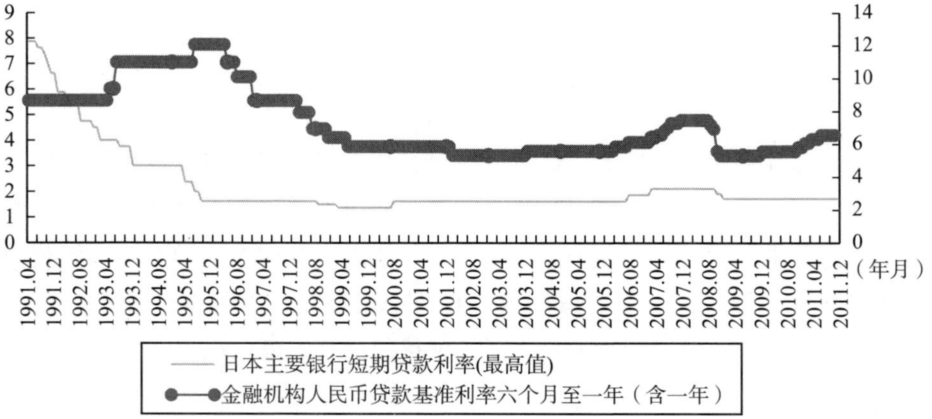

图 12　中日短期贷款利率

资料来源：Wind 数据库。

4. 债务期限的决策

在决定从日本银行贷款后，需要考虑所借债务的期限。通常企业会采用长期的债务融资方式为子公司进行融资。但也需要考虑短期融资，因为考虑流动性偏好，短期贷款利率可能会低于长期贷款利率。因此观察日本长短期贷款利率情况，如图 13 所示。

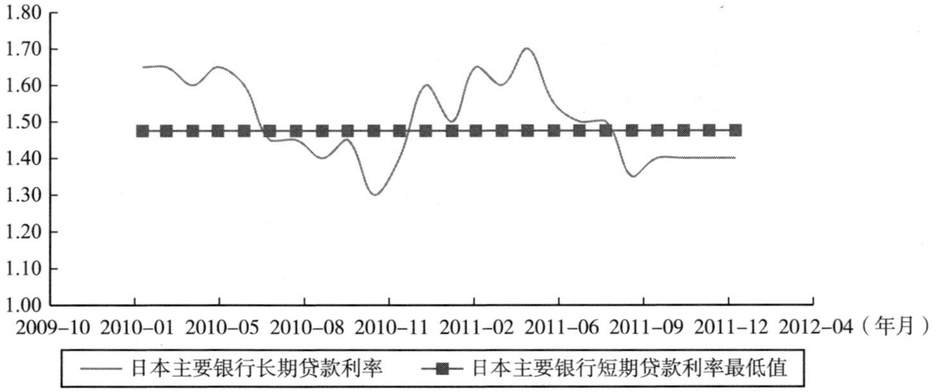

图 13　日本主要银行长短期存贷款利率

资料来源：Wind 数据库。

从图 13 中我们可以看出，在并购之前的 2011 年下半年，日本主要银行短期贷款利率要高于长期贷款利率。从这个角度考虑，更偏向于选择长期贷款。综合上述两点，采用向日本银行进行长期贷款以获得资金。

（二）权益资本的外部来源

1. 国内股票发行

企业可以在本国发行以本币计价的股票，从而把一部分股票发行收入用于子公司融资。同时，分配给子公司的资金需要兑换成子公司所在国家的货币。在本案例中，海尔电器可以选择在中国发行股票，从而为并购事件融资。我们利用其 2005 ~2011 年的股票收益率、恒生指数收益率以及无风险利率（隔夜中国香港银行同业拆出利率）计算出海尔电器的 β，从而计算出海尔电器在中国融资的权益成本。

由表 9 回归结果我们可以得到 β =0. 837175。并且显著性水平较高，结果比较可靠。

表 9　　回归结果

线性回归系数	0.31406					
R^2	0.098634					
调整后 R^2	0.098265					
标准误差	0.041337					
观测值	2450					
方差分析						
	df	SS	MS	F	显著值	
回归分析	1	0.457735	0.457735	267.8765	3.22E-57	
残差	2448	4.183025	0.001709			
总计	2449	4.64076				
	系数	标准误差	t 检验值 t	P 值	下限 95%	上限 95%
截距	0.000704	0.000835	0.842833	0.399404	-0.00093	0.002342
β	0.837175	0.05115	16.36693	3.22E-57	0.736872	0.937477

资料来源：隔夜中国香港银行同业拆出利率、恒生指数收益率和海尔电器详细股票数据均来自 Wind 数据库。

我们得到海尔电器的国内权益融资成本计算公式：

$$K_e = R_f + 0.837175(R_m - R_f)$$

其中：

R_f = 无风险收益率（隔夜中国香港银行同业拆出利率）；

R_m = 市场收益率（恒生指数收益率）。

由此，我们可以计算出海尔电器发行股票后的股票要求收益率 $K_e = 0.299365$。

2. 发行全球股票

企业也可以选择在多个国家发行股票，同时获得多个国家特别是需要进行融资的子公司所在国的资金。在本案例中，海尔电器在美国纳斯达克上市，因此利用其美股收益率、标准普尔 500 指数收益率以及美国十年期国债收益率可以计算出海尔电器的 β，从而计算出其在本国发行股票进行融资的权益融资成本。

由表 10 回归结果我们可以得到 β = 0.295551。

表 10　　　　　　回归结果

回归统计	
线性回归系数	0.137429
R^2	0.018887
调整后 R^2	0.016978
标准误差	0.03289
观测值	516

方差分析					
	df	SS	MS	F	显著值
回归分析	1	0.010703	0.010703	9.894717	0.001754
残差	514	0.556005	0.001082		
总计	515	0.566708			

	系数	标准误差	t 检验值	P 值	下限 95%	上限 95%
截距	0.001291	0.001448	0.891823	0.372905	-0.00155	0.004136
β	0.295551	0.093957	3.145587	0.001754	0.110963	0.480139

资料来源：英为才情、纳斯达克。

我们得到海尔电器的国内权益融资成本计算公式为：

$$K_e = R_f + 0.295551(R_m - R_f)$$

其中：

R_f = 无风险收益率（美国十年期国债收益率）；

R_m = 市场收益率（标准普尔 500 指数收益率）。

由此，我们可以计算出海尔电器发行股票后的股票要求收益率 $K_e = 0.071532$。

（三）资本结构决策

1. 公司特点的影响

（1）跨国公司现金流量的稳定性。现金流量更稳定的跨国公司可以承受更多的债务，因为它们有稳定的现金流入来偿付定期的利息费用。因此在债务利率低的情况下，企业可能会更偏爱用债务进行融资。相反，现金流量变化无常的企业可能更偏爱于用发行股票的方式进行融资，因为企业不能确保需要支付债务利息时企业有足够的现金。

由图 14、图 15 可以看出，由经营活动产生的现金流量净额较为稳定，且 2008 年以后增长幅度较大，而 2008 年以前海尔电器的总净现金流量并不稳定，但从 2008 年开始增长迅速。因此考虑借入较多的债务以进行融资。

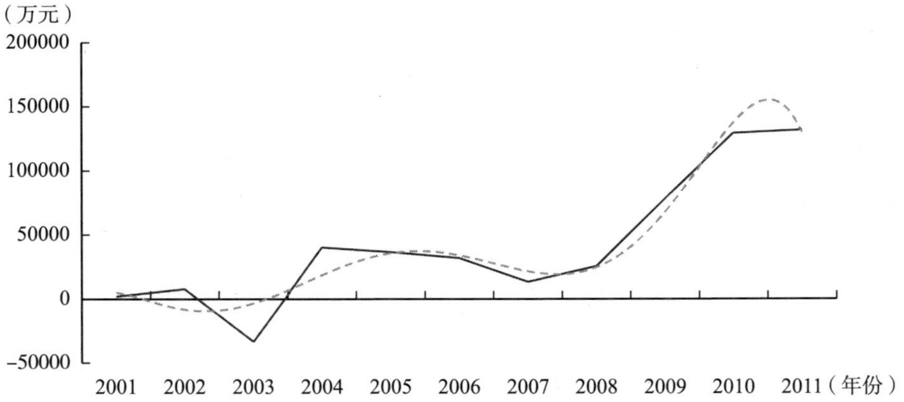

图 14　经营活动产生的现金流量净额

资料来源：Wind 数据库。

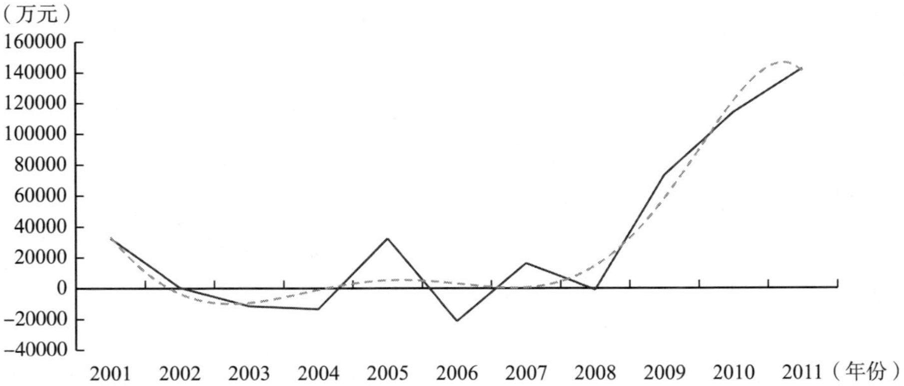

图 15　总净现金流量额

资料来源：Wind 数据库。

（2）跨国公司的信用风险。信用风险较低的跨国公司更容易获得贷款。海尔电器为风险中性企业。

（3）跨国公司的债务担保。如果母公司支持其子公司举债，子公司的借债能力就可能会提高。因此，如果有海尔集团的支持，海尔电器的借债能力就可能有所提高。从这个角度考虑，选择进行较多的债务融资。

（4）留存收益。由海尔电器年报“本集团须保留充裕现金以维持稳健的财务状况以便应对具挑战性的环境、于适当时机进行策略性收购，更重要的是保持在投资发展渠道综合服务（例如建设分销中心）时的资金灵活性。”的叙述可知，海尔电器可能会用留存收益进行投资。

2. 国家特点的影响

（1）东道国利率。可贷资金的利率可能因国家而异。跨国公司可以在特定国家以相对较低的成本获得贷款以进行债务融资，而在其他国家的债务成本可能非常高。因此，跨国公司在融资中的债务比例可能取决于其经营所在国的债务成本。由图 13、图 14 可以看出，在日本发行企业债以及进行贷款的利率都比较低，因此从利率角度考虑，海尔电器在日本发债或贷款的成本都比较低。

（2）东道国货币的强势。如果跨国公司担心其子公司所在国货币的潜在弱势，它可以指示其子公司通过借入这些货币而不是依赖母公司融资来为其大部分业务融资。这一战略降低了跨国公司面临的汇率风险。海尔电器在日本进行并购后项目存续期会较长，日元的走强或走弱难以预测。但从日本进行债务融资可以在资金汇回母公司之前偿还债务，有利于规避汇率风险。

（3）东道国的国家风险。一种相对温和的国家风险是东道国政府可能会暂时阻止子公司将资金汇给母公司。被阻止在一段时间内汇出收益的子公司可能倾向于使用地方债务融资。但我们并未找到相关资料提供证据以证明日本对外国子公司有资金汇回的限制政策，因此该种国家风险暂不考虑。

如果跨国公司的子公司面临东道国政府可能没收其资产的风险，该子公司可能会在东道国使用大量债务融资。那么，已经借出资金的当地债权人将为东道国政府公平对待该子公司提供一定帮助。

此外，如果跨国公司在外国的业务被东道国政府终止，且其业务由当地债权人提供资金。在这种情况下，当地债权人会与东道国政府谈判，以便在东道国政府清算其从跨国公司没收的资产后，获得他们所借出的全部或部分资金。

子公司也可以在东道国发行股票。少数股东直接受益于盈利的子公司。因此，他们可以向当地政府施压，要求其不要征收过多的税收、环境限制或任何其他可能降低子公司利润的规定。其优势是能在东道国创造更多的机会。如果该子公司的股份被该国的少数股东收购，那么该子公司会变得更为人所知。

从以上角度考虑，我们可以选择更多地在日本进行融资以规避风险。其中我们并未找到海尔电器在日本发行股票的相关资料，因此我们假设海尔电器在日本进行融资时会更多地考虑债务融资。

（4）东道国税法。跨国公司在东道国的子公司汇回收入时，按当地税法可能要缴纳预扣税。通过使用地方债务融资而不是依赖母公司融资，他们可以将利息的支付计入成本来减少预扣税。从税法的角度考虑，海尔电器可以选择进行的较多债务融资以减少预扣税。

3. 资本结构

综合上述信息以及海尔电器 2012 年筹资活动现金流情况，我们决定以下述比例进行融资，如表 11 所示。

表 11　　融资比例

国内发行股票	海外发行股票	在日本进行长期贷款	在日本发行企业债
0.2	0.1	0.35	0.35

（四）资本成本的计算

由日本主要银行长期贷款利率数据可知，2011 年 12 月的长期贷款利率为 1.40%。由日本企业债有效收益率（AAA）可知，在 2011 年 12 月发行企业债券所要求的平均收益率为 1.43%。

海尔电器在国内发行股票被要求的股票收益率为 0.299365，在海外（美国）发行股票被要求的股票收益率为 0.071532。

综合上述信息，我们计算海尔电器的融资成本：

$$k_c = \left(\frac{D}{D+E}\right)k_d(1-t) + \left(\frac{E}{D+E}\right)k_e$$

其中：

D = 公司债务总额；

E = 公司股权；

t = 公司所得税率；

k_d = 税前债务成本；

k_e = 股权融资成本；

得到海尔电器融资成本为 7.31072%。

七、资本预算

（一）跨国资本预算中要考虑的因素：

1. 汇率波动

在前面汇率预测部分，我们运用历史数据，进行了预测，得出了预测结果。由于实际上该项目已经实施，故编制资本预算表时运用了已有真实数据。

2. 通货膨胀

通货膨胀变动预测的不准确会导致不准确的净现金流预测。从母公司的角度看，通货膨胀和汇率的变动会对子公司的现金流量产生抵消作用。由于日元通货膨胀变动较小，故在此处不做考虑。

3. 融资安排

在前面跨国资本成本和资本结构中已有阐述。

4. 冻结资金

未发现日本政府对于限制外国子公司资金汇回的政策。

5. 东道国政府的优惠

为了促进在日本的投资，日本政府提供了吸引人的激励措施，并在相关部委和机构设立了单一联络点，就在日本开展业务的问题提供咨询/支持。地方政府还专门为外国附属公司和计划在本地区开设办事处的外国公司提供各种奖励和支持。《日本经济新闻》报道，日本政府2011年采取外资优惠政策吸引海外资金在日投资和跨国企业落户日本。对新投资企业，将采取减免法人税、简化入境手续、给予大型项目补助金等措施；对已投资的企业在日新设研发机构也会采取相应的优惠政策。

据日本媒体报道，松下子公司三洋电机将在2015年3月底之前把登记的总部，从大阪府守口市搬迁至大东市的业务网点。

大阪府是日本第二大城市，2007年经济总量达41万7450亿日元，占日本全国GDP的8.37%，占关西地区GDP的49.2%，可谓是关西地区经济的领头羊。其吸引外资的优惠政策主要有以下几点。

（1）主要投资促进机构。大阪府主要有四家投资促进机构：大阪外国企业招商中心（O－BIC）、大阪市投资促进中心（IBPC）、大阪府企业招商促进中心、日本贸易振兴机构（JETRO）大阪本部。这四家机构建立了联合协作的机制，共同进行招商引资活动。

（2）融资优惠。企业如果在大阪府规定的区域内投资，并向大阪府企业招商促进中心申请得到认可后，即可获得大阪府给予的融资优惠。具体内容为：①融资优惠对象：设备资金（如购买土地、建筑物、设备等）和周转资金（租赁设备）。②融资额度：设备资金最多可贷10亿日元，周转资金最多可贷5000万日元（但两项合计不能超过10亿日元）。③贷款利率：1.6%（根据具体金融形势会有所浮动）。④贷款期限：设备资金贷款期最长为15年（宽限期2年），周转资金贷款期最长为7年（宽限期1年）。

（3）税收优惠。在大阪府规定的两大产业集群区域内投资的企业可获得不动产购置税减半的优惠（上限为2亿日元）。第一产业集群区域主要分布在大阪府西南部邻近关西国际机场的沿海地区，第二产业集群区域主要分布在大阪府东部的八尾市。

（4）补贴优惠。补贴优惠分为投资促进补贴和尖端产业补贴两部分。投资促进补贴主要针对有意进行新建或改扩建厂房及建立研发设施的企业而设立，补贴率为投资额的5%，上限为5千万日元。此项优惠对企业的投资规模有较高的准入门槛，如中小企业投资额必须在1亿日元以上，大企业投资额必须在5亿日元以上。海尔具备了一定的规模，符合了此处的准入门槛。尖端产业补贴主要针对大阪府规定的重点尖端产业投资项目而设立，补贴额最多可达150亿日元。此项优惠对企业项目涉及的领域和雇佣当地劳动者人数有严格要求，如投资领域必须在生物、生命科学、机器人、数码家电、新能源等；雇用当地劳动者必须在10～100人以上（不同行业有不同要求）。

（二）资本预算表

资本预算表（见表12）数据计算说明：

表12　　资本预算表

序号	项目	2012年	2013年	2014年	2015年	2016年	2017年	2018年
1	需求	/	/	/	/	/	/	/
2	单位价格（日元）	/	/	/	/	/	/	/
3	忽略对现有现金流影响的在日总收入（1×2）（单位：亿日元）	483.00000	348.03920	355.00000	355.00000	360.81301	444.92548	481.70673
4	项目对现有现金流的影响（单位：亿日元）	-106.18466	-105.83110	-107.67786	-109.98755	-110.28231	-110.03969	-109.93736

续表

序号	项目	2012 年	2013 年	2014 年	2015 年	2016 年	2017 年	2018 年
5	考虑对现有现金流影响的在日总收入（单位：亿日元）	376.81534	242.20810	247.32214	245.01245	250.53070	334.88579	371.76938
6	单位可变成本	/	/	/	/	/	/	/
7	总可变成本（1×6）	/	/	/	/	/	/	/
8	年度租赁费用	/	/	/	/	/	/	/
9	其他固定年度支出	/	/	/	/	/	/	/
10	非现金费用（折旧）（单位：亿日元）	0.71895	0.47308	0.57220	0.96108	1.18983	1.42860	1.45214
11	总费用（7+8+9+10）	361.61227	231.94906	235.66274	231.97662	236.82855	316.40449	350.56715
12	税前利润（单位：亿日元）	15.20307	10.25904	11.65941	13.03583	13.70215	18.48130	21.20223
13	东道国政府税率（%）	38.01	38.01	35.64	33.86	30.86	30.86	30.86
14	子公司税后收益	9.42438	6.35958	7.50399	8.62190	9.47366	12.77797	14.65922
15	子公司的净现金流量（10+14）	10.14333	6.83266	8.07619	9.58298	10.66349	14.20657	16.11136
16	子公司汇出额（100%净现金流量）	10.14333	6.83266	8.07619	9.58298	10.66349	14.20657	16.11136
17	汇出资金的预扣税（15.315%）	1.55345	1.04642	1.23687	1.46763	1.63311	2.17574	2.46745
18	预收税后子公司汇回额（单位：亿日元）	8.58988	5.78624	6.83932	8.11535	9.03038	12.03084	13.64390
19	残值（单位：人民币万元）							3388.793823
20	汇率（100 日元兑人民币）	7.30490	5.77710	5.13710	5.38750	5.95910	5.78830	6.18870
21	流回母公司的现金流（单位：万元人民币）	6274.81831	3342.76608	3513.42762	4372.14378	5381.29197	6963.80978	10034.69180
22	K 值		0.07311	0.07311	0.07311	0.07311	0.07311	0.07311
23	现金流的现值（经 K 调整）（单位：万元人民币）	6274.81831	3115.03463	3051.01816	3538.05931	4058.01942	4893.63255	6571.21059
24	母公司的初始投资额（单位：万人民币）	36067.94279						
25	累计 NPV							0

1. 价格和消费者需求

计算价格与消费者需求的目的在于计算子公司在日本的销售总收入，故直接使用在日销售额。

调整内容为项目对现有现金流的影响：海尔电器在并购三洋电机之前，已经在日本设厂并在当地进行销售，需要将这些工厂的产出和收入从海尔电器在日销售总收入中剔除。此处采用的剔除方式为以2011年原有销售额107亿日元为基础，经通货膨胀率调整从海尔电器在日总销售额中剔除。

2. 非现金费用（折旧）

没有直接的子公司的折旧数据，于是从海尔电器现金流量表出发，利用以下式子来估算：

公司的折旧与摊销 =（折旧与摊销/营业总收入）× 日本营业收入

3. 总费用

总费用应为总可变成本、年度租赁费用、其他固定年度支出、非现金费用（折旧）之和，但由于数据无法获得，所以利用子公司的总收入减去税前利润进行估算。

4. 税前利润

从海尔电器财务摘要中可知税前利润与营业总收入的比值，以此比值乘以海尔在日营业总收入即可得子公司的税前利润。①

5. 税后收益

子公司的税前利润扣除根据日本企业所得税率计算的所得税，即可得子公司的税后收益。

6. 子公司的现金流量

由税后收益加折旧摊销得到。

7. 预扣税

以15.315%近似估计。

8. 残值

用在日销售额与海尔电器2012年度增加额之比乘以海尔电器2012年固定资产增加额得到在日本的固定资产，以10%的残值率计算得出。

9. 初期投资

海尔电器并购三洋在日本及东南亚四国共五国的企业的初始总投资为8.3亿元人民币，但由于并未有相关数据及资料提及其在日本收购的三家公司的具体价值，

---

① 需要说明的一点是，我们在新闻中能够找到海尔2013年及2014年度的利润额，但新闻来源不是知名财经网站，而是标注了转载的社区贴吧，且新闻内容表意不明，因此对于这一内容不予采用。

因此我们假设其并购后运营至2018年底时的NPV为0，以估算适合的初期投资。

（三）小结

由于本案例中一些数据由我们根据各项依据估算得来，因此数额可能不够准确。通过以上数据的计算，我们可以得出这样一个结论：如果海尔电器所收购的三家日本子公司的估值为3.6068亿元人民币或小于该数字，那么截至2018年底，这个项目的NPV为0或为正，由于其仍在存续期，我们可以认为这个并购项目是成功的。并且我们知道此次并购涉及五个国家的九个公司，根据公司数量并考虑日本是本次并购事件的主要发生地（三洋电机是日本企业）来估算日本三家子公司的价值，3.6亿元人民币的价格也是相对合理的。

参考文献

［1］赵萌．中国家电企业多元化战略研究［D］．北京：首都经济贸易大学，2009.

［2］徐文兰．家电行业跨国并购研究［D］．江西财经大学，2017.

［3］高鹏．全球价值链视角下中国先进制造业海外并购研究［D］．辽宁大学，2019.

［4］罗菲．中国企业跨国并购文化整合案例研究［D］．华中科技大学，2012.

［5］刘浩英，韩宇，张艳稳，魏巧莲．三洋电机在储氢合金领域的专利申请状况分析［J］．中国发明与专利，2014（8）：34－37.

［6］余帆．海尔集团海外并购三洋电机的动因及绩效分析［D］．江西财经大学，2017.

［7］齐玥．国有企业海外并购的财务绩效及其影响因素研究［D］．上海交通大学，2015.

［8］商东扬．中国家电企业跨国并购的动因及效应分析［D］．对外经济贸易大学，2017.

［9］徐梅．外资并购日本企业的进展及趋势［J］．日本学刊，2006（1）：30－38.

［10］李彬．日本财政危机的走势及根源分析［J］．现代日本经济，2012（1）：30－39.

［11］张季风．日本财政困境解析［J］．日本学刊，2016（2）：69－90.

［12］张光峰．新世纪日本财政失衡研究［D］．延边大学，2018.

海外上市公司回归 A 股的因与果：以巨人网络为例

方　彤

一、中概股及回归 A 股概况

（一）中概股简介和发展概况

中国概念股（以下简称“中概股”），是指在海外上市，但主要资产或主要业务都集中在一个或多个中国境内的子公司之上的公司发行的股票（李瑾，2020）。中概股已经成为中国公司使用的一种良好的获取外资注入的方式，诸如纽约证券交易所、伦敦证券交易所、香港证券交易所、东京证券交易所等都是主要的上市地点。

中概股发展主要经历了三个阶段。第一阶段，主要是大型国有企业上市，华晨汽车于 1992 年在纽约证券交易所上市，成为首家在海外上市的中国企业，之后青岛啤酒、马钢股份、上海石化、东方电机等也纷纷在海外上市。第二阶段，互联网企业集中上市，由于 A 股审核制度严苛，使蓬勃发展的互联网企业谋求海外上市，侨兴环球是民营企业境外上市第一股，新浪首创可变利益实体（VIE）模式，也为后续的互联网企业海外上市提供了思路。第三阶段，随着中国加入世界贸易组织（WTO），来自教育、农业、医疗等领域的民营企业进入海外市场。截至 2020 年 1 月，在纳斯达克交易所上市的中国企业主要包括：京东、拼多多、网易、百度、携程网、爱奇艺等。① 2019 年 11 月 26 日，阿里巴巴在港交所上市，成为首家在中美两地同时上市的互联网公司。阿里巴巴在赴美上市之前曾谋求在香港上市，但其股权结构与香港规制不合而未能成功。随着港交所进行了一系列改革，允许在境外上市的中国公司上市，这才为阿里巴巴在香港上市扫清障碍。

① 资料来源：美国纳斯达克证券交易所。

（二）中概股回归A股浪潮

目前众多中概股企业开始选择主动私有化，并积极为回归A股做准备。一般而言，中概股若要回归A股需要经历3个步骤：私有化、拆除VIE结构、境内上市。中概股私有化的动因主要是从企业利益角度考虑，包括企业估值偏低、反并购、税收优惠和重组激励，以及国内市场日益完善发展。同时也有企业是基于调整公司经营战略、美股估值过低、节约上市维护成本以及国内政策鼓励而私有化。

在企业完成私有化退市后，下一步便是VIE架构的拆除。VIE架构是一系列的境内外股权架构，通过它可以对境内运营状况实现实际控制。在我国资本市场快速发展的同时，许多通过VIE架构于海外上市的企业拟拆除VIE架构而重归国内市场，而VIE架构拆除则主要是为登陆境内资本市场清除阻碍。拆除VIE架构的关键是让境外投资者有序退出并适时解除原有的控制协议，且拆除VIE架构有利于降低企业融资风险，并带来企业估值提升、明晰股权架构等效益。由于我国对于VIE公司的监管机制尚不完善，导致VIE架构可能暗藏较大的财务风险，并且由于这种风险未反映在企业估值中，信息披露的及时性和完整性则更须加强。

中概股回归A股的主要途径包括首次公开募股（IPO）上市、借壳上市以及分拆上市，如何选择回归路径则主要依据于企业状况与所处环境。其中IPO上市是一种最基本的上市方式，但所需时间较为漫长，适合不急于上市且经营良好的大型企业；而与之相比，借壳上市可以极大地降低不确定性，有效节约时间成本；分拆上市即母公司以及脱离的部分分别单独上市，通过进行分拆使各部分的估值更为准确。

2018年3月，国务院办公厅转发证监会《关于开展创新企业境内发行股票或存托凭证试点的若干意见》，表明符合试点条件的境内企业，可以直接在境内市场首次公开发行股票并上市。根据该意见，试点企业应当是符合国家战略、掌握核心技术、市场认可度高，属于互联网、大数据、云计算、人工智能、软件和集成电路、高端装备制造、生物医药等高新技术产业和战略性新兴产业，且达到相当规模的创新企业。其中，已在境外上市的大型红筹企业，市值不低于2000亿元人民币；尚未在境外上市的创新企业（包括红筹企业和境内注册企业），最近一年营业收入不低于30亿元人民币且估值不低于200亿元人民币，或者营业收入快速增长，拥有自主研发、国际领先技术，同行业竞争中处于相对优势地位。业界认为，中概股以中国托存凭证（CDR）的方式回归A股，比起传统的私有化方式回归，从操作成本和时间来看，流程简洁且预期稳定。同时，有利于利用境外规范的公司治理环境。但是，在目前已经回归 A 股的中概股中，借壳上市仍是主要方式。

目前有很多中概股企业完成私有化并回归 A 股，例如药明康德、奇虎 360、巨人网络、完美世界、分众传媒、晶澳太阳能等。本案例将重点探讨上海巨人网络科技有限公司（以下简称“巨人网络”）回归 A 股的动因和风险。

二、中概股私有化和回归理论

（一）私有化动因研究

伦内布等（Renneboog et al.，2007）通过分析 2000 年左右英国资本市场发生的私有化退市交易，总结出以下私有化原因：减少股份交易成本、降低代理成本、利用公司市场折价于真实价值掠夺其他主体利益、防范恶意收购、增加税收利益、优化控制和利益结构、降低自由现金流量等。

桑尼扎斯特等（Sannajust et al.，2015）通过分析欧洲、美洲和亚洲在 2000 年左右的上市公司私有化案例，将私有化原因总结如下：扩大企业增长前景、防范恶意并购、节约税负、利用公司市场折价于真实价值掠夺其他主体利益、降低自由现金流、优化控制结构等。

对于中国企业而言，私有化原因更多与中国国情有关。金岩石（2006）认为，股权分置改革是私有化的最根本因素。送股方案使很多上市公司不得不退市，退市可以降低或免去送股成本。简建辉和吴蔚（2007）研究了中石化和中石油将其下属子公司私有化的案例，认为私有化是为了实现资源整合和完成股权分置改革。从而消除非系统风险、清理上市公司之间的关联关系、整合集团的全产业链资源、大幅减少管理成本、提升集团综合竞争力、提高公司的经营管理效率和盈利能力。包振宇（2008）认为西方私有化理论对我国资本市场适用性较为一般。中石化私有化主要是为了达成一体化业务战略，整理集团内股权关系。柯昌文（2010）基于实物期权理论对私有化原因进行了分析。常德鹏和刘向东（2012）指出，私有化是为了目标企业的定位得到转变。

当然，以上文献多集中于上市公司私有化问题，并不能完全解释中概股私有化的原因。汪晨（2012）则从私有化动因入手，分析了私有化之后再次转板上市的可能性。李行建和李广子（2017）收集整理 2010 ~ 2016 年股票市场私有化交易的案例发现，中概股价值被低估，而良好的国内经济环境和高资产流动等因素引发了中概股的私有化。刘佳伟（2015）认为导致中概股企业私有化原因包括：控制成本、考虑自身估值、战略调整提升竞争力等。白庆辉（2015）认为，中概股在美国市场估值过低、企业希望通过对股权的良好分配刺激员工积极性、美股广告效应降低、A股市场复苏等。部分文献也使用各种计量模型对中概股私有化因素进行实证检验。汤嘉等（2019）认为360回归A股是必然趋势，同时也有估值低估等因素。

（二）借壳上市研究

民营企业借壳上市主要原因在于：第一，自身融资比较困难，为了解决日后资金而选择借壳上市；第二，门槛较低，目前整体上市流程较为烦琐，长期等待时间对民企意味着高风险；第三，借壳上市被我国法律认可。例如，若民企通过IPO，按照规定流程，从申请到最终上市需要2年时间，而借壳上市则耗费的时间少很多。而且借壳上市本身也具有一定的广告效应，能吸引投资者目光。付媛媛（2008）进一步指出，企业在选择壳公司时，应该对成本要素进行考虑，尽量选择规模小的壳公司，其次要考虑夕阳产业，夕阳产业企业的经营存在问题，可能更倾向于卖壳。当然，理论上所有上市公司都是潜在的壳公司。

在资本市场中，风险和收益并存。对于借壳上市同样如此。在借壳上市过程中，成功的借壳企业可以实现资金的迅速募集并获得超额收益，如果失败，投入资金无法收回，也会影响壳公司，导致后续发展压力较大。借壳上市失败的风险主要包括：第一，行为失败风险，即收购行为并未顺利完成；第二，借壳后重组失败风险；第三，借壳后无法再融资风险。也有学者从风险特征入手分类，包括财务风险、法律风险、重组风险等。这些风险可能会扩大，造成更大的影响。

中概股回归常采用借壳上市方法，能够缩短上市时间，但也需要考虑借壳上市的风险。

三、巨人网络回归A股背景

巨人网络成立于2004年11月，是一家以网络游戏为发展起点，集研发、运营、销售为一体的综合性互动娱乐企业。2007年10月之前称为上海征途网络科技有限公司，史玉柱担任董事长。旗下游戏包括《征途》《艾尔之光》《仙侠世界》等。

2007年11月1日，巨人网络顺利在纽约证券交易所挂牌上市（NYSE：

GA)，发行价 15.5 美元，融资 8.87 亿美元。当日开盘价 18.25 美元。公司总市值达 42 亿美元，超越盛大成为在美国发行规模最大的中国民营企业。[①] 市场初期对这只游戏中概股高度关注，之后市场恢复平静，公司股价开始处于低迷状态，实际也是“高开低走”。在 2011 年股票跌至 3 美元，即便后续回升到 10 美元，也与上市初期价格相差较大。

2013 年 11 月 25 日，巨人网络私有化交易。

2014 年 3 月 17 日，签订私有化协议。7 月 14 日，在特别股东大会上得到批准。7 月 21 日，巨人网络宣布该公司完成了与巨人投资全资子公司巨人并购签订的并购协议。巨人投资有限公司以约 30 亿美元收购巨人网络。

2014 年 7 月 18 日，完成私有化的巨人网络正式摘牌。公司股价定格为 11.92 美元，市值 28.7 亿美元。上市近 7 年，市值损失近一半。

2015 年 11 月 2 日，巨人网络宣布史玉柱对公司进行了结构调整，私有化后公司战略重心转向手游业务。

2015 年 10 月 31 日，重庆新世纪游轮股份有限公司（以下简称“世纪游轮”）在深交所公布与巨人网络的重组预案，拟购买巨人网络 100% 股权，本次交易完成后，史玉柱成为世纪游轮实际控制人。在当时披露的股东结构中，除了以史玉柱为实际控制人的上海兰麟投资管理有限公司外，还有上海中堇翊源投资有限公司（有限合伙）、上海铼钸投资咨询中心（有限合伙）、上海澎腾投资合伙企业（有限合伙）、上海鼎晖孚远股权投资合伙企业（有限合伙）、弘毅创领（上海）股权投资基金合伙企业（有限合伙）、上海孚烨股权投资合伙企业（有限合伙）和上海腾澎投资合伙企业（有限合伙）。[②]

2016 年 4 月 7 日，巨人网络回归 A 股获中国证券监督管理委员会（以下简称“证监会”）批准，公司重组完成。

四、巨人网络回归动因分析

（一）中概股估值较低

早期在美国上市的企业，由于物以稀为贵，在一段时间内受到了国际投资者

---

① 新浪科技关于巨人网络登陆美国纽交所专题报道，https：//tech. sina. com. cn/focus/juren_nyse/。

② 资料来源：《重庆新世纪游轮股份有限公司关于筹划重大资产重组停牌进展公告》（一）至（四十四），可通过《证券时报》《中国证券报》等渠道查询。

的追捧，但随着越来越多公司效仿，再加上 2010 ~ 2014 年中概股遭遇了信任危机，中概股之间竞争加剧，市场对于中概股的预期降低。从 2007 年到 2011 年，短短 4 年时间在美国上市的中概股由 69 家飙升到 251 家，中概股数量增加，质量并没有随之提高，从大连绿诺造假被查事件之后，中国高速传媒、嘉汉林业等中概股相继被查，中概股的投资价值明显下跌，因此在此阶段中概股退市达到顶峰。

中概股近年来股价低迷，导致财务数据不再被投资者和投资机构信任，几乎不能再以上市公司身份进行融资，但由于保留上市公司身份必须支付高昂的上市费用。2007 年 11 月，巨人网络在美国上市，起初发行价较高。但是《征途》游戏的在线用户数量、每用户平均收入等陆续进入瓶颈期。在 2011 年，其股票跌至 3 美元。从估值角度看，巨人网络市盈率在 10 倍左右，而在中国资本市场中，游戏公司市盈率要高得多。

（二）企业战略转型

企业上市后，市场中的中小股东控制了企业的部分股权，这是分散企业控制权的表现。如果转变公司重大战略，那么短期之内极有可能出现业绩下滑的情况，由此影响公司的经营管理。公司经私有化后，由大股东集中掌握公司控制权，更有利于公司通过对整体的控制对公司的战略发展做出改变。事实上企业通常是基于调整战略的需要才会选择主动退市。

巨人网络凭借《征途》等游戏，获取巨大的利润，成为游戏领域的翘楚。但是随着智能手机的发展，游戏行业也开始发生改变。导致的结果就是网络端游戏已经开始进入成熟期，从智能手机发展的趋势看出，未来手游发展将成为主要趋势，例如腾讯、网易等均在手游中占据一席之地。公司管理层开始思考网络游戏的发展现状，虽然总体处于稳定的发展阶段之中，也拥有黏度较高的一批玩家，但是电脑端游戏高增长的时代已经成为历史，此时需要的就是调整公司未来的发展战略，将主要的研发精力放在手游端，对电脑端游戏采取的战略是保证稳定的发展。但是从电脑端游戏业务向手游业务转变，短期内可能无法看到业绩，导致中小股东反对，从更长远的企业战略来看，需要进行私有化以实现企业控制权的高度集中，从而更好地为企业战略转型服务。

（三）寻求国内上市提供融资能力

巨人网络正在从电脑端向手机端游戏业务转型，短期内业务出现高增长的可能性较小，容易出现融资难的问题。在这时如果仍然坚持海外上市交易，更容易因为融资难而影响企业转型。从企业发展转型角度，重新上市后的市场估值通常会提高，而且国内上市估值相比美国也高。个人投资者和机构投资者都会青睐重组上市企业。而且巨人网络也是老牌游戏公司，势必会受到国内投资者的追捧。如此解决融资问题，可以为企业转型发展提供资金。

（四）国内政策支持回归

前几年，中国资本市场迎来一轮牛市，影响到互联网企业的上市选择。创业板平均市盈率高达 92 倍。随着政府对新兴行业愈发重视，积极引导产业转型升级，与互联网相关的行业蓬勃发展。实际上，国家也在不断推出相关政策支持中概股回归。当然，国内政策支持更多是客观因素。

五、巨人网络回归的资本运作过程

（一）签订私有化协议①

巨人网络首先搭建私有化架构。史玉柱旗下的 Union Sky Holding Group Limited（以下简称“Union Sky”）下设三个全资子公司，私有化实施主体为 Union Sky。2014 年 3 月 17 日，巨人网络宣布与 Giant Investment Limited（以下称“母公司”）及其全资子公司 Giant Merger Limited（以下称“子公司”）签订协议。

根据合并协议，母公司将以每股美国托存股（ADS）12.00 美元的价格现金收购巨人股票，收购对价总额约 30 亿美元。该价格较 2013 年 11 月 22 日纽交所收盘价 10.13 美元溢价 18.5%；较 2013 年 11 月 22 日前 30 天和 60 天成交量加权平均价分别溢价 31.6% 和 33.6%。2013 年 11 月 22 日是 2013 年 11 月 25 日前的最后一个交易日。公司在 2013 年 11 月 25 日宣布收到来自公司董事会主席史玉柱及其关联公司和霸菱亚洲投资（Baring Private Equity Asia）的一个附属公司（以下将霸菱亚洲投资及其管理的基金统称为“霸菱”）提出的非约束性私有化要约。

合并协议中的收购价格较2013 年 11 月 25 日宣布的私有化要约中 11.75 美元

---

① 签订私有化协议过程和内容主要来源于美国证券交易委员会（The U. S. Securities and Exchange Commission）披露。部分内容来自第一财经整理翻译，https：//www. yicai. com/news/3592658. html。

的收购价格溢价 2.1%。一旦交易完成，母公司将由史玉柱、霸菱和弘毅资本（Hony Capital Fund V，L. P.，以下将弘毅资本及其管理的基金统称为“弘毅”）组成的买方财团受益所有。截至合并协议签署前，买方财团成员共计持有巨人 49.3%的股票。

根据合并协议的条款和条件，合并生效时合并子公司将并入巨人，巨人作为存续企业继续经营，并由母公司全资控股。除以下三种情况外，合并生效前所有已发行和流通的股份将被注销，并收到每股 ADS12.00 美元现金（不计息及预提所得税）的对价：①史玉柱旗下 Union Sky 拥有的不超过 59890972 股的股票，霸菱旗下 Baring Private Equity Asia Holding Limited（以下简称“霸菱 SPV”）拥有的 11800000 股的股票（Union Sky 和霸菱 SPV 合称“转结股东”），以及在合并生效前母公司、巨人、或他们的子公司所拥有的股票，上述股票将会被直接注销，并得不到任何对价款。②根据《开曼群岛公司法》第 238 条有效行使且未失去其评估权的普通股持有人所持有的普通股将在合并生效时被注销，获得按照《开曼群岛公司法》第 238 条所规定的相应对价。③合并生效前 Union Sky 所拥有的 37500000 股将会被注销，以换取 Union Sky 获得巨人向其开具的总计 450000000 美元的期票，期票总值相当于每股 12 美元的价格所对应的 37500000 股股票，年息 2%。合并交易完成后，史玉柱将保留合并前所持股票的约一半股票，剩余股票出售，获得现金和期票，每股单价等同于合并中支付给非关联股东的价格。

买方财团计划以霸菱和弘毅提供的现金，来自中国民生银行（香港分行）、法国巴黎银行（香港分行）、瑞信银行（新加坡分行）、德意志银行（新加坡分行）、高盛银行［Goldman Sachs（Asia）L. L. C. 及 Goldman Sachs Lending Partners LLC］、工银国际和摩根大通银行合计 8.5 亿美元的贷款融资（贷款协议于 2014 年 3 月 17 日生效），以及巨人以及其子公司所持现金来提供交易所需资金。根据合并协议条款，在此交易完成前，不允许巨人进行任何的派息或股票回购。因此，巨人董事会已暂停公司先前宣布的股票回购及派息计划。

摩根士丹利（亚洲）公司（Morgan Stanley Asia Limited）和 Duff & Phelps LLC 担任特别委员会的财务顾问。Fenwick & West LLP 担任特别委员会美国法律顾问，迈普达律师事务所（Maples and Calder LLP）担任特别委员会开曼法律顾问。Shearman & Sterling LLP 担任摩根士丹利（亚洲）公司的法律顾问。Akin Gump Strauss Hauer & Feld LLP 担任 Duff & Phelps LLC 的法律顾问。

Kilometre Capital 担任公司的战略顾问。美迈斯律师事务所（O'Melveny and Myers LLP）担任公司的美国法律顾问，国浩律师（上海）事务所（Grandall Law

Firm（Shanghai））担任公司的中国法律顾问，Conyers Dill and Pearman 担任公司的开曼法律顾问。

中国民生银行（香港分行）、法国巴黎银行、瑞信银行、德意志银行、高盛银行、工银国际和摩根大通银行担任买方财团的财务顾问。Wilson Sonsini Goodrich & Rosati 担任史玉柱和买方财团的美国法律顾问。Weil，Gotshal &；Manges LLP 担任霸菱的美国法律顾问以及买方财团银行贷款的英国法律顾问。Skadden，Arps，Slate，Meagher & Flom LLP 担任弘毅的美国法律顾问。方达律师事务所（Fangda Partners）担任霸菱和弘毅的中国法律顾问。年利达律师事务所（Linklaters LLP）担任银行贷款授权牵头行的美国和英国法律顾问，Appleby 和君合律师事务所分别为银行贷款授权牵头行的开曼和中国法律顾问。

（二）拆除 VIE 架构

私有化之后开始拆除 VIE 架构。2015 年 6 月，史玉柱控股的兰麟投资和腾澎投资携另外 6 家机构，即鼎晖投资、铼钸投资、中堇翊源、澎腾投资、弘毅创领、孚烨投资组成拆 VIE 豪华财团。巨人网络股权架构 VIE 财团在境内以人民币约 120 亿元增资巨人网络（现 A 股上市主体），巨人网络向境外私有化控股主体 Hold Co 增资 18.64 亿美元。之后，收回香港公司、上海征途信息技术的控股权，通过增资等方式巨人公司持股比例达到 75%，将征途信息主要业务纳入巨人网络境内运营主体，收回境外主体持有的所有香港公司的股权。[①] 最后，解除 VIE 协议。针对解除协议，巨人网络对相关事项和赔偿做出明确规定，并按要求签署解除协议。拆 VIE 完毕，拟纳入上市主体与上市外主体股权架构不足两年，私有化拆 VIE 完成。

（三）借壳上市

巨人网络选择了较为迅速的借壳上市以返回 A 股市场。

巨人网络选择世纪游轮作为壳公司。根据披露信息，世纪游轮拟将公司 4.4 亿股股票以每股 29.58 元的价格向巨人网络股东发行。世纪游轮经过证监会向澎腾投资、兰麟投资等发行股份。巨人网络完成此次收购后，成为新世纪游轮股份的全资子公司，并成为该公司的经营实体。兰麟投资持股比例 20.78%，兰麟投

① 徐春晓．中概股回归中的资本运作及后果分析——基于巨人网络回归 A 股的案例分析［D］．河南财经政法大学，2019.

资实际控股人史玉柱成为壳公司的实际控制人。

2014 年 10 月，世纪游轮停牌。在停牌 1 年并披露了 44 份停牌进展公告后，2015 年 10 月，巨人借壳世纪游轮方案出炉。根据公司披露公告数据显示，世纪游轮拟将公司 4. 4 亿股股票以每股 29. 58 元的价格向巨人网络股东发行，购买股东所有股权，完成重组后预计估值将达 130 亿元。巨人网络在完成此次收购重组后，将成为新世纪游轮股份的全资子公司，并成为该公司的经营实体。

2015 年 12 月，世纪游轮开盘连拉 19 个涨停，成为 2015 年的“妖股”，投资者当然表示支持。

六、巨人网络回归 A 股后果分析

（一）短期市场反应

2015 年 11 月 10 日，世纪游轮发布了与巨人网络达成重组协议。巨人网络是游戏行业的巨头且从美国退市不久，重庆新世纪游轮是 A 股市场的优质壳资源。强强联合，投资者对这一合作较为期待，这也反映在股价上。停牌前，世纪游轮收盘价 31. 65 元，重新开盘后仅二十个交易日股价就攀升到 212. 94 元，股数由 6500 股增加到 4 亿股，总市值达到千亿，比在美国的市值翻了四倍。

世纪游轮市盈率也发生变化。世纪游轮从 2015 年 11 月 11 日的 215. 37 倍市盈率，达到 12 月 25 日的 1141. 50 倍。①

（二）长期市场反应

虽然巨人网络在回归初期受到追捧，股价不断上涨。但在 2018 年股价不断下跌。在热情追捧之后，长期股价下跌实际上还是反映了巨人网络在游戏产业中出现疲态。《征途》手游并未吸引更多玩家，主要是依赖老玩家情怀。2018 年巨人网络拟收购以色列 Playtika 公司，该公司拥有人工智能业务。然而这家公司主营业务收入中 50% 来自类似老虎机的游戏，这实际上对巨人网络的股价不利。投资者实际上更希望巨人网络专心主营业务，而非热衷资本运作。

腾讯和网易长期占据手游热门排行榜，《王者荣耀》《刺激战场》《阴阳师》等游戏深受广大网民喜爱，巨人网络无法对这些游戏产生冲击。这也是巨人网络

① 资料来源：Wind 数据库，经作者整理。

回归一段时间后股价没有较大起色的原因。

七、结论与启示

本文以巨人网络私有化退市并借壳回归 A 股为案例，对海外上市公司回归 A 股的动因与发展进行了分析。以小见大，海外上市公司回归 A 股市场究竟会对公司发展产生何种影响，还是需要具体分析。总结来看，通过本案例可以得到以下启示。

（一）中概股回归符合国家政策，有利于公司发展

中概股的回归存在一种典型路径，即通过“私有化退市 + 拆除 VIE 架构 + 借壳 A 股上市”，但这并不意味着该路径都会成功回归，而是需要国家支持、证监会审批。中概股多集中于新兴行业，包括信息技术、互联网通信等，其中不乏一些拥有核心技术、潜力巨大的优质企业，如果这些优质中概股得以回归，则会更好地丰富国内上市公司资源，推动产业转型升级和经济发展，同时这些中概股的回归可以带来优秀经验，有利于引导我国资本市场的健全和完善。

巨人网络本来就是老牌游戏公司，回归 A 股之后进行战略转型，恰逢游戏产业蓬勃发展之时，回归时机似乎合理。但由于多年关注电脑端游戏业务，忽视了国内移动端手游业务的发展，造成很长时间都不能击败腾讯、网易等公司，这样一看，似乎海外上市阻碍了公司的长期发展。

（二）私有化退市需要全局考量和实力保障

私有化退市的获批与成功实施很大程度取决于管理层与股东大会。私有化退市的实施不是一时而为之，而是需要提前一段时期便做好战略规划，制定出合理可行的私有化退市方案。另外，在这个过程中需要考虑好快速融资的渠道，如何吸引资金雄厚的资金方参与到私有化过程中。巨人网络选择了史玉柱旗下的兰麟投资以及其他实力雄厚的投资公司参与到私有化过程中，是私有化的重要保障。

（三）中概股回归应选择合适的途径

巨人网络借壳上市大大缩短了上市审批时间，能够更快地回归 A 股。当然有的海外上市公司则选择 IPO 等方式。每个企业自身的发展状况、经营状况不同，所面临的环境也各异，所以对于中概股回归 A 股所选择的上市方式也应依据自身

情况选择合理的途径。

参考文献

[1] 包振宇. 我国上市公司私有化动因探析：理论综述与个案研究 [J]. 海南金融，2008 (6)：32-36.

[2] 白庆辉. 中概股缘何掀起私有化浪潮 [J]. 财会学习，2015 (7)：1.

[3] 付媛媛. 买壳上市壳资源之选择 [J]. 财会月刊，2008 (9)：72-73.

[4] 简建辉，吴蔚. 上市公司私有化：动因与实践分析 [J]. 财会月刊（理论），2007 (11)：9-10.

[5] 金岩石. "私有化"昭示市场机制不断完善 [J]. 新财经，2006 (7)：103-106.

[6] 柯昌文. 壳价值、赎回期权、私有化战略与交易结构——中国上市公司私有化案例研究 [J]. 财会月刊，2011 (12)：26-30.

[7] 李瑾. 在美中概股回归潮的原因及回归路径分析 [J]. 国际金融，2020 (11)：56-68.

[8] 李行建，李广子. 中概股退市的动机及其溢价来源研究 [J]. 经济科学，2017 (4)：47-62.

[9] 刘向东，常德鹏. 中国境外上市企业私有化退市问题研究 [J]. 南方金融，2012 (7)：53-56，60.

[10] 汪晨. 上市公司私有化后转板在上市之路——私有化新策略 PPP 模式的应用与监管 [J]. 证券法苑，2012 (2)：800-818.

[11] 汤嘉，汤城，陈一恺. 中概股境外上市动因与借壳回归路径分析——基于奇虎 360 的案例分析 [J]. 商业经济，2019 (11)：182-183，196.

[12] 杨科. 中国境外上市公司的退市分析——基于阿里巴巴退市案例分析 [J]. 财务与金融，2013 (3)：22-27.

[13] Renneboog L., Simons T., Wright, M., 2007. Why do public firms go private in the UK? The impact of private equity investors, incentive realignment and undervaluation [J]. Journal of Corporate Finance 13 (4): 591-628.

[14] Sannajust A., Arouri M., Teulon F., 2015. Motivations of public to private transactions: an international empirical investigation [J]. Journal of Applied Business Research 31 (1): 1-16.

一纸报告压垮一家上市公司：我们该鼓励卖空制度吗？

——以辉山乳业破产重组为例

高金窑

2016 年 12 月 16 日和 19 日，著名的做空机构浑水研究（以下简称“浑水”）（Muddy Waters Research）接连发布了两篇做空报告，将辽宁辉山乳业集团有限公司（以下简称“辉山乳业”）称为“骗子”，称该公司至少从 2014 年开始发布虚假财务报表、夸大其资产价值以及负债颇多，因此，该公司估值实际接近零。做空报告发布当天，辉山乳业盘中一度下跌 4.3%，至 2.69 港元。

根据香港交易及结算所有限公司（以下简称“港交所”）的信息披露与市场交易数据发现，在浑水发表做空报告的两天辉山乳业董事长杨凯两次累计增持 4583.3 万股，耗资 1.27 亿港币，持股比例达到 74.06%。最终，辉山乳业的股价只在 12 月 16 日下跌 2.14%，12 月 19 日还上涨了 1.82%；之后辉山乳业的股价一路走得四平八稳，在这次正面交锋中，浑水最终败下阵来。

然而 2017 年 3 月 24 日上午，港交所的市场数据显示，辉山乳业（6863. HK）在短短半小时内突然暴跌 85%，创下港交所最大跌幅，短短几分钟时间内其股价从 2.81 港元最低跌至 0.25 港元，随后收跌 0.38 港元，市值蒸发约 42 亿美元。

在与辉山乳业的较量中，浑水虽然败下阵来，但其撕裂了辉山乳业的“伤口”。就在浑水发布做空报告后，各家银行进行了调查审计，中国银行发现了辉山乳业一些票据造假，最终东窗事发。在股价暴跌前的 3 月 23 日下午，辽宁省人民政府金融工作办公室召开辉山乳业债权工作会议，23 家债权行与辉山乳业集团相关负责人出席。在此次会议上，辽宁省金融办表示：要吸取东北特钢的教训，为了社会稳定，要求银行和其他金融机构不要抽贷，对辉山乳业要有信心。

一、浑水公司是一家什么样的公司

浑水公司创立于 2010 年，创始人名叫卡尔森 - 布洛克（Carlson - Brock）。

从公司网站上可以了解到："浑水公司（Muddy Waters，LLC）是一家实地调研、自由发布报告的投资研究公司。通过剥去由律师事务所、审计师以及管理者对上市公司的层层伪装，看穿市场的不透明和炒作，浑水公司以评估一家公司的真实价值为荣。浑水公司的研究方法是将不同的人才结合起来，包括法务会计师、训练有素的调查人员、估值专家和企业家，其中许多人都有在美国和新兴市场经商的实际经验。浑水公司有三种类型的研究产品：商业欺诈、会计欺诈和基本问题。商业欺诈报告关注的是大量夸大收入的发行人。会计欺诈报告涵盖通过欺诈方式提高利润的企业。基本问题报告讨论不透明且存在严重的基本问题的企业，这些问题尚未被市场察觉。"①

为什么叫浑水？浑水取的便是中国谚语"浑水摸鱼"之意。也就是说，先把水搅浑，然后再摸鱼。他们认为，一些在美上市的中国企业存在欺诈行为，"坑"了美国散户的血汗钱。而熟悉中国企业经营"潜规则"和美股市场的布洛克，正是要通过抓住把柄，做空在美上市的中国企业，也可以牟取暴利。

布洛克毕业于南加州大学，主修金融，辅修汉语，后来又在芝加哥大学获得法学学位。毕业之后，布洛克来中国淘金，他来到上海，先是在一家美国律所上班。干了一段时间后辞职，又做了一段时间仓储买卖，但也没能火起来。他还写了一本书叫《在中国经商——无师自通》。据悉，布洛克曾在一次访问中称，在中国做生意任人宰割，不仅赔了钱，还得到很多惨痛的教训。他走上"狙击"中国企业之路，不排除有报复心理使然。

创办浑水公司也与一次企业调查有关。2010 年，布洛克的父亲老布洛克准备买入在美国上市的中国公司东方纸业的股票，想请他帮忙调查一下这家公司。为此，布洛克亲自来中国实地考察。但通过参观，他看到的实际运营情况和该公司财务报表上所体现的内容有很大差距。于是，他撰写报告，描述他在东方纸业看到的情况，鼓励投资者卖掉这家公司的股票，并在发布报告之前进行做空。东方纸业股价当天腰斩，暴跌 50%。

此后，浑水公司继续寻找"猎物"。被浑水做空的公司如绿诺科技、中国高速频道、多元环球水务已经退市，嘉汉林业股价暴跌 70% 停牌破产，被做空后的辉山乳业爆出债务问题，已被勒令停牌。布洛克以其敏锐的嗅觉和近乎全胜的猎杀成绩，曾被彭博新闻社评为 2011 年 50 大思考者之一，其他入选者都是诸如诺贝尔奖获得者、哈佛大学教授等名流。

---

① http：//www. muddywatersresearch. com/。

二、辉山乳业简介

辽宁辉山乳业集团有限公司的历史可以追溯到1951年，长期以来辉山乳业秉承“打造国人值得信赖的乳品品牌”的企业理念，致力于中国乳品行业全产业链发展模式的探索，从源头解决乳品安全的核心问题，是国内率先实现奶源全部来自规模化自营牧场的大型乳制品企业。

辉山先后在辽宁沈阳、锦州、阜新、抚顺、铁岭等地投资建设了良种奶牛繁育及乳品加工产业集群项目。经过多年布局，企业逐步形成以牧草种植、精饲料加工、良种奶牛饲养繁育、全品类乳制品加工、乳品研发和质量管控等为一体的全产业链发展模式。从辉山乳业公司网站上了解到，辉山已拥有近50万亩苜蓿草及辅助饲料种植基地、年产50万吨奶牛专用精饲料加工厂、超过20万头纯种进口奶牛、82座规模化自营牧场以及6座现代化乳品加工生产基地。

依托自营牧场和全产业链发展模式，辉山产品矩阵涵盖婴幼儿配方奶粉、液态奶等多个产品品类。2013年9月，辉山乳业在港交所正式挂牌上市，全球发行额13亿美元，跻身有史以来全球消费品公司首次发行前十名，上市首日市值近400亿港元，跻身中国乳业境外上市公司市值三甲。

辉山乳业董事长、实际控制人为杨凯。根据网络信息，杨凯从事粮食机械、粮食深加工、奶牛养殖及乳品加工等多项涉农产业近30年。1992年，杨凯曾担任沈阳隆迪粮食制品有限公司的副董事长、董事兼总经理。沈阳隆迪粮食制品有限公司是一家中外合资企业，由美国隆迪国际公司投资（以下简称“美国隆迪”）。根据新加坡《星岛日报》报道从2003年开始，杨凯就在谋求辉山乳业的上市，当时他还是隆迪公司的总经理。2016年，他以260亿元身家跻身胡润榜第66位，一度位居辽宁首富。

三、做空辉山乳业始末

2016年12月16日，浑水发布了一篇针对中国辉山乳业的报告。在这份长达47页的报告里，浑水列举了辉山乳业至少从2014年开始便发布虚假财务报表，其价值接近于零。

这一重磅炸弹导致辉山乳业2016年12月16日11点12分紧急停牌，并于当晚发布澄清报告，对浑水报告进行了逐条批驳，否认了浑水的一系列指控，并宣称保留采取法律措施的权利。下面就浑水公司的主要观点以及辉山乳业快速做出的回应进行整理。

（一）夸大苜蓿草的生产量

浑水公司：自2014年起，辉山乳业报告了欺诈性利润，主要基于它谎称生产苜蓿（Alfalfa）（饲料的一种）基本上是自给自足的。我们发现大量的证据表明辉山长期以来从第三方购买了大量苜蓿，这使我们确认辉山的财务存在欺诈行为。

辉山乳业：截至2014年3月31日、2015年3月31日及2016年3月31日，本集团之苜蓿草产量分别达约14万吨、13.4万吨及8.5万吨，且于2015～2016财年，本集团另有燕麦饲料（可替代苜蓿草）产量约7.9万吨。本集团于过去3个财年内每年向外部供应商购买约1万吨苜蓿草，主要用以补充本集团种植场每年收割（每年6月前后开始）前饲料供应。因此，外购量占本集团苜蓿草/燕麦饲料供应需求之约4.3%～9.2%。

（二）夸大资本开支

浑水公司：辉山乳业在其奶牛养殖场的资本开支方面存在造假行为，他们夸大了这些养殖场所需的花费，夸大程度约在8.93亿～16亿元人民币之间。资本开支造假的主要目的很有可能是为了支持公司收入报表舞弊。

辉山乳业：自本公司于联交所上市以来，公司在使用牧场数量增加31座并拥有22座在建牧场。各牧场的平均资本支出（包括建设成本以及机器及设备费用）约为人民币6000万元。一般情况下，建设成本须于各项目完成后全数支付，保证金须留置以确保后续工程可妥当进行，而于建设开动前付款以确保根据本集团的战略计划迅速交付项目也是常规做法。预付款上升乃主要由于预付的总建设成本比例上升。浑水报告错以该年度的现金流出总额除以建成农场数量，简单计算得出农场的单位建设成本，有意无视先前已付之保证金及新牧牛厂之预付款项。

（三）公司控制人转移资产

浑水公司：杨凯似乎从辉山至少窃取了1.5亿元的资产，实际数量可能更高。当中涉及将一家最少拥有四个乳牛牧场的附属公司向一位未披露的关联方转移。我们很清楚，杨凯控制子公司和农场。

辉山乳业：集团曾考虑扩大营运以纳入肉牛饲养，于 2014 年 4 月设立之全资附属公司辉山投资富裕沈阳牧业有限公司（以下简称“富裕”）已于其后着手建设四个肉牛牧场。截至 2014 年 12 月，有关牧场之建设乃未完工及考虑到乳制品行业市况不佳，本集团之管理层决定延迟肉牛扩展计划并将富裕拥有的四个肉牛牧场出售予一名独立第三方，现金代价为约人民币 2980 万元，其乃根据附属公司之资产净值并参考独立估值师之意见厘定。

根据联交所证券上市规则，该交易并不构成本公司之须予公布交易。其后，于投资牛肉业务之前，杨主席于 2015 年寻求董事会批准，确认本集团将不会从事牛肉产业且董事会不反对杨先生投资牛肉产业。于 2015 年 8 月，杨凯收购牧阖家以开展其个人的牛肉业投资，并与当时的富裕订立租赁协议以圈养肉牛。

（四）财务风险过高

浑水公司：即使辉山的财务不是欺诈，公司似乎由于其过度的杠杆而处于违约的边缘。以辉山的财务表现，其信用指标是可怕的。杠杆是如此巨大，以至于 2016 财年，辉山的审计师似乎停止了发出“持续经营”资格。因此我们得出的结论是辉山报告的利润是欺诈性的，我们不相信辉山可以在明年没有违约的情况下通过。有明显的迹象表明其面临巨大的财务压力，包括辉山尝试多种融资渠道和停止现有项目。我们认为辉山资产负债表的资产方面由于欺诈性利润和现金，高估的生物资产和某些高度可疑的资产账户而被大量夸大。

辉山乳业：尽管于中期期间短期债务有所增加，其于该日之资产负债比率较上一财政年度末之状况减少至约 41%。负债比率按净负债（银行贷款及其他借贷总额减现金及现金等价物、定期存款、银行按金及受限制现金及应收银行理财产品款）除以公司权益股东应占权益计算。

公司使用主要资产管理流动资金乃属惯常做法，出售及回租有关资产虽属非常规，但因本集团之主要资产为生物资产，故应适当地加以考虑。与所有负责任的公司一样，公司继续积极管理财务资源及债务组合。

（五）股权质押风险

浑水公司：中央结算系统数据显示，辉山的大部分已发行股份已作为贷款抵押品抵押。如果我们是正确的，如果借款人无法满足追加保证金要求，这对长期持有人存在重大风险。

辉山乳业：上市发行人股东通常会将股份抵押以获取融资。董事会注意到，自公司上市以来，公司主席已不时根据证券及期货条例第XV部做出权益披露。经查询后，公司主席已向董事会确认，其并无任何未缴付保证金，亦并不知悉有任何可能将针对其或其控制之公司发出之保证金追缴通知。

辉山乳业表示，经做出在相关情况下有关本公司之合理查询后，公司确认并不知悉任何导致该等价格或数量发生变动的其他理由，或任何其他必须公布以避免本公司出现虚假证券市场的资料，或须根据证券及期货条例第XIVA部予以披露的任何内幕消息。

四、浑水公司如何做企业调查

（一）进行实地调查

浑水公司在其研究报告中宣称对辉山的调查已持续好几个月。在此期间，浑水的调查人员访问了35个牧场，5个生产设施基地（其中包括1个中途停工的基地）和2个完全没有建设迹象的生产基地。实地调查是获取一手资料的主要途径，下面以浑水公司对辉山乳业的调研为例说明实地调研的方式与价值。

针对苜蓿生产不实问题，浑水的调查人员进行了实地勘察，并拍摄了辉山从美国安德森（Anderson Hay & Grain）进口苜蓿的照片，同时找了九家牧场的员工进行证实。

针对虚增资本支出问题，浑水通过一名牧场经理获知了牧场的建筑成本。根据这个牧场经理的说法，到目前为止建造的物理建筑只需2000万元，当所有与挤奶相关的设备（如厅、冷藏、测试等）安装和牧场作为一个挤奶牧场开始运营，总成本仍然只有约4000万元。

沈阳市郊建设初期的一个牧场的建筑工人证实了浑水对实际建筑成本的估计。工人证实，该地块将建设一个约200亩的辉山牧场，计划容纳3000头牛，该牧场不包括土地和挤奶设备的建筑成本约为3000万元。

此外，浑水从辉山子公司辉山投资富裕沈阳牧业有限公司的招标文件中调查发现，建设面积6.5万平方米、规模为4000头牛的养殖场，预计建设费3500万元。通过这些调查数据，浑水公司确认辉山夸大了牧场建设成本。

针对辉山控制人转移资产问题，浑水公司调查发现杨主席和他的妻子拥有的辽宁牧合家牛亚科技有限公司经过多次改名。浑水公司的调查员遇见了一位了解王冰（此次关联交易买方公司100%的所有人）的牧合家推销员，该销售员确认王冰参与了牧合家的上游牛牧场业务，而且杨凯仍然是大老板。

此外，浑水公司调查发现辉山的一些牧场尚未完工；辉山在康平 88 亿元投资的液态奶厂只有一群奶牛雕像。浑水公司的调查人员在调查过程中广泛使用了无人机工具，并航拍了图片。

（二）对上下游企业进行调查

针对苜蓿自给自足问题，浑水联系了安德森在中国的进口商代理，证实辉山已做了它三年的客户。据该代理提供的数据，辉山从安德森的装货量于 2013 年开始，当年约 7 万吨，2014～2015 年，下降至 3 万～4 万吨/年，2016 年略有改善。据安德森销量报告显示，该公司单在 2013 年给辉山的供应量相当于辉山 2014 财年消费总量的一半。该进口代理商还提供了苜蓿当前市场价格，基于大连港报价，报 2330 元人民币/吨（这远远超过了辉山对外宣称的 437 元人民币/吨的价格）。浑水也从一家黑龙江经销商证实，他们已经为辉山连续好几年供应苜蓿和羊草，并与辉山的采购经理“关系”良好。

（三）与利益相关者互通信息

针对辉山从第三方采购苜蓿问题，浑水从一家投资机构获得了辉山采购苜蓿的信息；该公司在 2014 年也对辉山进行了尽职调查，并拍摄了辉山养殖场的照片，证实辉山苜蓿为美国 El Toro 所生产。

此外，浑水从第三方投资机构了解到辉山苜蓿的种植情况。该投资机构的调查人员于 2014 年冬季对昌图县进行了实地走访，其考察报告提到，通过与当地农民对话了解到，2013 年夏天，辉山的耕作地受洪水严重影响，估计造成损失约 4000 万元人民币。

（四）找同行业专家进行论证

通过与中国及美国奶制品专家争论这种行为（在牛奶价格偏低的时候通过降低饲料成本来提高利润率）背后的逻辑、智慧及商业可行性，专家们指出，这种做法与过去十年里使用的最佳措施背道而驰，并很可能导致利润率下降。

浑水根据辉山 IPO 后建成的 7 个奶牛场的考察照片和视频，向两名中国奶牛场专家进行了咨询，企图了解牧场建设成本，并估算辉山奶牛场实际建设成本。根据浑水提供的图片资料，专家 A 认为，辉山每个挤奶场最大花费只有 6000 万元（假设 3000 头奶牛）；专家 B 说，“从图片上，我可以告诉你，这些牧场建造起来非常便宜”，并认为这种牧场最高仅需 3500 万元。

（五）向行政或执法部门求证信息

针对辉山苜蓿自给自足问题，浑水找到了法院在辉山租赁土地问题上的判决意见：该地段守着辽河，承包的时候有风险，后来转包给辉山乳业，所承包的地段十年九涝，辽河涨水就绝收。

在夸大资本支出方面，浑水通过铁岭市政府关于西丰项目的公告了解到一些细节。此外，浑水的调查人员与位于西丰工业区管理委员会、辉山项目办公室的一名员工进行了沟通，确认西丰项目施工未完成，但也不知道完工的新时间表。

在转移资产问题上，浑水通过国家工商行政管理局（SAIC）确认富裕牧场由牧合家控制；沈阳市政府公告显示，富裕牧场建设时间表中使用了与辉山相同的电话号码，且王冰是富裕牧场的法定代表人。

在股权质押问题上，浑水找到了香港交易所中央结算及自动结算系统中的信息，该系统载有香港证券交易所所有结算交易的数据；数据显示，大量辉山股份已质押，很可能是个人贷款的抵押品。

五、是否应该鼓励这种做空模式

虽然我们不清楚浑水公司什么时候平掉了其空头头寸，是否坚持到了辉山股价崩盘的那一天，但是很多人直观判断浑水公司应该获利丰厚。对此我们不仅要问，这种卖空方式是否合法，我们是否应该鼓励这种做空行为呢？在评价这种以谋取巨额回报为目的的做空行为是否合法，以及对市场产生什么样的正面和负面影响之前，我们不妨看一看美国司法界的做法。美国很多年前就有卖空制度，并且也因为黑幕揭露前的卖空交易引发了一场全国性的大讨论。

（一）美国对卖空制度的态度

德克斯（Deckers）是一个证券分析员。他从美国公平基金的前职员罗纳德·斯奎斯特（Ronald Schoist）处得知公平基金有严重的公司欺诈行为。德克斯随后进行了调查，调查结果证实了这一点。他将调查结果通报给了美国证券交易委员会（SEC）和《华尔街日报》，同时他也同很多客户讨论了此事。德克斯本人并不持有公平基金的股票，但其客户中持有公平基金股票的人在公平基金的欺诈被披露前大量抛售该种股票。欺诈公开后公平基金被接管。SEC 认为德克斯将有关公平基金欺诈的消息告诉他客户的行为违反了美国禁止内幕交易的联邦法，因此对德克斯给予了公开指责。德克斯表示不服，提起诉讼，并且官司一直打到美国最高院。美国最高院最后裁定 SEC 指责非法，并认定卖空交易与揭露黑幕相结合属于合法行为。美国最高院公开支持卖空者的行为有力推动了美国证券市场的卖空交易，并使卖空机制逐步成为美国证券市场交易制度的重要组成部分。

下面再看一个美国的例子，即全球最大的空头基金公司——纽约尼克斯基金公司，其投资策略就是做空存在问题的公司。纽约尼克斯基金公司的总裁叫詹姆斯·查诺斯（James Chanos），1980 年从耶鲁毕业后加入一家证券公司做分析员，研究不同上市公司。很快他就发现，自己最擅长的不是找投资上市公司的理由，而是去找它们是否存在财务造假、夸大前景、甚至欺诈投资者的嫌疑。当时一家叫 Baldwin - United 的保险公司深受华尔街追捧，股价一直在涨，这就让查诺斯心存怀疑，随后写了一份研究报告，建议卖空这家保险公司。他的分析立即触犯众怒，不仅冒犯只会唱多的华尔街卖方，而且一位律师打电话威胁查诺斯的老板，说要起诉他。

查诺斯的看空报告每次发布出去都会遭遇很多麻烦，甚至受到安全威胁。因此查诺斯想成立对冲基金，根据自己的分析去做空，直接赚钱。于是，1985 年，他以 1600 万美元成立尼克斯基金公司，专门从事做空。查诺斯的基金不乏成名之作，尤其是他做空安然的交易。2000 年 10 月他开始研究安然，发现安然的会计手法问题严重、夸大营收和利润；次年，他开始做空安然，之后安然被媒体暴露的问题越来越多，查诺斯就不断加大空头仓位；等安然破产时，他以忽略不计的价格买回安然股票平仓，同时名声大涨。尼克斯基金成功的例子反过来说明，美国是支持此类揭露黑幕同时进行卖空的行为的。

（二）卖空行为所带来的好处

首先，卖空行为有助于化解价格泡沫，使被高估的资产价格回落到正常水平。从理论上分析，在投资者的观念存在分歧的情况下，如果不允许持有负面观点的投资者做空，则资产将会被持有乐观观点的持有，从而造成价格高估。如果市场允许卖空，则会纠正这一错误的定价（Miller，1997）。

其次，卖空行为将有助于价格吸收公开或未公开的负面信息，从而提升市场的定价效率（Soffi & Sigurdsson，2011）。虽然有学者认为限制卖空不一定造成价格高估，但是肯定会影响价格对负面信息吸收的速度；特别是在信息不透明的环境中，一条负面消息可能会引出更多的负面消息，从而有可能引发股价崩盘

（Hong & Stein，2003）。迈克尔等（Micheal et al.，1988）借助于卖空信息披露与随后股票价格的变化，证实卖空行为包含了未被披露的负面信息。以我国白酒行业的塑化剂事件为例，李科、徐龙炳、朱伟烨（2014）通过对比可以卖空和不能卖空白酒行业股票价格的变化可以发现，能卖空的白酒类股票价格下跌趋势更加明显。

再次，卖空行为还可能会提高股票市场的流动性。卖空投资者可能会愿意在价格波动较大或流动性比较差的情况下为市场提供流动性，从而提高市场流动性水平。由于我国长期使用 T+1 交易制度，这在一定程度上限制了股票的供给。卖空交易可能会在一定程度上缓解 T+1 交易制度所带来的影响。

最后，允许卖空并不意味着股价不稳定性增加。李志生、杜爽、林秉旋（2015）分析了过加入卖空名单对其股价波动的影响，发现股价波动及价格跳跃风险显著下降。2005 年美国的报升规则试点也证明了这一点，所以美国取消了卖空交易中的报升规则。埃克哈特等（Ekkehart et al.，2013）借助于 2008 年美国次贷危机中美国再次限制卖空交易的行为，证明限制卖空并不能挽救下滑的股价，甚至限制卖空造成了较大的负面影响。例如流动性下降、波动率增加、交易量锐减等市场质量的下降。

综上所述，卖空交易并不是洪水猛兽。恰恰相反，卖空行为是除了法治、监管和媒体之外更靠得住的股市推动者。尤其是机构投资者，它们的资金雄厚，比普通股民的头寸大，从监督上市公司的收益中能分享到更显著的好处。像尼克斯基金、浑水资本这样的空头基金，表面看他们的反向思维是与人为敌，但他们主要靠打假赚钱，同时也能给市场带来正能量。

（三）卖空行为所带来的坏处

虽然普通意义下的卖空交易并不可怕，但是专业做空者可能会利用其市场威望带来一定的市场危害。一个有效的证券市场最忌讳的就是出现有“名望”的投资者或者研究机构。反过来思考，这些有“名望”的投资者或机构之所以能够获利，一个关键条件是存在“跟风”投资者，这类投资者缺乏主见，容易相信所谓的“专家”们的投资观点。在国内这类投资者主要是一些散户投资者。

浑水、香橼等专业做空机构以其较高的“命中率”已经积累了一定的市场名望，因此只要见其发布做空报告，一些市场投资者就会争相抛售，而不管其报告内容。如此一来，浑水、香橼等机构即便发布了调查不实、甚至判断错误的报告，仍然可以通过卖空获利。此类误导性的卖空行为虽然从长期来看可能不会对股票价格造成实质性影响，但确实会引发一些不必要的价格波动。

例如，有业内专家指出浑水公司不太了解中国的业务规则，在举证时总是经常使用不同文件来进行对比，如将企业报备工商局的财务数据和交至美国 SEC 的数据做对比。但中国和美国的会计准则存在不同，而且对于中国公司而言，通过各种方式来避税、获取政府补贴是较为普遍的现象。一些企业家指出香橼存在较多错误和欺骗：例如缺乏对中国搜索市场的基本理解；曲解数据，故意忽略关键数据；对视频业务的分析犯了明显的商业逻辑错误；将不同业务公司的市值进行比较；等等。

此外，浑水等专业做空机构还利用了不同市场间的信息不对称性，这一点在中概股上体现得特别明显。由于距离较远，无法亲自来中国调研，再加上长期以来对中国政治经济制度的偏见，使美国投资者更加信赖浑水等专业做空机构的观点，甚至会蔓延到全部在美国上市的中国企业身上。这会让美国股民（包括美国的 SEC）认为中国公司都是骗子，并使中国高科技公司以后走出国门进行融资的途径更加艰难。

六、辉山乳业事件给我们的启示

东方纸业、绿诺科技、中国高速频道、多元水务、嘉汉林业，包括本案例所关注的辉山乳业，一家又一家中概股倒在了浑水公司的质疑之下。中阀科技、双金生物等多家中概股也遭受了浑水的同盟军香橼研究的重创。从主观上来说，这些“打假者”者并无高尚的情操，更不是维护市场健康的志愿者，他们的动机极为单纯——赚钱。但不可否认的是，从客观上正是因为他们的一次次狙击、一次次做空，使那些造假者的谎言不能再编下去。通过辉山事件，对中国的上市企业、投资者以及监管部门有何启发呢？

（一）上市公司应正视自身存在的问题

打铁还需自身硬，上市公司只有实打实地做好经营，不存在造假、夸大业绩、掩盖损失、转移资产等行为才不会被浑水等专业做空机构“盯上”。从浑水公司的调查方法来看，要想做到信息披露、公司审计、工商税务部门以及海关等多个部门口径一致，唯一的方法就是不造假，实打实地报告公司的经营业绩。受历史遗留、经营环境以及价值观念等因素的影响，很多中国的上市公司依然抱有侥幸心理，认为只要公司内部严密封锁就不会为外界知晓，殊不知同行业专家只需要稍微花点心思就能发现问题！

（二）为什么国内的证券研究机构没有发现问题

从逻辑上说，国内的证券研究机构更了国内的规则，信息途径和信息来源更加广泛，同时在国内也有更多的人脉，因此与浑水等境外做空机构相比更应该发现中概股中存在的问题。但是事实却相反，这说明什么？这说明一些国内的证券研究机构并未尽职尽责地去调研！从浑水的调研方法来看，可以发现其方法并不高明，也未采用复杂的估值模型和统计手段，但是确实需要实地考察，需要花费更多的精力和时间。有人可能会说，浑水是做空在境外上市的中国企业，因此国内证券研究机构没有办法做这个事情，但是谁能保证A股上市的企业中就没有此类造假事件？为什么A股市场上就没有挖掘出造假的公司呢？

（三）中国A股可以引入揭黑+卖空的模式么

对于辉山事件，我们禁不住要问，中国A股可以引入类似揭黑+卖空的模式吗？答案是肯定的！要想保证股票市场的长效发展，提高上市公司质量是最根本的，而提高上市公司质量的首要前提是不弄虚作假。多少A股上市公司被股民定义为“圈钱”，因为IPO过程中有太多的财务包装和虚假宣传。随着注册制改革的逐步实施，更多的权利将交还给市场。此时投资者更需要真实的经营信息以便做出投资判断。除了加强和完善法律制度以外，让卖空利润吸引机构投资者更多地去挖掘上市公司的不实信息，这在一定程度上会改善我国A股市场的面貌，并有助于注册制改革的顺利实施。

需要指出的是，我国当前的卖空制度还不健全，一是并非所有的股票都可以卖空；二是即便可以卖空，也未必能够借到足量的股票。因为目前国内证券来源相对单一，而且很多时候是券商自己拥有的证券，所以肯定不会借给像浑水这样的公司去做空，理性的选择是获悉浑水要做空后自己先做空！因此只有卖空名单足够多，特别是把众多的概念股纳入卖空名单，再加上有足够多的被动型投资者提供券源，这样才能真正实施卖空制度对上市公司的约束。

参考文献

［1］李科，徐龙炳，朱伟骅．《卖空限制与股票错误定价——融资融券制度的证据》，经济研究，2014：165－178.

［2］李志生，杜爽，林秉旋．《卖空交易与股票价格稳定性——来自中国融

资融券市场的自然实验》，金融研究，2015.

[3] Ekkehart B, Jones C M, Zhang X Y. Shackling Short Sellers: The 2008 Shorting Ban [J]. The Review of Financial Studies, 2013, 26 (6): 1363 - 1400.

[4] Hong, H., and Stein, J. Difference of opinion, short-sale constraints, and market crashes [J]. Review of Financial Studies, 2003, 16 (2): 487 - 525.

[5] Michael, J, Aitken, et al. Short Sales Are Almost Instantaneously Bad News: Evidence from the Australian Stock Exchange [J]. Journal of Finance, 1998, 53 (6): 2205 - 2223.

[6] Miller E M. Risk, Uncertainty, and Divergence of Opinion [J]. Journal of Finance, 1977, 32 (4): 1151 - 1168.

[7] Saffi, P., and Sigurdsson, K. Price efficiency and short selling [J]. Review of Financial Studies, 2011, 24 (3): 821 - 852.

[8] MW is Short China Huishan Dairy Holdings Co Ltd (6863: HK) https://www.muddywatersresearch.com/research/huishan/mw-is-short-china-huishan-dairy/.

中国对高风险问题商业银行的处置

孔丹凤

由于商业银行是现代经济社会的信用中介、支付中介、信用创造者、金融服务提供者以及货币政策的载体和重要传导者，商业银行在国民经济中发挥着十分重要的作用。多年来，我国形成了以间接融资为主的金融体系，银行信贷在社会融资中的规模占比极高，因此，商业银行的稳健发展在中国就显得格外重要。如何对风险已经暴露、可能引发系统性金融风险的问题银行进行平稳有效处置，对于维护社会安定和金融体系稳定具有重要意义。

改革开放以来，我国商业银行历经变革，已经形成了包括国有银行、全国股份制银行、城市商业银行、农村商业银行、外资银行等在内的完整的商业银行体系。伴随着市场经济不断推进和中国日益融入全球化，我国政府和相关金融监管部门审时度势，及早发现和处置高风险问题银行，有效地防止了金融风险的传染和扩散，实现了金融体系的稳健发展。

从世界各国对问题金融机构的处置来看，具体处置方法主要包括破产、关闭、兼并、注资、剥离、私有化、国有化等方式。20 世纪 90 年代以来，我国对高风险问题银行的处置主要包括剥离、破产、接管、重组、注资等方式。下面按照时间顺序对高风险问题商业银行处置的具体案例进行分析。这些案例主要包括海南发展银行的破产、四大国有银行的不良资产剥离和注资、包商银行的接管、锦州银行的重组和恒丰银行的注资五个案例。

一、海南发展银行的破产

海南发展银行成立于 1995 年 8 月，是中国历史上第一家破产的高风险问题商业银行，从成立到破产仅仅存在了不到三年。

1988 年，海南从广州分离出来，独立建省，各项经济特区优惠政策的实施在一定程度上催生了 20 世纪 90 年代海南的房地产泡沫，随之而来的是金融业规模的扩张。1993 年宏观经济调控、房地产泡沫崩溃之后，全国信托业进入第四次大整顿，海南众多信托投资公司因大量资金套在房地产上而出现经营困难、不良贷款高企、资不抵债的情形。在这种背景下，1995 年 8 月，海南地区的五家信托公司重组为海南发展银行。成立之初的海南发展银行本身就是金融整顿、收拾残局的历史产物。在背负重组巨额债务、支付压力增大的情况下，海南发展银行通过违章拆借、证券回购以及人民银行再贷款等形式筹集资金，维持发展和运营。在自身经营和流动性危机没有有效缓解的情况下，1997 年 12 月海南发展银行在央行再贷款支持下，又政策性地承接了因房地产泡沫崩溃出现支付危机的 28 家城市信用社。这些城市信用社普遍存在资产充足率低、超负荷经营、清偿能力不足、不良贷款比例高的问题。

由于政策性承接债务数额较大，法人治理结构存在严重缺陷以及内控机制缺乏，海南发展银行违规高息揽储，并进行违规放贷，从事高风险行业贷款业务，其流动性日益出现危机。为了缓解流动性危机，中国人民银行采取了诸如提供再贷款、允许其全额动用存款准备金和发行金融债券等方式为其补充流动性，但终因流动性缺口过大，支付压力过大而无力提供更多的流动性救助。央行在 1998 年 3 月停止了再贷款，海南发展银行清偿能力丧失，不得不推出限额取款政策，这进一步加剧了公众的恐慌心理和挤兑风潮。1998 年 5 月，海南发展银行设立深圳分行，力图利用岛外资源吸储，但未取得明显效果。6 月初，海南发展银行个人储户每日只能支取 100 元。1998 年 6 月，中国人民银行不得不以违规经营以及遭受挤兑为由，关闭了海南发展银行，停止其一切业务活动，海南发展银行由此成为中国历史上第一家破产的银行。

破产宣布之后，中国人民银行依法组织成立了清算组，对海南发展银行进行关闭清算，同时指定中国工商银行托管海南发展银行的债权债务，对其境外债务和境内居民储蓄存款本金及合法利息保证支付，其余债务则待组织清算后进行偿付。海南发展银行关闭后，个人存款由工行托管，由于公众对工行较为信任，大部分储户只是把存款转存工行，未提取较多现金进行兑付，没有造成挤兑危机。对法人存款则是先进行债权登记，清算完后再进行兑付。但因海南发展银行出身信托公司和农信社重组，债务和财务结构复杂，虽然 22 年已经过去，但至今未完成清算。

二、四大国有银行不良资产的剥离与注资

我国对问题商业银行最大不良资产处置是上一轮国家主导的工、农、中、建

四大国有银行不良资产的剥离。

20 世纪 80 年代以来，农村经济体制改革、国有企业改革、外贸体制改革、拨改贷等各项改革事业不断推进，已经从中国人民银行分离出来，逐步从政策性银行转变为商业性银行的四大国有银行——工商银行、农业银行、中国银行、建设银行不得不发放大量政策性贷款，承担起相应的历史任务。这些贷款在 20 世纪 80 年代经济过热、1997 年东南亚金融危机爆发的背景下形成了大量的不良贷款。截至 1999 年末，四大国有银行的不良贷款总额约为 3.2 万亿元，不良贷款率高达 24%。国际金融市场对我国银行业不良贷款率的估计是 35% ~40%。[①] 面临资本金不足和不良率畸高的双重困境，存在政府隐性担保的四大国有银行已经技术性破产。在这种严峻背景下，我国政府和相关监管部门采取了一系列处置措施，对四大国有银行进行了较为彻底的改革，从根本上构建了现代银行治理框架，有效地防范了金融风险的恶化，实现了金融体系的稳健发展。

首先，创设特别国债，财政部注资补充银行资本金。为了满足《巴塞尔协议》对资本充足率的要求以及应对较高的不良贷款率，我国创设特别国债，于 1998 年发行 2700 亿特别国债分别向四大行进行注资，以补充国有独资商业银行的资本金。财政部发行特别国债筹集到资金后，以每家商业银行购买国债额同等金额的资金向其注资，商业银行负债端实收资本金和资产方储备资金等额增加。

其次，成立四大资产管理公司剥离不良资产。在十多年入世谈判涉及的国内银行业开放压力以及东南亚金融风暴的冲击下，1999 年中央金融工作会议决定将工、农、中、建四大国有银行的 1.4 万亿元的巨款坏账进行剥离[②]，对口设立华融、长城、东方和信达四大资产管理公司，分别负责收购、管理、处置各自对应的剥离后的银行不良资产，以便处理历史包袱，换得金融业和整体经济的轻装改革。财政部作为唯一股东向每家公司注资 100 亿元，并担保四大 AMC 从央行获得 6041 亿元再贷款，再向四大国有银行及国家开发银行共发行 8110 亿元金融债券，以此按 1：1 的对价购买不良资产。这是第一批政策性不良资产剥离。2004 年 6 月，在四大行五级分类不良贷款率仍然高企的情况下，通过市场化、商业化的竞拍方式，中国银行和建设银行共 2787 亿元可疑类不良资产再次剥离给信达公司，这是第二批不良资产剥离。此举为中国银行和建设银行的上市改造提供了轻装上阵的条件。2005 年，中国工商银行将其 4500 亿元可疑贷款分作 35 个

① 向松祚．波澜壮阔的银行业改革［EB/OL］.（2011 -07 -29）［2020 -11 -02］. http：//finance. sina. com. cn/roll/20120723/010012637221. shtml.

② 戴相龙．中国金融改革开放难忘的十年［J］. 中国金融，2018（23）.

资产包，按逐包报价原则出售给四大资产管理公司，华融、信达、长城和东方分别中标226亿元、580亿元、2569亿元和1212亿元，工商银行另外的2460亿元损失类贷款委托华融公司处置。这是第三批不良资产剥离。

最后，成立汇金公司，动用外汇储备为国有银行进一步注资，实现股份制改革。通过前述三个举措，四大行的经营状况虽有改善，但不良资产率等指标依然居高不下，银行的整体质量未得到根本改变。具体数据来看，截至2003年9月末，四大行累积的不良贷款余额高达19992.3亿元，不良贷款率高达21.38%。[①] 另外，中国2001年加入世界贸易组织后银行业保护期只有五年，构建市场化的现代金融企业，进行银行业的股份制改革迫在眉睫。

2004年1月初，中国银行和建设银行开启了股份制改革试点，中央汇金公司动用450亿美元外汇储备对两行注资，每家银行获得225亿美元。通过政府注资，国有商业银行的资本金得到了很大的补充，增强了市场竞争力。2005年4月，汇金动用外汇储备对工商银行注资150亿美元。2008年11月汇金公司向农业银行注资1300亿元人民币等值美元。利用外汇注资，四大行通过核销已实际损失掉的资本金、按照市场化原则剥离处置不良资产等步骤，先后完成了财务重组。

2004年7月和9月，中国银行股份有限公司和中国建设银行股份有限公司分别挂牌成立。中国工商银行股份有限公司和中国农业银行股份有限公司分别于2005年10月、2009年1月挂牌成立。此后，四大行纷纷成功实现A+H股的公开发行上市，实现了国有商业银行资产证券化的华丽转身，成为现代中国金融业的中流砥柱。

三、包商银行的破产

包商银行的被接管与破产揭开了2019年以来我国对高风险问题商业银行处理、防范金融风险恶化和传染的新一轮序幕。包商银行破产的核心是其出现了严重信用风险并引发了偿付危机。

包商银行成立于1998年12月，其在宁波、深圳、成都、北京及内蒙古设立了18家分行、291个网点。另还发起设立了包银消费金融公司、小企业金融服务

---

① 向松祚．波澜壮阔的银行业改革［EB/OL］．(2011－07－29)［2020－11－02］．http：//finance. sina. com. cn/roll/20120723/010012637221. shtml.

中心、29家村镇银行，机构遍布全国16个省份。

包商银行的大股东是明天集团，该集团通过隐匿代持等方式合计持有包商银行89%的股权。由于公司治理机制不完善、管理不到位，大量资金被大股东违法违规占用，形成逾期，长期难以归还，导致包商银行出现了严重的信用危机，同业客户中400多家中小金融机构的风险极易形成连锁反应，触发了《中华人民共和国商业银行法》（以下简称《商业银行法》）第64条“商业银行已经或者可能发生信用危机，严重影响存款人的利益时”以及《中华人民共和国银行业监督管理法》（以下简称《银行业监督管理法》）第38条“可能发生信用危机，严重影响存款人和其他客户合法权益”的法定接管条件被依法接管。

2019年5月24日，中国人民银行、中国银行保险监督管理委员会（以下简称“银保监会”）联合发布公告，鉴于包商银行股份有限公司出现严重信用风险，为保护存款人和其他客户合法权益，依照《中华人民共和国中国人民银行法》《银行业监督管理法》和《商业银行法》有关规定，中国银保监会决定自2019年5月24日起对包商银行实行接管，接管期限一年。根据有关法律法规规定，由中国人民银行、中国银保监会会同有关方面组建接管组对包商银行实施接管。自接管开始之日起，接管组全面行使包商银行的经营管理权，并委托中国建设银行股份有限公司托管包商银行业务。建设银行组建托管工作组，在接管组指导下，按照托管协议开展工作。接管后，包商银行正常经营，客户业务照常办理，依法保障银行存款人和其他客户合法权益。

为了有效避免直接清偿、保障程度低等问题，包商银行的接管采用收购承接的方式，即由存款保险基金出资、央行“最后贷款人”依法支持，实施收购承接。采用存款保险基金和央行出资进行收购承接的方式对包商银行债权人的债权保障程度相对较高。在这种方式下，个人客户和5000万元及以下的对公和同业机构客户的本息为100%全额保障。5000万元以上同一大额债权人的本息则按债权净额先期进行保障，平均保障比例预计可在90%左右。上述保障标准最大限度地保障了各类债权人的合法权益。

央行2019年第三季度《中国货币政策执行报告》指出，包商银行“第一阶段大额债权收购与转让工作顺利完成，第二阶段清产核资工作已基本完成，在此基础上，第三阶段市场化改革重组工作正在推进”。2020年1月7日，包商银行最大的同业交易对手——徽商银行发布公告表明拟出资参与发起新设一家省级地方商业银行，持股不超过15%，这家新设银行推测就是新包商银行，同时，徽商银行也可能承接包商银行的4家异地分行。

2020 年 4 月 9 日，银保监会批准了新银行即蒙商银行的筹建申请，4 月 29 日，银保监会内蒙古监管局批准了蒙商银行的开业申请。4 月 30 日，由存款保险基金管理有限责任公司、中国建设银行股份有限公司全资子公司建信金融资产投资有限公司、徽商银行股份有限公司，以及内蒙古自治区财政厅等内蒙古自治区内的 8 家发起人共同发起设立的蒙商银行股份有限公司在包头市成立。

经包商银行接管组报请央行、银保监会等相关监管机构批准，包商银行将相关业务、资产及负债，分别转让至蒙商银行和徽商银行。蒙商银行收购承接包商银行总行及内蒙古自治区内各分支机构的相关业务、资产及负债，包商银行内蒙古自治区外各分支机构的相关业务、资产及负债由徽商银行承接。包商银行债权人持有的未由存款保险基金提供保障的债权，不在本次承接范围内，仍保留在包商银行。蒙商银行成立后，包商银行原个人存款分别由蒙商银行、徽商银行承接后，各项权利及业务办理不受影响，并由存款保险基金依法保障。包商银行原对公存款和同业负债分别由蒙商银行、徽商银行承接后，各项权利及业务办理不受影响，并由存款保险基金依法保障。

2020 年 11 月 23 日，银保监会官网发布《中国银保监会关于包商银行股份有限公司破产的批复》。根据这一批复，银保监会原则上同意包商银行进入破产程序。

2021 年 2 月 7 日，北京市第一中级人民法院做出《民事裁定书》，裁定包商银行破产。北京一中院裁定书显示，2020 年 11 月 17 日，包商银行以无法清偿到期债务且资产不足以清偿全部债务为由申请破产清算，北京一中院于 2020 年 11 月 23 日裁定受理。北京一中院于同年 2 月 4 日做出（2020）京 01 破 270 号民事裁定书，裁定确认存款保险基金管理有限责任公司等 728 家债权人的 729 笔无争议债权，确认债权金额合计为 2013. 98 亿元。

至此，包商银行成为我国第一家经由司法破产程序完成清算并退出市场的商业银行，这是我国银行史上具有标志性的重要事件，它表明未来我国高风险问题银行的破产程序将进一步向市场化和法治化的方向转变。

四、锦州银行的重组（引入战投）

因第三方审计安永辞任事件叠加内部因素导致流动性危机的锦州银行被重组是 2019 年我国对问题商业银行进行处置、防范中小银行流动性风险、实施金融供给侧结构改革的第二起标志性案例。锦州银行财务重组的核心问题是在中小金融机构流动性分层背景下，发生了暂时的流动性风险。

锦州银行成立于1997年12月，由锦州市15家城市信用社和锦州市城市信用合作社整体改制而成。其在北京、天津、哈尔滨以及辽宁省内城市设立了15家分行。另外还发起设立了锦银金融租赁公司和7家村镇银行。2015年12月，锦州银行在香港联交所上市，当年，其资产规模位于辽宁省第2位，在国内城商行中位列第18位。

较为依赖同业融资的锦州银行内资股东众多，多为民营企业，股权高度分散，内部人控制现象严重，而且其数次踩雷涉及的民营企业债务或多或少都曾是锦州银行的股东，大股东通过实际控制的壳公司或者关联公司，向锦州银行进行借款，一定程度上存在股东不当关联交易。例如，作为2015年上市时锦州银行第一大股东的宝塔石化2018年深陷债务危机，锦州银行曾对其授信37亿元，其中29亿元授信已被使用。锦州银行还先后踩雷汉能集团、辉山乳业、丹东港等民营企业，造成大量不良资产。但是2018年前该银行的财务报表却呈现十分健康的状态，主要是锦州银行长期让企业通过借新还旧方式还本付息，以维护银行不良贷款率的稳定和维系银行整体资产良好的假象。

2019年3月29日和5月14日，锦州银行两次宣布延期发布2018年年度业绩。2019年5月31日，安永华明会计师事务所及安永会计师事务所向锦州银行辞任，安永在辞任函中表示在进行锦州银行截至2018年12月31日的年度综合财务报表审计期间，安永注意到有迹象显示银行向其机构客户发放的某些贷款实际用途与其信贷文件中所述的用途不一致。于辞任函日期，安永与锦州银行未能就处理未完成事项所需的文件范围达成一致。因此，安永未能完成截至2018年12月31日止年度的审计程序。安永的辞任以及年报发布反复推迟，引发了市场和银行同业的不信任，锦州银行的流动性管理出现了一定困难。

锦州银行问题爆发后，监管部门介入并积极协调。2019年7月28日，白衣骑士工银投资、信达投资、长城资产等机构出资60亿元战略入股锦州银行。其中工商银行全资子公司工银投资受让的内资存量股份数占锦州银行普通股股份总数的10.82%，信达投资受让锦州银行的内资股股份，占普通股股份总数的比例为6.49%。在受让内资股存量股份时，采用了市场化和法治化的方法。一方面，协议收购时采取簿记建档的形式，向全部约110家内资股东开放出让股份的机会，最终共计收到约30份有效回执，24户股东签署股份转让协议，占锦州银行全部普通股的21%左右；另一方面，定价方法采用可比公司价值法，三家战投的受让价格可能不超过市净率的0.5倍。

综合实力较强、信用较好的国有大型银行和国有资产管理公司入股锦州银行进行市场化重组，有助于增信锦州银行，在较短时间内恢复市场和同业对其的信心，这将会有效缓解锦州银行的流动性风险，并进一步防止风险在银行间市场上的蔓延。

补充资本金和提高资本充足率是重组锦州银行面临的重要任务。工行入主后向锦州银行股东大会提交了增发提案，建议该行定向增发不超过62亿股的内资股，以补充资本金。该项增发数量约占发行后内资股总数的59.25%，规模之大远远超过该行IPO规模。

2020年3月10日，锦州银行公告锦州银行已与认购人订立认购协议，同意按认购价每股认购股份1.95元（相当于约2.165港元）以现金认购合共62亿股认购股份，占定向增发完成后发行股本总额约44.34%，募集资金净额预计约为120.9亿元（相当于约134.2亿港元），拟用于补充核心一级资本。

2020年10月9日，锦州银行发布上市公司公告，宣布已经完成定向增发暨重大资产重组，注册资本增至139.80亿元。根据建议定向增发，52.7亿股内资股及9.3亿股内资股已于2020年9月30日分别发行予成方汇达及辽宁金控。

通过此次增资扩股和重大资产重组，锦州银行优化了股权结构，增强了资本实力，完善了公司治理，提高了抗风险能力，为我国对高风险中小问题银行的有效处置提供了参考范本。

五、恒丰银行的注资

接受中央汇金、山东国资巨额注资的全国性股份制商业银行——恒丰银行是2019年我国对高风险问题商业银行进行处置，实施金融供给侧改革的第三起标志性案例。恒丰银行巨额注资的核心问题是资本金不足和有效监管架构缺失问题。

作为12家全国性股份制商业银行之一的恒丰银总部位于山东省烟台市，其前身为1987年成立的烟台住房储蓄银行。2003年正式改制为恒丰银行股份有限公司，成为全国性股份制商业银行。截至2018年末，恒丰银行在青岛、济南、南京、杭州、成都、重庆、烟台、福州、昆明、西安、宁波、北京、上海、郑州、长沙、武汉等地设16家一级分行、2家总行直属分行，分支机构总数346家，另外还发起设立了5家村镇银行。

恒丰银行从设立之初，就存在着全国和地方“双头监管”的缺陷。一方面，作为全国股份制商业银行，恒丰银行原本应受银保监会直接监管，由银保监会对其履行监管职责，但事实上，却长期处于监管的真空区。另一方面，因历史原因，恒丰银行的大股东是烟台市国资委控股企业，由其对恒丰银行实行国资监管和人事任命，烟台市国资委是对其具有决定能力的股东。这种监管格局为恒丰银行后续的合规经营埋下了隐患。

从公司治理结构来看，恒丰银行存在着严重缺陷，多年来深陷内部人控制，公司治理形同虚设。自 2003 ~ 2013 年，恒丰银行改制后，只有董事长而没有行长。其后虽然聘请了行长，但由于存在“三会一层”边界不清晰等公司治理问题，董事会下设经营管理部门，人、财、物、风险均由董事长决定，作为经营层的行长的权力被架空，无法形成制衡机制，在特定的董事长负责制下，管理层内斗自 2014 年起持续发生，对银行的日常经营产生了严重干扰。

从股权结构来看，这家某种程度上游离于监管之外的国资性质的全国性股份制银行，其高管采用各种手法，通过江苏汇金和上海佐基及相关的“佐系”公司将逾 430 亿元的银行受托资金体外循环，借道多个外部机构，以实现对恒丰银行持股，谋求曲线控制银行。前后两任董事长先后未经中国银行业监督管理委员会（以下简称“银监会”）批准违规开展员工股权激励计划、违规安排企业代内部员工间接持有银行股份。恒丰银行安排的 89 亿元员工持股计划被监管机关发现后被叫停，实施了退股。而且，其在变更持有资本总额或股份总额 5% 以上的股东时未报银监会批准，变更持有股份总额 1% 以上 5% 以下的股东也未向银监会报告。

公司治理乱象和真实有效监管缺失下，在贷款业务有限的背景下，多年来恒丰银行大力发展票据和同业业务，频频出现违规经营，如 2013 年 8 月通过多家金融机构违规为其股东企业融资并兜底 40 亿元、违规提供同业增信、办理无真实贸易背景的银行承兑汇票业务和贴现业务、理财资金投资非标准化债权资产余额超比例、未向理财产品投资人充分披露投资非标准化债权资产信息、单一集团客户授信集中度超过监管规定比例、违反国家规定从事投资活动、违规对非保本浮动收益理财产品出具担保函以及通过投资非标准化债权资产方式，非真实转让多家分行不良信贷资产等。

2019 年初，恒丰银行彻底更换了管理层。8 月，重组方案正式获批。山东省财政厅作为省政府履行出资人职责的代表，通过山东省金融资管入股恒丰银行。10 月，银保监会批复同意该行将注册地址由烟台市迁至济南市，并同意恒丰银行将注册资本从人民币 16.9 亿元增至 112.096 亿元。

2019 年 12 月 18 日，恒丰银行在济南召开 2019 年第一次临时股东大会，审议通过了《恒丰银行股份有限公司非公开发行股份方案》等议案。根据方案，恒丰银行将非公开发行1000亿股普通股股份。其中，中央汇金投资有限责任公司拟认购600亿股，山东省金融资产管理股份有限公司拟认购360亿股，新加坡大华银行和其他股东拟认购40亿股。① 根据2020年1月12日新华社报道，山东省地方金融监管局已确认恒丰银行1000亿元战略投资资金全部到位。按此增资扩股方案，原有股权结构重新洗牌，中央汇金将取代烟台国资委旗下的烟台蓝天投资控股公司，成为恒丰银行的第一大股东。

大股东的巨额注资将使百病丛生的恒丰银行的资本实力大为增加，这为其未来有效化解不良资产包袱、实现市场化业务转型和建立高效的现代公司治理提供了有效保证。

六、小结

通过上述案例分析，可以看出改革开放以来，除海南发展银行采用了行政破产方式外，对其他高风险问题商业银行的处置我国均采取了市场化和法制化的改革重组方式，这种方式可以避免金融服务中断和信用收缩，防止造成金融恐慌和风险的进一步传染和扩散，最大限度减少了高风险问题银行处置对公众和社会的震动和负面影响。

从处置的历史过程来看，我国对高风险问题银行的市场化处置主要包括两个阶段：第一阶段是对国有大型商业银行的系统化处置，第二阶段是对中小型银行的风险处置。第一阶段的重组处置方案的实施系统而全面，四大国有银行从不良资产的剥离，到引入战略投资者，到构建现代化的公司治理结构再到全面上市，各项措施有序而高效，取得了良好的经济效益和社会效益。第二阶段的处置针对信用危机、流动性危机、资本不足、公司治理混乱、内部人控制、监管真空等问题对相关的中小银行采用了不同处置方案，虽然取得了一定成效，但整体上处于摸索状态，无论是接管、破产、注资、引入战略投资者，其主要目的不仅仅是简单的重组，而是要优化股权结构，完善公司治理，强化市场纪律，提高风险管理水平和强化内控合规建设，从根本上构建现代化的中小银行公司治理结构和良好的经营模式。

截至2018年12月，我国银行体系共包括4338家银行②，其中95%为中小型

① 恒丰银行官方网站，http：//www. hfbank. com. cn/gyhf/hfxw/hnxw/283155. shtml。
② 中国人民银行金融稳定分析小组．中国金融稳定报告2019［M］. 北京：中国金融出版社，2019.

商业银行，这些银行普遍存在资本不足、公司治理结构缺乏、内部人控制等问题。虽然我国银行体系总体上处于稳健和风险可控状态，但也存在着个别商业银行风险暴露较高的情况。这就需要我国在金融风险防范方面防患于未然，进一步完善对高风险问题银行的处置制度和流程，构建起有效的金融风险防火墙和相关制度体系。首先，完善央行金融机构评级制度，定期通报高风险机构风险状况，及时及早落实金融机构自身、属地政府、监管部门的风险处置责任。其次，积极探索多元化的风险化解方式，进一步完善以存款保险基金公司、财政部、中国人民银行、银保监会为主体的银行救助体系，充分发挥好存款保险制度和中国人民银行最后贷款人的作用。再次，还应进一步加强对高风险银行处置的法治化和市场化制度建设，逐步形成一套清晰完整的处置规则和标准，提高处置的市场化和专业化程度。尽管《中华人民共和国商业银行法》《中华人民共和国银行业监督法》对问题银行接管已有相关规定，但在实践中，缺乏银行处置条例进行具体处置方式的安排。最后，进一步加强中小银行股东管理和公司治理，同时利用永续债等多渠道增强中小银行资本实力，尽可能从源头上遏制住风险，确保我国数量众多的中小银行总体上健康稳健发展。

参考文献

［1］戴相龙．中国金融改革开放难忘的十年［J］．中国金融，2018（23）．

［2］潘胜功．大行蝶变中国大型商业银行复兴之路［M］．北京：中国金融出版社，2012.

［3］向松祚．波澜壮阔的银行业改革［EB/OL］．(2011－07－29)［2020－11－02］．http：//finance. sina. com. cn/roll/20120723/010012637221. shtml.

［4］王兆星．高风险金融机构的处置与退出机制——银行监管改革探索之十［J］．中国金融，2015（11）．

［5］许开国，王东．系统重要性银行监管和风险处置的国际经验及对我国的启示［J］．金融纵横，2016（6）．

［6］中国人民银行金融稳定分析小组．中国金融稳定报告2019［M］．北京：中国金融出版社，2019.

［7］恒丰银行官方网站，http：//www. hfbank. com. cn/gyhf/hfxw/hnxw/283155. shtml.

企业外汇风险管理经验与启示：基于中信泰富的案例分析

李 颖 杨文慧 孙少波

一、中信泰富公司介绍

中信泰富有限公司（以下简称“中信泰富”）的历史可追溯至20世纪80年代，1987年泰富发展有限公司（以下简称“泰富发展”）通过新景丰取得上市地位。同年2月，中国国际信托投资公司（香港）购入泰富发展的49%权益，成为其最大股东。

泰富发展于1991年易名为中信泰富，并加快脚步增加其于航空业务的投资，投资组合更趋多元化，成为一家综合型国有控股企业，行业囊括基建、航空、地产、电讯等等领域。2003年后，随着中国经济的快速增长和对大宗商品需求的激增，中信泰富将更多的注意力放在了特钢业务上，如表1所示。

表1　中信泰富2008年财务报表

公司主要业务	2008年	2007年
特钢	1839	1123
物业	453	446
基础建设	689	844
中信1616	83	2020
大昌行	151	187

资料来源：中信泰富2008年半年报。

从表1可以看出，2008年中信泰富的业务重要集中在特钢方面，为了确保中国的钢厂有长期稳定的铁矿石原材料来源，2006年3月公司在西澳洲的皮尔巴拉地区购买了20亿吨磁铁矿的开采权，并获得另40亿吨的开采认购权。这20亿吨铁磁矿项目将转化成每年生产磁铁矿石2760万吨的生产能力，产品将供应给国内特别是中信泰富的特钢生产厂。

二、公司外汇风险分析

汇率风险，又称外汇风险或外汇暴露，是指一定时期的国际经济交易当中，以外币计价的资产（或债权）与负债（或债务），由于汇率的波动而引起其价值涨跌的可能性。在当代金融活动中，国际金融市场动荡不安，外汇风险的波及范围越来越大，几乎影响到所有的经济部门。根据外汇风险的作用对象和表现形式，一般把外汇风险分为三类：交易风险、折算风险和经济风险。

（一）外汇交易风险

交易风险是公司所面对的所有特定商业交易具有的风险暴露，反映的是经营过程中汇率变动所导致的企业现金流变化。其存在原因可能为企业订立合同时汇率与结算时的汇率存在差异，此类风险常存在于以外汇计价的经营活动或外币性债务的清偿和远期外汇交易等。从会计科目来看，汇率波动形成的损益计入财务费用的“汇兑损益”科目，并会对企业的现金流产生影响。

中信泰富的汇兑损益主要来自铁矿石采购以及公司海外投资的敲定与执行的时间差异。如表2所示，2006~2008年企业汇兑损益为负值，汇兑收益单项规模达上亿港元，不仅对公司利润造成影响，还在公司海外投资项目实际收益评估中起到负面作用。以2008年为例，当年汇兑收益有1.92亿港元的损失，对公司净利润造成显著影响，从而我们可以发现中信泰富公司存在严重的交易风险。

表2　　公司汇兑收益　　单位：港币百万元

项目	2006年	2007年	2008年
汇兑收益	-5	-31	-192
净利润	8715	11567	-11754
剔除汇兑收益后的利润	8720	11598	-11562

资料来源：中信泰富年报。

（二）外汇折算风险

折算风险也被称为会计风险，反映的是具有对外交易的企业在进行会计账务处理时，将外币资产、负债、收入等科目折算成本币后，汇率变动发生的账面损益。该风险通常包括两种情况：一为公司在年末结账时，账面上外币债权债务因汇率变动产生的收益和损失；二为海外子公司在编写合并财务报表时，资产负债项目以本币计价产生的折算差额。在会计科目上，它通常反映在“外币折算差额”科目中。

外币折算差额不仅可以反映公司外汇风险水平，另外也可以从侧面反映公司海外业务占比和国际化程度。如表3所示，2006~2007年中信泰富外币折算差额在公司权益总额中分别占2.1%、4.52%，外币折算差额所占比重逐年上升，反映公司折算风险暴露。

表3　　公司外币折算差额　　单位：港币百万元

	2006年	2007年	2008年
外币折算差额	870	2168	1701
公司权益总额	41196	48009	59793

资料来源：中信泰富年报。

公司资产海外布局增加，外汇折算差额所反映的折算风险还将继续上升。如表4所示，公司资产分布十分分散，除了中国内地和香港的布局之外，因澳大利亚磁铁矿项目，公司在海外特别是澳洲的资产占比上升迅速。

表4　　公司资产地理结构　　单位：港币百万元

国家和地区	2006年	2007年	2008年
中国香港	13342	18707	24352
中国内地	24240	32499	54505
澳洲	2390	10287	20166
其他	1027	1191	877
总计	40999	62684	99900

资料来源：中信泰富年报。

公司借款货币具有明显的多元化特点，从表5中可以看出，2006年公司借款货币以港币为主，整体借款规模较小，2008年转变为以美元为主，且借款额保持约年均增长46%的高速。这反映出了汇率变动在债务层面的折算风险。

表5　　公司借款货币结构　　单位：港币百万元

币种	2006年	2007年	2008年
港币	8147	8575	14886
美元	5348	14016	30165
人民币	3634	4833	10970
其他货币	1114	1230	1213
合计	18293	28654	57234

资料来源：中信泰富年报。

（三）经营风险

经营风险也称经济风险，是指在特定时间内，随着汇率波动，对收入成本造成影响。该风险是从公司业务收入分布等方面，汇率环境波动导致未来现金流发生变化，进而对企业的业务收入产生影响。

根据公司业务收入的地理分布，2006～2010年公司在海外业务收入的比例约占5%左右，且总体处于上升趋势，公司未来外汇结算的需求及汇兑风险将可继续上升，意味着公司面临的外汇经济风险也有增加趋势。

表6　　公司业务收入地理结构　　单位：港币百万元

国家和地区	2006年	2007年	2008年
中国内地	23106	15126	33125
中国香港	22278	27592	10968
其他	1665	2215	2327
总计	47049	44933	46420
海外业务占比	0.035	0.049	0.050

资料来源：中信泰富年报。

三、中信泰富外汇衍生品投资失败事件回顾

（一）合约签订

中信泰富旗下在中国有三家钢厂，其特钢生产在国内处于领先地位。2006年3月，为巩固竞争优势，中信泰富在澳大利亚收购了一个20亿吨储量的磁铁矿，按照中信泰富当时的评估，2010年前该项目有16亿澳元和8500万欧元的资本开支需求，另外还有约100亿人民币的资金需求，且在其后25年的项目运营期间还需要每年至少十亿澳元的开支需求。但未来该矿物业务的收入以美元计价，此外公司该项目的融资部分来自美元计价贷款，包括一项为期20年的13亿美元银团贷款和一项为期20年的11亿美元企业贷款。如图1所示，公司港元和美元计价的负债比例超过80%，由于港元汇率盯住美元，因此美元与澳元间的汇率是当时该项目的主要外汇风险来源。

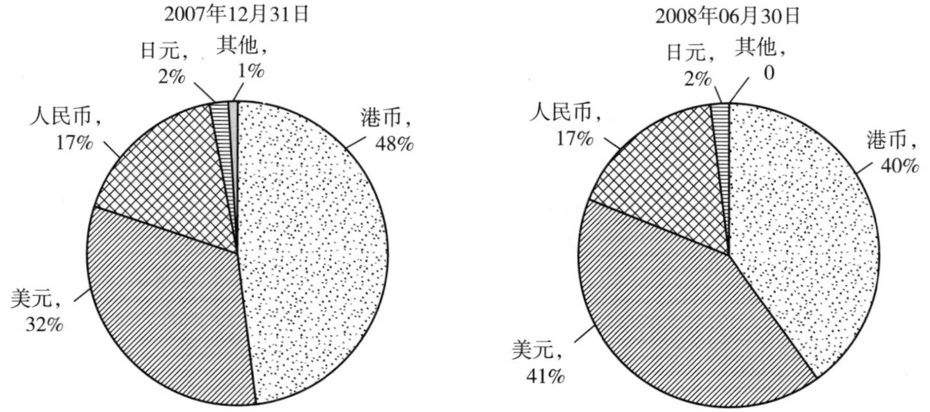

图1　公司负债货币结构

资料来源：中信泰富2007年报、2008半年报。

图2绘出了2001~2008年的澳元兑美元汇率走势，澳元自2001年起一直呈升值态势。2007~2008年上半年，美国次贷危机逐渐扩散，市场普遍存在美元看跌、澳元看涨的情况。为降低公司面临的澳元升值风险，中信泰富在2007年便开始计划购买澳元杠杆式累计外汇期权（KODA）及其他业务相关货币的衍生产品，以进行套期保值。随后，在未经董事局主席荣智健批准的情况下，公司两名高管直接与包括花旗银行在内的13家国际大型投行签订了一系列外汇衍生品合

约。如表7所示，相比2007年，对冲操作后，2008年公司对澳元升值的预计盈利大幅增加，但对澳元贬值准备不足，明显存在对澳元升值的投机心理。

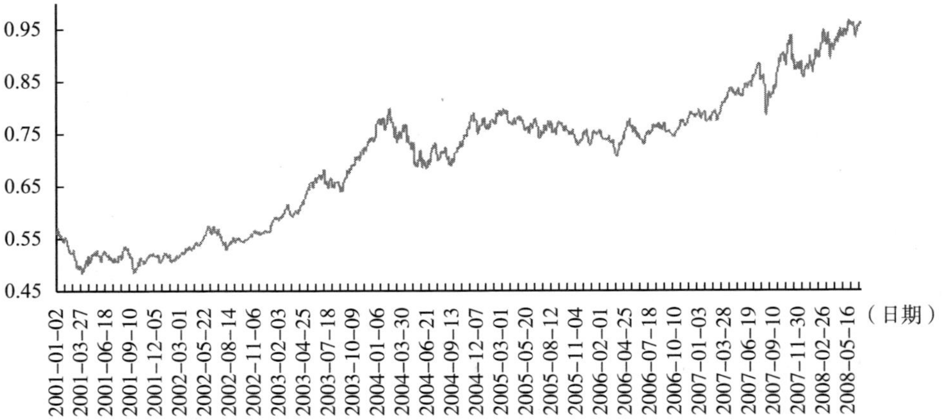

图2　澳元兑美元汇率（2001.01.02～2008.06.30）

资料来源：美联储官方网站，www.federalreserve.gov/。

表7　公司对冲操作后的外汇风险敏感性分析　单位：百万港元

年份	币种	假定汇率上升	影响盈利	影响权益	假定汇率下降	影响盈利	影响权益
2007	人民币	5%	16	—	5%	-16	—
	美元	1%	-39	—	1%	39	—
	澳元	5%	38	102	5%	-70	-102
	日元	5%	-8	—	5%	8	—
	瑞典克朗	1%	—	8	1%	—	-8
	欧元	5%	3	—	5%	-3	—
2008	人民币	2%	171	—	2%	-128	—
	美元	1%	-83	—	1%	83	—
	澳元	10%	1264	473	10%	-1264	-473
	日元	10%	-51	2	10%	51	-2
	瑞典克朗	15%	—	33	15%	—	-33
	欧元	5%	2	—	5%	-3	—

资料来源：中信泰富2008年报。

（二）风险的暴露

2008 年下半年，美国次贷危机全面爆发并迅速席卷全球，各主要经济体均受明显冲击，使资本纷纷涌向美元避险资产，并引发澳元的大幅贬值。如图 3 所示，2008 年 7 月下旬开始，澳元开始了快速贬值历程，进入 9 月后，澳元兑美元贬至 0.85 以下，已低于合约行权价 0.87。

图 3　澳元兑美元汇率（2008. 07. 01 ~ 2008. 11. 28）

资料来源：美联储官方网站，www. federalreserve. gov/。

在合约买卖方面，2008 年 9 月 7 日，公司在察觉到公司衍生合约的潜在风险后，终止了部分仍在生效的杠杆式外汇合约，交易亏损 6. 266 亿元港币，同时公司卖出持仓的远期澳元，亏损 1. 286 亿元港币。

在合同交割方面，自 2008 年 7 月 1 日至最后实际可行日期期间，公司共交割接收了 3. 087 亿澳元和 0. 423 亿欧元，按人民币目标可赎回远期合约作每月结算，变现亏损总额为 1. 108 亿港元。在此期间公司还卖出了接收的 0. 945 亿澳元，亏损 0. 06 亿港元。

在浮动盈亏方面，根据中信泰富的公告，截至 2008 年 10 月 17 日，仍在生效的杠杆式外汇合约账面浮亏 147 亿港元，而该杠杆式外汇合约的已变现和未变现亏损额合计约达 155. 07 亿港元。

2008 年 10 月 20 日，中信泰富（00267）股价大跌 55%，次日再跌 55. 1%。

按照中信泰富2008年的业绩公告，公司当期净利润亏损126.62亿元，其中澳元累计期权合约（KODA）亏损146.32亿元。

（三）后续处理

事件发生后，持有中信泰富29%股份的中国中信集团公司同意为中信泰富提供15亿美元（116亿港元）的备用信贷，利息和抵押按照一般商业条件进行。这部分资金一部分用于吸收公司合约损失，另一部分用于认购中心泰富发行的等值可换股债券，以支持公司营运资金流动性。

2008年10月底，公司主席荣智健及中信集团在股票市场分别增持了100万股和200万股，以支撑公司股价，稳定投资者信心。

2008年10月22日，香港证监会对中信泰富延迟披露、非法陈述事项展开调查。随后，两名涉事高层——财务董事张立宪和财务总监周至贤辞职，中信泰富董事会主席荣智健、董事总经理范鸿龄等17名公司董事接受香港证监会调查。2009年4月，警方以商业犯罪进入中信泰富进行调查。8日，荣智健卸任中信泰富董事和主席职务，中信集团委派常振明担任公司董事局主席和总经理。

（四）财务影响

根据公司衍生金融工具流动资产净额，中信泰富2008年的衍生金融工具流动资产净持仓66.82亿港元，远高于其他年份，这反映了公司在KODA产品上的冒进投资规模较大，如表8所示。

表8　公司衍生金融工具流动资产净额　单位：港币百万元

项目	2006年	2007年	2008年	2009年	2010年
衍生金融工具流动资产净额	55	69	6682	1727	2543

资料来源：中信泰富年报。

根据公司利润情况，中信泰富KODA投资失败事件对公司财务影响极大，公司在事件发生的2008年亏损高达117.54亿港元，次年利润则重新恢复往年水平。对比利润表细项发现，2008年大额亏损基本来源于外汇合约项目，公司外汇合约单项在2006年、2007年和2009年都有一定盈利，在2008年则出现了158.91亿港元的巨额亏损，如表9所示。

表 9　　　　公司利润情况　　　　单位：港币百万元

项目	2006 年	2007 年	2008 年	2009 年
营业额	47049	38534	46420	46409
毛利	6190	7654	8053	8161
综合业务盈利	6925	8768	5691	5890
外汇合约盈利	8	22	-15891	283
财务支出	-640	-280	-1095	-937
净利润	8715	11567	-11754	6829

资料来源：中信泰富年报。

KODA 事件使公司不得不使用大量资金来填补亏损，由此产生了一个巨大的现金流流出项，对中信泰富现金流量表也有巨大的影响，如表 10 所示。

表 10　　事件发生后公司杠杆式外汇合约交易支付的现金流　　单位：港币百万元

项目	2008 年	2009 年	2010 年
为杠杆式外汇合约支付	1691	1024	107

资料来源：中信泰富年报。

四、合约内容及合理性分析

（一）合约内容分析

中信泰富为规避澳洲矿石项目投资带来的汇率风险，与 13 家投行签订了 23 份复杂的杠杆式 KODA 合约，即外汇累计期权合约。由于开采过程中所需的费用大多是以澳元计价，小部分支出以欧元计价，而且中信泰富属于香港企业，会计记账货币为港币，而香港实行的是盯住美元的联系汇率制度，因此，中信泰富需使用美元兑换澳元，最后将澳大利亚生产的磁矿运回国，又需要转换成人民币。这其中涉及了四种货币，外汇合约标的物主要涉及澳元、美元、欧元和人民币四个币种。这些合约主要可以归结为以下四种，具体内容见表 11。

表 11　　中信泰富 KODA 主要内容

合约类型	结算周期	接货价	合约起止日期	合约份数	最高金额
澳元累计目标可赎回远期合约（澳元合约）	月	0.87	2008.07 – 2010.10	15	90.5 亿澳元
每日累计澳元远期合约（每日澳元合约）	日	0.87	2007.10 – 2009.09	3	1.033 亿澳元
双币种累计目标可赎回远期合约（双币合约）	月	0.87 1.44	2008.07 – 2010.07 2008.07 – 2010.07	2	2.97 亿澳元（澳元较欧元弱） 1.64 亿欧元（澳元较欧元强）
人民币累计目标可赎回远期合约（人民币合约）	月	6.59	2008.07 – 2010.10	3	104 亿人民币

资料来源：笔者根据中信泰富 2009 年报整理所得。

根据表 11，可以看出澳元累计目标可赎回远期合约占比最大，共 15 份合约，总金额达到 90.5 亿澳元；双币种合约则根据澳元与欧元的相对走势决定合约的最高金额。接下来，本文将详细分析这三类合约。

1. 澳元合约分析

根据合约签订条款，澳元合约总体情况如表 12 所示。

表 12　　中信泰富澳元合约详细条款

指标	数值
每月交易量	1000 万澳元
最高交易量	90.5 亿澳元
敲出价（障碍水平）	1.016 澳元/美元
看涨期权执行价格	0.87 澳元/美元
看涨期权杠杆比率	1
看跌期权执行价格	0.87 澳元/美元
看跌期权杠杆比率	2.5
合约起止时间	2008.07 – 2010.10
敲出	累计收入超过 350 万美元

资料来源：笔者根据中信泰富 2009 年财务报告整理所得。

从表 12 可以看出，中信泰富与外资银行累计签署 15 份澳元合约，总金额达到 90.5 亿澳元，以月为结算周期，每月购入 1000 万澳元的标的资产，协议价格为 0.87 美元/澳元，合约于 2008 年 7 月生效，到 2010 年 10 月终止。

根据签订的条款，我们可以总结出中信泰富在澳元合约下的权利和义务：

（1）当澳元/美元汇率低于 0.87 时（例如 0.8 澳元/美元），因为合约杠杆比率为 2.5，意味着中信泰富必须以 0.87 美元/澳元每月购入 2.5 倍数量的澳元，即 2500 万澳元。在这种情况下，该义务将给中信泰富带来价差损失。但由于 KODA 中的看跌期权没有敲出性，中信泰富无法中途止损，只能根据合约履行义务，仍然坚持每月买入 2500 万澳元，直至合约于 2010 年 10 月到期为止。

（2）这份合约在签订之初，交易双方并没有用现金交割，等价于在合约期内的每个月，中信泰富获得 1 份向上敲出的看涨期权，同时给投资银行 2.5 份的看跌期权作为交换。

2. 双币种合约分析

双币种合约在合约总量中的占比仅次于澳元合约。由于中信泰富在澳大利亚的铁磁矿项目日常经营中需要使用澳元，而小部分支出则使用欧元进行支付，因此中信泰富与 13 家投行签订了两份双币种合约；合约以月为结算周期，澳元和欧元为标的货币，合约始于 2008 年 7 月，到 2010 年 7 月终止。合约规定：当澳元汇率较弱于欧元时，中信泰富以 0.87 美元/澳元接手澳元，合约总金额达到 2.97 亿澳元；当澳元汇率较强于欧元时，中信泰富将按 1.44 美元/欧元接手欧元，合约总金额最高达到 1.64 亿欧元。

3. 其他合约分析

每日累计澳元远期合约参照 0.87 澳元/美元汇率水平，进行每日结算，该合约生效于 2007 年 10 月，到 2009 年 9 月终止，合约总金额最高达到 1.033 亿澳元。

人民币累计目标可赎回远期合约，按月结算，是比较简单的标准远期合约，主要参照 6.59 人民币/美元汇价计算盈亏。根据 2008 年中信泰富财务数据披露，由于当年亏损严重，部分人民币合约已于 2008 年终止。

（二）合约合理性及公平性分析

中信泰富在此次重大亏损事件中纯粹是因为预期不准确造成的吗？其实不然，究其深层次原因，则在于合约的不合理和不公平。下面我们将从合约自身出发，深入分析造成损失的原因。鉴于澳元累计目标可赎回合约占比最大，是亏损的主要来源，因此我们将从澳元合约入手进行分析。

1. 使用澳元合约进行套期保值的合理性分析

中信泰富一直宣称签订上述期权合约都是为了对西澳项目进行套期保值。也就是说，中信泰富在远期需要买入澳元，为了防止未来澳元汇率升值，所以签订了澳元期权合约来进行套期保值。按此逻辑，对澳元期权合约的要求至少是：当澳元未来升值越多，期权合约的盈利就必须越大，这样才能达到套期保值的作用。但是，中信泰富所签订的期货合约能发挥这样的作用吗？下面使用澳元合约盈亏图来予以说明。

前面说过，这份合约等价于在合约期内的每个月，中信泰富获得 1 份向上敲出的看涨期权，同时给投资银行 2. 5 份的看跌期权作为交换。所以澳元合约的盈亏图如图 4 所示。

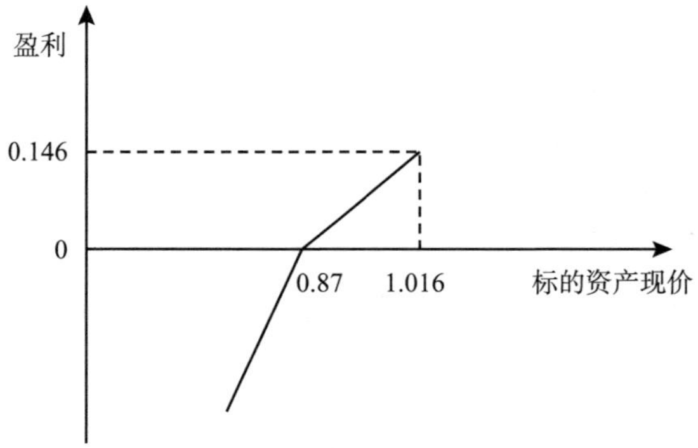

图 4　中信泰富买入 1 份看涨期权和卖出 2. 5 份看跌期权损益

从图 4 中可以看出，由于向上敲出看涨期权的敲出价格为 1. 016，意味着当澳元兑美元汇率上升到 1. 016 时，合约自动解除，这表明中信泰富一份合约所能获得的每月最大收益为 1000 万美元 ×0. 146 = 146 万美元，且由于存在一份合约累计利润不超过 350 万美元的敲出条件，公司盈利空间有限。而当澳元贬值，中信泰富卖出看跌期权时，由于 2. 5 倍的杠杆水平，此时损益图中射线斜率变大，最大收益为 0，而潜在损失是无穷大的。

使用这种套期保值方法，当澳元升值幅度较小时（小于 1. 016 澳元/美元），该期权合约的盈利确实可以对冲现货方面的损失；但当澳元大幅升值时（超过 1. 016 澳元/美元），合约将自动失效，无法带来更多的盈利来对冲现货市场损失，此时套期保值策略是失效的。同时中信泰富还暴露在损失无限的巨大风险下，很显然，这种套期保值策略还不如使用简单的外汇看涨期权保值效果来得好。

此外，就合约规模来看，如果澳元价格走低（低于0.87澳元/美元的执行价格），中信泰富必须每月以0.87澳元/美元的执行价格购买2.5倍杠杆的澳元，即2500万澳元，此时在合约期内，中信泰富必须买入澳元数量为：

$$2500\text{ 万} \times 15\text{ 份} \times 24\text{ 个月} = 90\text{ 亿澳元}$$

但是，根据中信泰富2008年披露的中期财务报表可以看出，公司当时估计，到2010年中信泰富在澳洲磁铁矿项目上需要投资16亿澳元，再加上每年投入的各类支出10亿澳元，两年内总计仅需要大36亿澳元，而按照合约中信泰富最多需要买入90亿澳元，两者差异悬殊，这说明中信泰富签订这份澳元合约的规模与实际需要也不匹配。

综上所述，中信泰富签订这种复杂的KODA合约不仅没有起到完全的套期保值作用，而且还将自己暴露于过大的风险敞口下，面临损失无限的可能性，在合约本身的合理性上就存在问题，还不如使用简单的期权合约来对冲风险，既不会损失无限，还能起到套期保值的作用。那为什么中信泰富会选择这么愚蠢的方法来对冲风险呢，是不是存在其他目的，比如进行投机？下面我们将从澳元合约的公平性出发进一步分析这个问题。

2. 澳元合约的定量分析

由于在合约签订时，不存在任何现金流入和流出，前面也说过KODA中的澳元合约可以分解为中信泰富卖出2.5份看跌期权合约，并用这部分钱去购买1份向上敲出的看涨期权。如果卖出2.5份看跌合约获得的期权费等于买入1份向上敲出的看涨合约期权费，则这份澳元合约是公平的。下面我们将通过布莱克—斯科尔斯期权定价模型进行计算，分别计算出2.5份看跌期权的价格和1份向上敲出看涨期权的价格，再对两者进行比较来判断合约是否公平。

（1）关键变量确定。

①历史波动率σ。历史波动率假定未来是过去的延伸，是基于过去的统计分析得出的，利用历史收益率数据估计当前收益率的标准差。此处使用历史数据估计澳元波动率，因为合约从2008年7月开始生效，持续两年，所以选择2006年7月1日到2008年6月30日每日澳元兑美元收盘价作为历史数据计算。公式如下：

$$u_i = \ln(S_i / S_{i-1})$$

$$s = \sqrt{\frac{1}{n-1}\sum_{i=1}^{n} u_i^2 - \frac{1}{n(n-1)}(\sum_{i=1}^{n} u_i)^2}$$

$$\sigma = \sqrt{252}s$$

$$i = 1, 2, 3, \cdots, 516$$

其中，样本数据 $n = 516$，u_i 为收益率，是将每日澳元兑美元收盘价与前一日澳元兑美元进行对数化处理之后得到，s 为历史波动率估算的日收益率标准差，σ 为最终历史波动率。

代入数据计算得出：日收益率标准差的估计值 $s = 0.696\%$，假设一年有 252 个交易日，则历史波动率为 $\sigma = 11.08\%$。

②无风险利率 r。本文选择 2008 年合约签订时两年期美国国债收益率作为无风险收益率。通过查询得到 2008 年 6 月美国国债收益率为 2.63%，经过连续复利换算 $r = \ln(1 + r_m)$，得到连续复利无风险利率 $r = 2.6\%$。

③看跌期权价格计算。根据布莱克—斯科尔斯期权定价模型，其基本公式为：

$$c = S_0N(d_1) - Ke^{-rT}N(d_2)$$

$$p = Ke^{-rT}N(-d_2) - S_0N(-d_1)$$

其中，

$$d_1 = \frac{\ln(S_0/K) + (r + \sigma^2/2)T}{\sigma\sqrt{T}}$$

$$d_2 = \frac{\ln(S_0/K) + (r - \sigma^2/2)T}{\sigma\sqrt{T}} = d_1 - \sigma\sqrt{T}$$

c 表示一份欧式看涨期权价格；p 为一份欧式看跌期权价格；N(x) 为标准正态分布的累积分布函数；S_0 表示标的资产现货价格；K 为执行价格；σ 为标的资产历史波动率；T 表示有效期；r 为 T 存续期内连续复利的无风险利率。

根据澳元合约给定信息：$K = 0.87$，$S_0 = 0.97$，$\sigma = 11.08\%$，$r = 2.6\%$，$T = 2$，代入公式得到：

$$d_1 = 1.105 \quad d_2 = 0.948$$

$$c = 0.155 \text{ 美元} \quad p = 0.011 \text{ 美元}$$

因此，中信泰富卖出 2.5 份看跌期权价格为 0.0275 美元，即对方投行接收 1 澳元中信泰富可获得 0.0275 美元期权费。

④向上敲出看涨期权价格。因为一个普通看涨期权等于一个向上敲出看涨期权加上一个向上敲入看涨期权，所以我们可以通过向上敲入看涨期权的价格计算

向上敲出看涨期权达到的价格。向上敲出看涨期权其实是一种普通看涨期权，但当资产价格达到一定障碍水平 H 时，期权合约自动失效；即

$$c_{uo} = c - c_{ui}$$

c_{ui}为向上敲入看涨期权的价格，c_{uo}为向上敲出看跌期权的价格。

向上敲出看涨期权价格公式为：

$$c_{ui} = S_0N(x_1)e^{-qT} - Ke^{-rT}N(x_1 - \sigma\sqrt{T}) - S_0(H/S_0)^{2\lambda}[N(-y) - N(-y_1)] + Ke^{-rT}(H/S_0)^{2\lambda-2}[N(-y+\sigma\sqrt{T}) - N(-y_1+\sigma\sqrt{T})]$$

其中，

$$\lambda = \frac{r - q + \sigma^2/2}{\sigma^2}$$

$$y = \frac{\ln[H^2/(S_0K)]}{\sigma\sqrt{T}} + \lambda\sigma\sqrt{T}$$

$$x_1 = \frac{\ln(S_0/H)}{\sigma\sqrt{T}} + \lambda\sigma\sqrt{T}$$

$$y_1 = \frac{\ln(H/S_0)}{\sigma\sqrt{T}} + \lambda\sigma\sqrt{T}$$

通过合约可以看出 H = 1.016，得出：

$\lambda = 2.6178$，$y = 1.6959$，$x_1 = 0.1145$，$y_1 = 0.7059$，$c_{ui} = 0.151$，$c = 0.155$

$$c_{uo} = c - c_{ui} = 0.004$$

下面将通过 B－S 期权定价模型计算出的结果做出归纳，如表 13 所示。

表 13　　B－S 期权定价模型结果说明

符号	含义	数值
K	执行价格	0.87 美元
S_0	标的资产价格	0.87 美元
σ	澳元历史波动率	11.08%
r	无风险利率	2.60%
T	合约期限	2 年
c	1 份看涨期权价格	0.155 美元
p	1 份看跌期权价格	0.011 美元
H	障碍价格	1.016 美元

续表

符号	含义	数值
c_{ui}	1 份向上敲入看涨期权价格	0.151 美元
c_{uo}	1 份向上敲出看涨期权价格	0.004 美元

这份澳元合约的向上敲出看涨期权和看跌期权价格严重不等价。通过上述计算，1 份向上敲出看涨期权价格为 0.004 美元/1 澳元，而一份 2.5 倍杠杆的看跌期权价格为 0.011 美元/1 澳元，即按照理论价格，一份向上敲出看涨期权，中信泰富接收 1000 万澳元付出 4 万美元的期权费，一份看跌期权，对方投行接收 2500 万澳元付出的期权费为 27.5 万美元，而两种合约的执行价格都是 0.87 澳元/美元，如果中信泰富与对方投行进行的是这两份合约的交换，而中信泰富则是期权费损失的一方。

这份澳元合约对中信泰富收益和风险也严重不对称。

举例而言，向上敲出看涨期权费为 0.151 × 1000 万 × 15 份 = 2265 万美元；当澳元升值到 1.016 以上，合约会自动失效，按照上文计算，此时当月一份合约获利 146 万美元，15 份合约一个月仅可收入 2190 万美元；另外，当澳元在障碍价格 1.016 以下且连续几月澳元汇率都高于 0.87 时，存在中信泰富一份合约累计收入不超过 350 万美元的条件，若超出则合约失效，即中信泰富可获得最大收入为 350 万 × 15 份 = 5250 万美元，实际纯获利 5250 − 2265 = 2985 万美元。

当澳元汇率跌到 0.6073 时（2008 年 10 月 27 日的收盘澳元汇率，也是当年澳元汇率最低点），这些合约的条件和价格意味着，中信泰富卖出了 15 份普通看跌期权，且其杠杆比率为 2.5 倍（即单份合约标的为 2500 万澳元），若当天交割澳元，则当月需接受 2500 万澳元 × 15 份 = 37500 万澳元，交割价格为 0.87，则在实物交割领域亏损（0.87 − 0.6073）× 37500 = 9851.25 万美元，另外赚得期权费为 0.011 × 37500 = 412.5 万美元，所以合计当月公司损失 9851.25 − 412.5 = 9438.75 美元，而当月港元兑美元的平均汇率为 7.7588，那么折算成港元，该合约亏损 9838.75 × 7.7588 = 73233.37 万港元。这里计算的仅是按照合约约定当月必须实物交割额度下的损失，公司未来月份交割的澳元即浮动盈亏账上的损失更严重。按照期限约定，10 月之后合约还持续 21 个月，每月接受 2500 万澳元，在澳元汇率 0.6073 的基础上，公司浮动亏损约为（0.87 − 0.6073）× 2500 × 15 × 21 = 206876.25 万美元，折算成港元，该合约亏损 206876.25 × 7.7588 = 1605109.51

万港元。

我们将上例对比发现，中信泰富的实际亏损规模是潜在最高获利的 3 倍以上，浮动亏损规模是潜在最高获利的百倍左右。

由此可见，在订立合约的时候，中信泰富就处于劣势，这份澳元合约本身就是不公平的，即使中信泰富不是为了套期保值而是为了进行投机，这份合约都不应该签订，更不应该签订 15 份。因此，不管是出于套期保值的目的还是为了投机获利，中信泰富从一开始就出现了判断上的偏差。

五、中信泰富亏损原因

（一）风险敞口

根据合约内容，中信泰富参与的磁铁矿石项目，资金支出高于 20 亿澳元。但是经过上述分析，在澳元走强时，中信泰富至多需要 36 亿澳元；若澳元贬值，则需购买 90 亿澳元，这与合约规定的 20 亿澳元相去甚远。根据金融工程原理，企业在参与套期保值时，期货与现货虽然在总体价值上不需要完全相等，但是也不能存在较大差异。否则，当合约头寸远超实际业务头寸时，就可能会存在投机。中信泰富在用 KODA 进行套期保值时风险敞口很大，为后来出现大规模亏损埋下炸弹。

（二）合约陷阱

1. 套期保值工具陷阱

KODA 在香港股票市场曾经风靡一时，这种看似收益大于风险的金融衍生工具，因为自身的杠杆性和敲出性使企业忽略其风险。在盈利有限而亏损无限的情况下，一旦企业对标的资产的预期走势产生错误判断，外汇风险便会被无限放大。

对于跨国公司而言，在面临外汇风险需要进行套期保值时，一般都是通过远期、期货、期权等锁定风险。相比盈利与亏损严格不对等的 KODA，中信泰富更应该通过锁定成本来降低风险，如选择远期合约与标准化期权：

远期合约：中信泰富与金融机构签订远期澳元合约，设定浮动汇率。在远期合约到期后，可以按照约定汇率进行交割。

标准化期权：在签订 KODA 时买入澳元看涨期权，合同金额为未来需要支付的澳元费用贴现值。当澳元汇率上升，按执行价格买入相当数量的澳元；当澳元价格下降，中信泰富可以不行权，只会丧失期权费。

2. 目标陷阱

中信泰富签订合约，主要为了锁定购买澳元所需成本，从而规避澳元汇率变动带来的风险。在所有合约中，澳元合约占最大比重，该合约限制了最大收益却没对损失加以限制。KODA 合约与外汇期权合约不同，作为传统合约，企业最多只损失期权费，而不会出现亏损无限的情况。

3. 交易对手陷阱

银行等金融机构在 KODA 产品的发售过程中，起到至关重要的作用。它享有定价权，管理客户账户等权利。在合约设计过程中，一旦某一环节出现问题，可能给投资者带来严重亏损。2008 年，中信泰富在与花旗银行等 13 家银行签订 KODA 合约，这些银行利用信息不对称的优势，如自有的经济实力可以与汇率变动风险相抗衡，对市场汇率预期走势有较好的预测能力，及时对外汇市场信息做出反应等，把合约中关键部分——执行价和敲出价设定为对其本身有利的价格。在这种背景下，中信泰富选择 KODA 产品，不会带来太大收益。在理想情况下，即澳元升到障碍价格时，中信泰富最大盈利额为 5150 万美元。但是，一旦澳元贬值，中信泰富则持续亏损。

4. 公司内部原因

中信泰富在决定投资澳大利亚磁铁矿项目时，董事会并没有参与制定公司整体策略，未能清晰认识到套期保值与投机之间的关系。此外，作为决策部门，未按时披露合约信息，并且隐瞒公司亏损信息长达 54 天，未能充分发挥董事会的监督职能。同时，在高管薪酬分配上也存在着问题。从中信泰富 2005 ~ 2007 年财报来看，董事会成员薪资增长较快，部分董事最高薪酬为五千万港元，而有些董事薪资为 200 万港币，不同董事之间薪资水平差异巨大。以时任主席荣智健为例，2005 年其薪资为 2896 万港元，2006 年增长为 5121 万港元，增长率达 76.83%。2005 ~2007 年间，中信泰富盈利良好，2006 年税后收益同比增长 107%，2007 年收益较 2006 年增长 31.08%。当时主要利润来源是出售航空公司股票、房地产等。但是营业收入不连续，公司高管薪酬大幅增长。高薪诱惑使中信泰富的决策者在不顾风险的情况下，采取激进的投资策略，致使公司最终出现大规模亏损。

企业所有制结构与按劳分配的新实现形式：以华为为例[①]

刘一鸣、王艺明[②]

华为技术有限公司（以下简称“华为”）自1987年创立以来，从最初只有2.1万元人民币起家，发展到2018年成为销售规模达7212亿元人民币、净利润592亿元人民币的世界500强企业。2019年8月22日，2019中国民营企业500强发布，华为投资控股有限公司以7212亿元人民币营业收入排名第一。2019年12月15日，华为获得了首批2019中国品牌强国盛典年度荣耀品牌的殊荣。如今华为已经成长为世界通信设备产业的领导者，2018年研发投入突破1000亿元人民币，占销售收入的14.1%。根据世界知识产权组织公布的数据，华为在2018年提交了5405份专利申请，超过高通和英特尔，位居全球第一。同时，2018年华为在雇员费用上的支出总额达到1465亿元，人均年薪近78万元。[②]2018年和2019年美国对华为的打压把华为推向风口浪尖，确实给华为造成了很大的压力，华为创始人任正非在接受媒体采访时指出：“2019年对于华为来说也许是最困难的一年，可能会在国际市场面临挑战和困难”；但也产生了正面效应，任正非指出：“华为公司本来就是一个小公司，也不是很出名，但美国这么多高官在全世界游说，告诉全世界‘华为这个公司很重要，它有问题’，结果让全世界人关注华为”，“感谢美国政府到处为我们做广告”[③]。华为不仅没有重蹈中兴通讯的覆辙，业务反而得到进一步发展。

华为是一种非常独特的企业现象，也是中国企业发展史上的一面旗帜。短短30余年，华为为什么能在世界高科技领域后来居上？为什么能将众多西方百年巨头纷纷斩落马下？华为的核心竞争力来自它的核心价值观，也就是“以客户为

---

① 本篇资料主要来自2019年华为投资控股有限公司年报。

② 王艺明，厦门大学王亚南经济研究院副院长、经济学院财政系副系主任，教授，博士生导师。

③ 周路平，郑亚红．风口浪尖下华为财报的秘密：进入顶级公司阵列，吸金力已赶上三星［EB/OL］．(2019-03-30)［2020-11-05］. https://baijiahao.baidu.com/s?id=1629392733512440762&wfr=spider&for=pc.

中心，以奋斗者为本，长期坚持艰苦奋斗”①。在其成长过程中，华为形成了与所谓“现代企业制度”不同的企业发展和管理理念。现代企业制度是指西方市场经济国家在发展过程中形成的以股份制为代表的公司制度，在这种制度下，所有权与经营权的分离成为普遍现象，并创造出比较有效的解决委托—代理问题的制度安排。对于企业的投资人或所有者来说，其投资行为的效用最大化可以简化为利润最大化（林毅夫和李周，1997）。而华为成立以来，就努力探索企业经营成果分的内部动力机制，使创造财富与分配财富合理化，以产生更大的共同动力，其核心是“我们决不让雷锋吃亏，奉献者定当得到合理的回报”，结果是形成了华为独特的所有制结构和分配方式。华为是100%由员工持有的民营企业，截至2018年底，员工持股计划参与人数为96768人，参与者均为公司员工，约占全体员工数的一半。华为创始人任正非持股降至1.14%。员工持股计划将公司的长远发展和员工的个人贡献及发展有机地结合在一起，形成了长远的共同奋斗、分享机制。华为的企业制度与两权分离条件下追求股东利润或股东剩余价值最大化的现代企业制度是有根本区别的。华为的全部股份掌握在员工手里，由员工选出的代表进入董事会，掌控企业方向，可以说员工成为企业的真正主人，这种所有制结构和分配方式更接近于社会主义公有制和按劳分配。而华为一直保持强劲“战斗力”、保持高速增长，正说明了华为在发展壮大过程中形成的企业内部的生产关系是可以较好地促进企业生产力的发展。

一、按劳分配的实现形式

马克思在《资本论》中详细阐述了按劳分配的思想：“这个联合体的总产品是社会的产品。这些产品的一部分重新用作生产资料。这一部分依旧是社会的。而另一部分则作为生活资料由联合体成员消费。因此，这一部分要在他们之间进行分配。这种分配的方式会随着社会生产机体本身的特殊方式和随着生产者的相应的历史发展程度而改变。仅仅为了同商品生产进行对比，我们假定，每个生产者在生活资料中得到的份额是由他的劳动时间决定的。这样，劳动时间就会起双重作用。劳动时间的社会的有计划的分配，调节着各种劳动职能同各种需要的适当的比例。另外，劳动时间又是计量生产者个人在共同劳动中所占份额的尺度，因而也是计量生产者个人在共同产品的个人消费部分中所占份额的尺度。在那

① 2010年任正非在华为市场大会上的《以客户为中心，以奋斗者为本，长期坚持艰苦奋斗》讲话。

里，人们同他们的劳动和劳动产品的社会关系，无论在生产上还是在分配上，都是简单明了的。”① 根据马克思关于按劳分配的原创性思想，一个企业生产的产品销售出去或者说产品价值实现以后，除了购买生产资料即用于补偿、积累和扩大再生产的部分，剩下的应该根据每个生产者的劳动时间分配给他们作为购买生活资料和个人消费之用。这种分配方式是“简单明了”的。

应该指出的是，马克思关于“计量生产者个人在共同劳动中所占份额的尺度”的“劳动时间”是一般劳动时间而不是具体或个别劳动时间，只有把个别劳动时间按生产者的劳动复杂度转化为一般劳动时间，譬如都转化为简单劳动时间，才具有可比性，才能“计量生产者个人在共同劳动中所占份额”。持有类似观点的研究有魏后凯（2002）、于金富（2006）、祝志勇（2011）、张开（2013）和余金成（2016）等。而“计量生产者个人在共同劳动中所占份额”是实现按劳分配的实践中需要解决的难题。例如，华为有18万多员工，数以千计的不同工作岗位，每个工作岗位上生产者的劳动能力和努力程度各不相同，要计量每个“生产者个人在共同劳动中所占份额”并作为价值分配的尺度，这种核算工作或者说人力资源管理工作是极其复杂的。生产资料由直接生产者或社会主义国有资本所拥有的公有制经济，分配给资本的价值，对于前者而言仍然是对直接生产者的分配，而后者则是对全国劳动者的分配，这和非公有制经济下的按资分配是有本质区别的。非公有制经济下的按资分配，投资者追求的是收益或剩余价值最大化，在企业经营困难时会索取更高的利息，导致企业有很高的财务风险甚至破产。就华为而言，它是100%员工持股，即使资本参与分配，仍然是对直接劳动者的分配，仍属于按劳分配的范围，但要避免滋生个别老员工的惰性，只靠分红而不努力工作，从而产生分配不公，所以华为的股权分配是和严格的岗位考核结合在一起的。对于达不到岗位要求而淘汰的员工，华为会提供丰厚的经济补偿金或股份变现，实际是把员工过去创造的、留在企业的价值支付给他。华为股权分配的依据是：可持续性贡献、突出才能、品德和所承担的风险。股权分配要向核心层和中坚层倾斜，股权结构要保持动态合理性。可见，华为的股权分配仍然是基于直接生产者对企业价值创造的贡献，是一种长期激励。这和私有制经济所有者和直接生产者相分离条件下的按资分配，追求出资者的利润或剩余价值最大化，是有根本区别的。

---

① 马克思恩格斯全集（第23卷）[M]. 北京：人民出版社，1972：94－95.

二、从华为经验看按劳分配的新实现形式

从前面的分析来看，华为具有社会主义公有制和按劳分配的典型特征：一方面，企业生产资料由直接生产者占有。截至 2018 年底，华为员工持股计划参与人数为 96768 人，参与者均为公司员工，约占全体员工数的一半①，而创始人任正非持股仅占 1.14%。另一方面，企业产品价值实现后，除购买生产资料用于补偿、积累和扩大再生产的部分，剩余部分根据每个生产者对企业价值创造的贡献，分配给他们作为薪资报酬。在我国现阶段，坚持以社会主义公有制和按劳分配为主体，是因为这种生产关系可以较好地促进生产力发展，而华为的高速发展，恰好体现了生产关系对生产力发展的促进作用。具体而言，从企业生产关系以及治理和管理的角度，华为具有以下特点：

第一，华为员工作为直接生产者集体占有公司生产资料，是一种公有制形式。华为员工持股采用虚拟股份机制，这个制度在华为的崛起过程中，起着不可估量的作用。前面已经指出，任正非所持公司股份只有 1.14% 左右，其余近 99% 的股份都由员工持股会代表员工持有，华为员工持股的基本情况是：30% 的由优秀员工集体控股，40% 的由员工按比例持股，其余的 30% 由新员工和低级员工适当参股。虚拟股票享有者可以享受公司分红，但没有所有权，也不能将其转让和出售。员工离职，手中持有多少股份，公司就会支付多少现金，即便是几千万，华为也不会拖欠一分钱。但是，离开华为后，就不能继续持有华为股份。虚拟股票通过让持有者分享企业剩余索取权，从而达到激励员工及员工长期收益与企业效益挂钩的目的。从华为员工持股制度来看，不是个人都占有自己支配的生产资料的私有权，而是联合起来的所有个人都占有全部生产资料的所有权。只有实行联合起来的劳动者对全部生产资料的共同占有，才能真正实现每个人都是全部生产资料的所有者，全部生产资料属于联合起来的每个个人，也就是每个个人都是全部生产资料的所有者，是全部生产资料的总所有者。从这个角度来说，华为员工作为直接生产者集体占有生产资料，是一种公有制形式。

第二，华为员工集体占有生产资料决定了治理机制的民主化。华为是一家 100% 员工持股的公司，由持股员工投票选举的持股员工代表会行使公司的最高权

---

① 华为有约一半员工持有公司股份，而不是全部员工都持股，可能的原因是为避免员工流动带来的频繁股权变动（华为实行严格的末位淘汰制），从而只有较为优秀或资深的员工才持股。

力，管理和控制公司。董事会、常务董事会在持股员工代表会的授权下，管理公司的日常运作与决策。持股员工代表会还会确定轮值董事长，轮值董事长在当值期间是公司日常运作的最高领袖；确立了副董事长为机关平台运作的协调管理人；选举了董事长，明确董事长为公司的形象领袖，同时又有主持持股员工代表会对治理相关规则及重大问题表决的权力。华为贯彻“立法权”大于行政权的运行机制，最高权力要放在集体领导、规则遵循、行为约束的笼子里：当值期间的轮值董事长受常董事会集体领导的辅佐与制约；常务董事会的决策需经董事会的授权、制衡与表决；董事会的决策需按董事会议事规则表决确定。轮值董事长、常务董事会及董事会的行权都要受持股员工代表会批准的规则约束，他们的履职行为也要受到监事会的监督。这个权力循环约束机制体现了集体领导，有利于公司长期稳健发展①。

第三，华为员工成为企业的所有者和主人，极大地激发了他们的奋斗和奉献精神。企业发展过程中员工的奉献精神是必不可少的，它可以发挥巨大作用，帮助企业在创业时期发展壮大、在困难时期转危为安。在私有制经济下，股东以利润或剩余价值最大化为目标，员工追求的是通过出卖劳力获取更多的工资或薪金，如何能培养员工的主人翁精神？怎么能激发他们的奋斗和奉献精神？事实上，主人翁精神是无法“培养”的，只有当员工真正成为企业的主人，而不是股东获取利润或剩余价值最大化的工具时，才真正具有主人翁精神。任正非曾介绍过华为创业初期员工的“垫子文化”和“蜡烛精神”：“创业初期，我们的研发部……在没有资源、没有条件的情况下，秉承20世纪60年代‘两弹一星’艰苦奋斗的精神，以忘我工作、拼搏奉献的老一辈科技工作者为榜样，以勤补拙，刻苦攻关，夜以继日地钻研技术方案，开发、验证、测试产品设备……没有假日和周末，也没有白天和夜晚，累了就在垫子上睡一觉，醒来接着干，这就是华为‘垫子文化’的起源”，“服中心的员工们，用青春和心血铺就了华为成功的道路。不管冰天雪地、赤日炎炎，在白山黑水、在崇山峻岭中，没有日夜的概念，终年奔波在维修、装机的路上，用户的需要就是命令……当他们不断地守着我们早期有故障的产品，不敢停歇一会儿，以确保公司信用。……我们这个时代最崇高的是责任心，最可贵的是蜡烛精神，他们照亮了公司却消耗了自己”。②

华为能够渡过艰苦的创业时期和困难时期，也离不开员工的自我牺牲精神。公司在经济不景气时期，以及事业成长暂时受挫阶段，或根据事业发展需要，启

① 引自2019年3月30日任正非在华为第四届持股员工代表会的讲话。

② 引自1997年3月20日任正非在华为春节慰问团及用服中心工作汇报会上的讲话《资源是会枯竭的，唯有文化生生不息》。

用自动降薪制度，避免过度裁员与人才流失，确保公司渡过难关。与大规模裁员相比，降薪对企业员工的冲击较小，体现了员工与企业的命运休戚相关。因此，华为主张宁愿自动降薪，也不愿意大规模裁员，这是华为的长期原则和保持员工基本稳定的基础。对于那些在华为处于艰难时期，自动降低自己的报酬和待遇的员工，任正非一直给予很高的评价。而员工之所以愿意与企业生死与共，主要就是因为他们是企业的主人。在所谓的现代企业制度下，当经济不景气时，一方面企业经营困难、大规模裁员，另一方面外部投资者又会索取更高的利息，导致企业有很高的财务风险甚至破产。华为模式显然更具优越性。

第四，华为在进行薪资报酬分配时，完全以每个生产者对企业价值创造的贡献为准绳，实现了按劳分配。好的激励机制能让员工发挥最大潜能，薪酬是最重要也最易运用的激励方法。薪酬奖励是企业对员工的回报，是企业对员工所作贡献的肯定。任正非指出："奋斗就是付出，付出了才会有回报。多年来我们秉承不让雷锋吃亏的理念，建立了一套基本合理的评价机制，并基于评价给予激励回报。公司视员工为宝贵的财富，尽力为员工提供了好的工作、生活、保险、医疗保健条件，为员工提供业界有竞争力的薪酬，员工的回报基于岗位责任的绩效贡献。怎么使员工各尽所能呢？关键是要建立公平的价值评价和价值分配制度，使员工形成合理的预期，他相信各尽所能后你会给他合理的回报。而怎么使价值评价做到公平呢？就是要实行同等贡献，同等报酬原则。不管你是博士也好，硕士也好，学士也好，只要做出了同样的贡献，公司就给你同等的报酬，这样就把大家的积极性都调动起来了。"①

第五，华为的股权分配仍然是基于直接生产者对企业价值创造的贡献，和私有制经济下的按资分配、追求出资者的利润或剩余价值最大化，是有根本区别的。华为股权分配的依据是："可持续性贡献、突出才能、品德和所承担的风险。股权分配要向核心层和中坚层倾斜，股权结构要保持动态合理性。"（《华为基本法》第十九条）在进行股权分配和分红时，是和严格的岗位考核结合在一起的，仍然在相当程度上体现了按劳分配原则。

三、对发展社会主义公有制、按劳分配理论和实践的启示

（一）华为经验对我国国有企业改革有重要借鉴意义

国有企业是我国经济发展的"压舱石"，许多投资大、风险高、收益薄、周

① 张继辰．任正非：天道酬勤［M］．北京：海天出版社，2018.

期长的基础设施、公共服务、国防科技、灾害防治、脱贫攻坚、民生改善等领域的建设和项目都是国家和人民所需，往往都是国企扛起来的（卢周来，2015；文一，2018）。在加强党的领导的前提下，要实现国有企业和国有资本做强做优做大，就必须充分发挥国企员工的积极性，提高企业效益，增强企业竞争实力。华为在建立公平的价值评价和价值分配制度、使员工形成合理预期等方面取得了成功经验，通过好的激励机制使员工发挥最大潜能，华为的这方面实践为国企的人力资源管理，特别是如何实现按劳分配提供了非常好的借鉴。在国企混合所有制改革方面，华为的经验是，股权分配和分红应基于直接生产者对企业价值创造的贡献，并且和严格的岗位考核甚至末位淘汰结合起来。股份持有者可以享受企业分红，但没有所有权，也不能将其转让和出售，离职后就不能继续持有企业股份。这种机制设计的目的是通过让持有者分享企业剩余索取权，从而达到激励员工及员工长期收益与企业效益挂钩的目的。这与私有制经济下的按资分配、追求出资者的利润或剩余价值最大化，是有根本区别的。

（二）华为经验说明民营企业不完全等同于私营企业，在民营企业内部也可以实行公有制和按劳分配

习近平总书记指出："民营经济是社会主义市场经济发展的重要成果，是推动社会主义市场经济发展的重要力量，是推进供给侧结构性改革、推动高质量发展、建设现代化经济体系的重要主体，也是我们党长期执政、团结带领全国人民实现'两个一百年'奋斗目标和中华民族伟大复兴中国梦的重要力量。"民营企业可以也应该借鉴华为经验，激发员工积极性，"继承和发扬老一辈人艰苦奋斗、敢闯敢干、聚焦实业、做精主业的精神，努力把企业做强做优"，同时也应该学习华为走向国际市场的领先经验，"拓展国际视野，增强创新能力和核心竞争力，形成更多具有全球竞争力的世界一流企业"。①

（三）华为经验对我国经济学和管理学的教学科研提出了新的要求

西方经济学把人类行为抽象为经济人的行为，并将之作为经济分析的前提。经济人追求的是"利益最大化"目标，企业主关心的是从企业中尽可能多地拿走他"应得的份额"，企业员工追求的是通过出卖劳力获取最多的工资或薪金。在

---

① 习近平．在民营企业座谈会上的讲话［EB/OL］．（2018－11－01）［2020－11－08］．http：//www. gov. cn/xinwen/2018－11/01/content_5336616. htm.

这种假设前提下，无论企业主还是企业员工关心的都是自身的直接物质利益。这种表面看似“合理”的行为，实际上掩盖了资本对劳动的剥削关系，这种剥削关系的后果是，随着技术进步和生产自动化程度越来越高，掌握在资本家手中的有形的生产资料如机器设备和无形的生产资料如专利技术等对劳动力的替代程度越来越高，劳动者对资本家的议价能力越来越弱，其结果是劳动者收入长期没有增长，国民收入中劳动所占份额不断下降，贫富差距越来越扩大。诺贝尔经济学奖得主斯蒂格利茨（Stiglitz）指出：“西方经济的快速增长到 20 世纪 80 年代就开始放缓了，而且新的增长也并没有被所有人一起分享。剔除通胀水平，美国的工资水平和 60 年前是一样的”，“在过去的 40 年当中，社会最下层的 90% 的人都并没有跟得上这种增长，一个全职工作男性的收入中位数和 42 年前是一样的”。①《21 世纪资本论》作者、著名经济学家皮凯蒂也指出，二战后发达资本主义国家的贫富差距越来越大，已经达到百年来的最高水平，美国最富有的前 1% 人口的财富总额是后 90% 人口财富总额的 1.5 倍。这说明发达资本主义国家的经济繁荣没有得到共享，经济增长的好处并没有惠及大多数民众，这是西方政治经济体系的失败。对于中国而言，在经历了改革开放后 40 多年的高速发展，现在面临的是全新的经济挑战，经济学者们应该深入研究，如何发挥中国特色社会主义经济制度的优越性，发挥社会主义公有制和按劳分配对生产力发展的促进作用，实现发展过程人人参与、发展成果人人享有，解决社会公平正义问题，真正落实有利于最广大人民根本利益的发展理念。特别注意不要陷入西方经济学的思维惯性和理论惯性。类似地，现代管理学的教学研究往往是基于所有权与经营权分离的现代企业制度，尽管其中有很多内容可以学习和应用，但通常很少研究直接劳动者和企业所有者相一致的企业的治理和管理，未来从管理角度开展对社会主义公有制和按劳分配实现模式的研究是非常有必要的。

参考文献

［1］胡钧．“重建个人所有制”是共产主义高级阶段的所有制关系——兼评把它与社会主义公有制和股份制等同的观点［J］．经济学动态，2009（1）：61－66.

［2］林毅夫、李周．现代企业制度的内涵与国有企业改革方向［J］．经济研究，1997（3）：3－10.

① 引自 2019 年 3 月 23 日约瑟夫·斯蒂格利茨在中国人民大学经济学院（新）成立大会暨中国经济学 70 年演进与发展学术研讨会上的讲话。

[3] 卢周来．国企改革与社会公平［J］．政治经济学评论，2015（6）：33－38.

[4] 裴长洪．中国公有制主体地位的量化估算及其发展趋势［J］．中国社会科学，2014（1）：4－29.

[5] 谭劲松，王文焕．公有制主体地位的衡量标准与评价体系研究［J］．马克思主义研究，2010（10）：65－74.

[6] 王艺明．从华为经验看社会主义公有制和按劳分配的新实现形式［J］．财经智库，2019（4）：27－41.

[7] 魏后凯．论按劳分配与按生产要素分配相结合［J］．中国工业经济，1998（5）：70－75.

[8] 文一．如何正确理解国企与民企的关系——纪念中国改革开放四十周年［J］．政治经济学季刊，2018（2）：1－43.

[9] 徐传谌，翟绪权．我国社会主义初级阶段公有制经济的主体地位研究——兼析公有制经济比重与基尼系数的关系［J］．马克思主义研究，2015（8）：51－60.

[10] 于金富．马克思按劳分配理论与我国现阶段社会主义分配制度［J］．当代经济研究，2006（11）：41－44.

[11] 于金富．社会公众股份公司的性质探析［J］．经济学动态，2008（6）：49－52.

[12] 余金成．按劳分配及其在马克思主义发展史上的四次解读［J］．理论学刊，2016（3）：17－28.

[13] 张开．等量劳动互换的两种形式：等价交换和按劳分配［J］．政治经济学评论，2013（4）：197－210.

[14] 赵华荃．关于公有制主体地位的量化分析和评价［J］．当代经济研究，2012（3）：41－48.

[15] 赵华荃．坚持公有制为主体的基本经济制度之我见［J］．马克思主义研究，2006（11）：28－33.

[16] 郑志国．股份制：公私因素整合与扬弃［J］．经济学动态，2008（10）：46－51.

[17] 郑志国．怎样量化分析公有制的主体地位？——与赵华荃先生商榷［J］．当代经济研究，2012（10）：49－53.

[18] 祝志勇．按劳分配制度的有效实现形式——基于包容性增长的微观基础视角［J］．当代经济研究，2011（7）：43－48.

股权结构与公司治理：基于“真功夫”的案例分析①

钱先航

一、引言

公司的股权结构是指公司中不同类型的股东所占股权比例及其相互关系。一个公司的股权结构关系到其治理模式和内部控制，影响其后续发展。合理的股权结构在公司的发展中至关重要，然而我国的初创企业，尤其是家族企业还存在不合理的股权结构，易引发股权争夺，对公司治理和发展起到负面效应。本文讨论的餐饮管理有限公司（以下简称“真功夫”）案例就是由于企业初创时股权设计不合理而导致内部股权争夺，极大阻碍了公司发展。

（一）我国创业家族企业股权结构现状

对于我国的初创家族企业而言，以亲情或血缘为纽带建立的家族企业会因为其特有的“亲情”关系或“血缘”关系而产生负面作用；论资排辈等家族企业常见问题的出现制约了其自身的发展，主要表现为股份平均分配、决策拍板困难、管理层多为家族成员、外部职业经理人难以进入、论资排辈现象严重、股份与权力不对等。高苏（2016）认为，家族企业创业初期，内部股东，即家庭成员之间如果缺乏契约关系，会导致不断出现的产权纠纷。同时，家族企业常常表现出能共苦却不能同甘的特点，当企业积累了一定的资本后，股东之间对荣誉、金钱和权利的看法产生分歧，容易出现股权问题，导致企业受到重创，严重的甚至解体。徐细雄和刘星（2012）认为，家族企业创立时传统家族权威治理的局限性明显，引入职业经理人是我国家族企业治理转型的必然趋势。

① 由笔者根据公开资料整理编写。

（二）企业内部控制权争夺的原因及其负面影响

创业企业家和创业投资者会根据各自利益的不同，结合所处市场环境和自身能力，争夺企业的实际控制权（高闯、张清，2017）。夏宁和陈露（2016）通过分析山水水泥控制权争夺的案例，发现控制权争夺最突出的原因是大股东冲突，而大股东利益诉求差异和相互不尊重不信任是冲突的直接原因。他们的研究表明：大股东冲突的成因和形成机制直接影响冲突的结果，大股东冲突破坏巨大且不能形成有效的股东制衡，阻碍企业发展。

对于控制权争夺的负面影响，龚俊琼（2015）的研究发现，当发生企业控制权争夺时，股东的地位因为相互攻击而削弱，公司的主要生产经营活动会受到较大程度影响，使公司发展趋势受到负面影响，甚至引起股价大幅波动。王丽娜和高前善（2015）通过分析发现，创始人和投资人对控制权的争夺会导致创始人离职以及企业市场价值快速下滑，投资人股权集中、没有考虑长期目标、没有合理规范企业制度会使创始人和投资人不能长期合作。

（三）股权结构设计原则和方法

1. 单一股权结构

单一股权结构只存在一种股权类型，即一股一权的股权类型，因此拥有相同的股权代表着拥有相同的表决权。

《中华人民共和国公司法》（以下简称《公司法》）规定有限责任公司的股东会会议对公司重大事项做出决议，必须经代表2/3以上表决权的股东通过。股东会会议对其他事项做出决议，公司章程可以根据公司实际情况做出不同的规定，但是通常对于一般事项做出决议，公司章程都规定必须经代表半数以上表决权的股东通过。

因此，在单一股权结构的情况下，股权结构设计就有很明显的三个分界点：34%、51%和67%。34%意味着股东拥有1/3以上的股权，在对重大事项进行表决时，如果持有1/3股权以上的股东否决，则此项决议不通过表决，因此，34%以上的股权就意味着股东拥有对重大事项的一票否决权。51%以上的股权指的是拥有一半以上的股权，能够控制公司章程规定的一般事项，因此拥有了公司的相对控制权。拥有67%股权以上的股东则对公司持有绝对控制权，因其持有公司2/3以上的股权，能够控制重大事项和一般事项的表决。因此在股权结构设计时要把握《公司法》规定的上述三个“分界点”，股东之间的股权比例呈现明显的梯次，确保核心股东对公司的控制权以及公司的永续发展。

高苏（2016）认为，家族企业在创业初期就应该明确界定产权，并走多元化的股权道路，积极寻找战略投资者加入企业产权，拓宽资金来源。李永清（2018）认为，对于初创企业股权分配，要有核心股东，并且要合理选择经营理念相似的合伙人。

2. 双重股权结构

双重股权结构，即二元股权结构，与同股同权的单一股权结构相比，在双重股权结构中，股份通常被划分为高、低两种投票权，高投票权的股票拥有更多的决策权。在双重股权结构的治理模式下，其中一型股票遵循一股一权的原则，而另一型股票则遵循一股多权的原则，且投票权往往优于第一型股，即拥有超级投票权。

贾雷尔（Jarrell，1988）通过考察采用双重股权结构的94个公司发现，这种股权结构有维护创始人的控制权、规避敌意收购的功效。王桂英（2018）认为双重股权结构投票权与收益权分离，能够对外传递公司经营的坚定信号，并且在增资稀释股权后，公司控制权仍然得到维护。张继德（2017）认为双重股权结构是一把双刃剑，其弊端在于可能导致更严重的内部人控制，激化代理矛盾，但其优势更为凸显，其能拓宽企业融资渠道，丰富投资者投资方式，并且可以平衡企业权益分配，维护企业控制权稳定。

二、股权结构与公司治理——真功夫案例分析

（一）真功夫公司介绍

真功夫，主营以蒸品为特色的中式快餐，1990年由公司创始人潘宇海先生在东莞长安创办，历经初创期、标准化运作期、品牌运作期、资本运作期，成为全国连锁发展的中式快餐企业。

1. 初创期（1990~1995年）

1990年，真功夫的一代创始人潘宇海创立了“168”蒸品店，1994年蔡达标和潘敏峰（潘宇海姐姐）夫妇加入，家族企业雏形初现。“168”蒸品店主营蒸饭、蒸汤和甜品。

2. 标准化运作期（1995~2003年）

1997年，创始人潘宇海找到华南理工大学提供的科研力量，将电脑程控蒸汽柜运用到制餐环节，高效达到标准又省时，一举解决了困扰中式快餐多年的标

准化难题。随之而来的，全球第一家以标准化操作经营的中式快餐店在东莞虎门镇落地了，这一年，“168”蒸品店更名为东莞双种子饮食有限公司（以下简称“双种子”）。

3. 品牌运作期（2003～2007年）

2004年，双种子业务逐渐做大，本着打开一线城市市场的思路，双种子再次更名，改名为真功夫。真功夫企业将“功夫不负有心人”作为企业文化，将中国传统蒸品文化融入快餐行业中，真功夫获得迅速发展。

4. 资本运作阶段（2007年至今）

2007年，真功夫进入资本运作期，为争取能够上市，寻求融资渠道，分别引进两家风投“今日资本”和“中山联动”各1.5亿元，共融资3亿元，准备上市计划，然而由于家族内部的股权纷争，真功夫的上市之路一再受挫，上市之路被迫中断，如今何时能够上市还待观摩。股权纷争和上市受挫阻碍了真功夫快速发展壮大的劲头，使得品牌信誉受损，餐饮地位下降。

（二）不合理的股权结构引发矛盾不断

潘宇海于1990年创立“168”蒸品店。1994年，潘敏峰和蔡达标夫妇出资4万元加入，共同经营，当时的股权配比是潘宇海占50%，蔡、潘二人各占25%。如图1所示，此时潘宇海和蔡达标夫妇各占50%。对于一个刚起步的家族企业而言，平分的股权是比较常见的，但是，如果在企业的长期发展中依旧保持这样的股权比例，此时若股东存在分歧和隔阂，平分的股权结构将会引起控制权的争夺，影响公司的后续发展。真功夫的发展轨迹也证实了这一点。

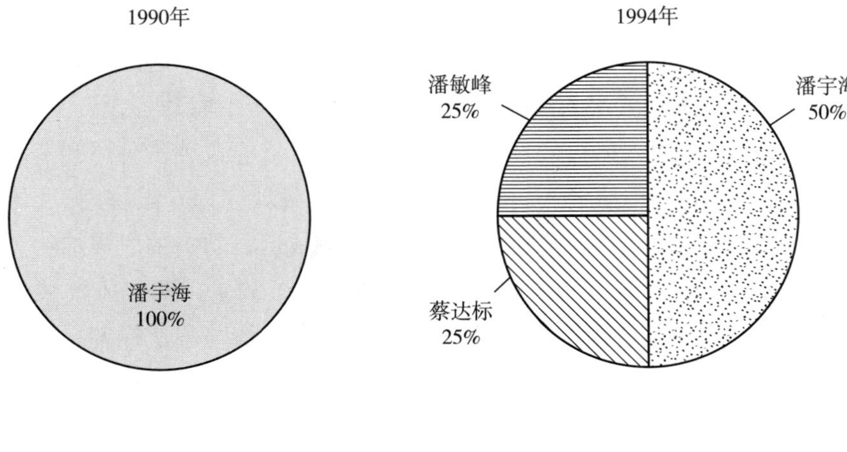

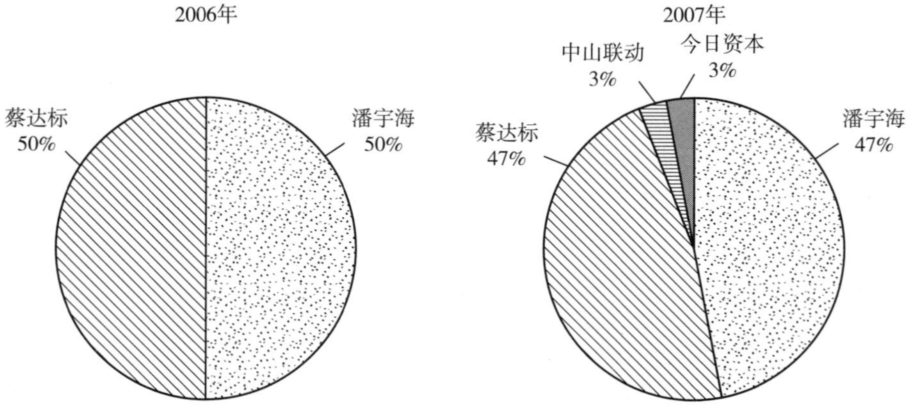

图1　真功夫的股权结构变动

资料来源：笔者根据公开资料整理绘制。

1997 年，“168 蒸品店”更名为“东莞市双种子饮食有限公司”，依赖电脑程控一体化蒸柜技术，公司开启标准化中式快餐的连锁扩张之路。此时潘宇海任双种子公司董事长、总经理和法定代表人，主要负责专研技术及餐品研发，蔡达标则负责公关对外关系，二人各司其职，股权结构维持原样，此时二人的关系较为融洽，在经营理念上也不存在分歧，因此此时对等的股权结构的危害并没有显现。

2003 年，按照蔡达标和潘宇海每五年一届轮流担任董事长职务的口头约定，蔡达标掌握公司主导权。2004 年，作为董事长的蔡达标不顾潘宇海的强烈反对，将品牌名称改为“真功夫”，就公司主导地位的问题，两人埋下矛盾的种子。2006 年 9 月，蔡达标、潘敏峰夫妇离婚，蔡达标获得真功夫 50% 的股权，蔡达标和潘宇海二人开始了真正意义上的平分股权。同样在 2006 年，真功夫开始与风险投资机构接洽，酝酿上市计划，而股权对等成为关键性掣肘因素。

2007 年，真功夫正式引入风险投资：今日资本和中山联动各投资 1.5 亿元，为企业上市做准备。引入风投后真功夫进行了重组：将原双种子公司和蒸品店的所有资产及其 180 余家门店装入新成立的“真功夫餐饮管理有限公司”，原双种子公司保留一个壳，作为持股公司。真功夫重组完成后真功夫的股权结构为：潘宇海与蔡达标分别持股 41.74%，双种子公司持股 10.52%，两家风投“中山联动”与“今日资本”各持股 3%。双种子公司中，潘宇海与蔡达标各持有双种子公司 50% 股份，所以此时蔡、潘两人对真功夫的股权依旧相同，各占 47%。当时董事会共 5 席董事，构成为蔡达标、潘宇海、潘敏峰以及风投的派出董事各 1

名，蔡达标担任董事长。尽管进行了重组，双方也仅仅各分出了3%的股权给两个风投机构，而不肯向对方妥协，至此，对等股权比例还在持续。

在股权比例对等的情况下，蔡达标试图从公司人事方面下手掌控真功夫。2007年开始，蔡达标在企业内部实施“去家族化”改革，推行标准化管理，并从肯德基、麦当劳等引进一批空降高管，比如CFO洪人刚、CMO张帆等。此举使周明、易伟正等真功夫早期的创业元老先后离去，进一步削弱了潘宇海在公司内部的势力，改由其妹夫、妹妹、弟弟和司机等掌控公司的采购、供应和财务大权。

2008年，蔡达标五年一届的董事长任期已到，按照之前双方的约定（股东协议框架），公司董事长该由潘宇海出任。但是，蔡达标拒绝交出职位，蔡、潘两人矛盾再一次激化。为此，真功夫内部协商出了一个各方接受的妥协方案：成立一个子公司创立新品牌“哈大师”完全由潘宇海打理，蔡达标也在董事会表态，会投入5000万元支持新品牌的发展。如此，就形成了“蔡负责真功夫、潘负责哈大师”的品牌分工格局，各司其职互不干涉。这是在此前这个僵局里一个合适的解决办法。

然而，哈大师品牌的经营进展并不顺利，前期投入1600万元效果甚微，2009年年初潘宇海要求蔡达标兑现剩余的3400万元投资时，蔡达标以现金流紧张、须优先确保真功夫门店的扩张为由，拒绝了潘宇海。不仅如此，2008年底，潘宇海作为新品牌的总裁并未受到年终总结大会的邀请，并且蔡达标单方面停止了潘宇海了解真功夫相关信息的官方窗口——OA系统。为此，潘宇海也展开了他的报复：2009年，真功夫向银行成功申请到1亿元的无抵押贷款。潘宁海知悉之后立即向银行表示：股东有矛盾，贷款有风险，想把这笔贷款搅黄。这一行为成功激怒了蔡达标，此时两人之间的矛盾已经无法化解。

（三）失败的公司治理导致最终败局

股权均分引发的一系列问题如一颗颗定时炸弹随时可能引爆，而这其中，蔡、潘两方对于公司实际控制权的争夺无疑是破坏力最大的。这场多年的斗争使得蔡、潘两败俱伤，也将真功夫公司一步步送上了绝路。

为了争夺公司的实际控制权，蔡达标自2007年开始借“去家族化”的名义架空潘宇海在公司的实际控制权。蔡达标一方面从肯德基、麦当劳引进一批高管，使得公司的元老先后离开，另一方面让自己的亲属担任公司要职，强化自己的管理权，大大削弱了潘宇海在公司中的实际控制权。2008~2009年，蔡达标秘密制订“脱壳计划”，开始有计划地通过转移公司资产和关联交易方式，大肆侵吞公司财产。

2009～2010年，潘宇海以真功夫大股东的身份举报蔡达标私自挪用公款等行为，通过知情权诉讼开始司法审计。2011年，司法机关开始对蔡达标立案侦查。2011年3月17日，真功夫多名涉案高管被审查，同年4月，蔡达标在厦门被公安机关抓获。2013年12月，法院一审判决蔡达标职务侵占罪、挪用资金罪等罪名成立，数罪并罚执行有期徒刑14年，并处没收财产人民币100万元。蔡达标潜逃后，公司由副董事长潘宇海主持工作，后经公司董事会选举，潘宇海成为公司董事长。2014年，蔡达标起诉潘宇海及真功夫，要求撤销2013年9月发布的《2013年度真功夫餐饮管理有限公司第二次临时董事会会议决议》［包含修改部分公司章程、选举潘宇海为董事长（法定代表人）等］。2018年7月，法院终审明确撤销该董事会决议。至此，真功夫蔡、潘两大股东的十年纠葛以一方锒铛入狱、一方职位合法性存疑而告终。

（四）机关算尽，终落绝境

真功夫的失败是我国无数中小家族企业发展历程的写照，它们依靠家族亲情关系合伙创立，家族成员在创业初期为了共同的利益将企业发展壮大，但随着企业规模和利益的扩大，股权配置和公司治理问题逐渐显现，最终因处理失当导致家族企业走向衰落。除了股权配置的不合理，失败的公司治理也是导致真功夫两大股东两败俱伤的重要原因。

首先，实际控制权与股权的严重不匹配激化了股东矛盾。在正常的家族企业中，创始人既是股权的持有者，也是公司实际控制权的所有者，实际控制权和股权是匹配的。然而在真功夫的案例中，蔡达标为争夺企业的实际控制权，通过各种手段架空同为大股东的潘宇海的权力，将公司的控制权掌握在自己和亲信手中，导致了潘宇海虽持有和蔡达标相同比例的股权，却无法实现对企业日常经营管理的权力。由于股权和实际控制权的分离，使潘宇海逐渐被边缘化，最后不得不通过假意与蔡达标签订协议，后将蔡达标告上法庭的方式夺回属于自己的公司控制权。

企业控股股东的存在在一定程度上减少管理者带来的委托代理问题，但控股股东会谋求控制权，从而会损害其他股东利益，更会破坏企业的管理，损害企业的利益。企业的现金流权即为企业的所有权，控股股东对于现金流权不择手段地谋取一定会侵占其他股东的利益，同时影响整个公司的经营和发展，进而损害了自己的现金流收益。蔡达标自食恶果便合乎情理了。此外，股权和管理权的分离也在一定程度上影响了家族企业股东的行为，监督作用失效，缺乏权力制衡的实际控制人为满私欲，有很强的激励利用职务便利谋取私利，这也大大提高了家族企业的代理成本。

其次，公司治理结构的失衡弱化了对董事长的监督和管理。创业初期，公司管理者为蔡达标夫妇、潘宇海三位创始股东，随后潘宇海妻子进公司任监事，蔡达标夫妇离婚后，蔡达标更是将妹妹、妹夫等人安排到真功夫的关键职位，而后潘宇海在争夺控制权过程中也意图将哥哥任命为副总。可以发现，无论是蔡达标还是潘宇海，在争夺公司控制权的过程中都没有考虑公司内部管理结构的合理性，只是一味地将自己的亲信安排进入公司管理层以强化自己对公司的控制。有着和蔡达标一致利益目标的家族成员进入企业并不能尽到对董事长蔡达标的监督和管理责任，而潘宇海被蔡达标架空权力，也无法起到监督企业管理者的作用，无人监督的蔡达标最终走上职务侵占、挪用资金的违法犯罪道路。

一个完善的公司治理结构中，董事会、监事会、高管之间既应相互衔接，又应相互制衡，不同机构的权力和责任应当明确划分，才能保障企业的正常运作。在本案例中，高管是董事长的亲信，监事又与董事是夫妻关系，层层的亲属关系破坏了高管对董事以及监事对董事、高管的管理和约束机制，三大机构混为一谈，蔡、潘两大家族各自抱团，为争夺企业控制权不择手段，蔡达标甚至不惜触犯法律底线，最终酿成恶果，锒铛入狱。

最后，亲情关系的破裂成为压死骆驼的最后一根稻草。不同于血缘关系，婚姻关系为后天形成，夫妻或可共患难，却难同富贵。蔡达标能同潘宇海一同创业，可能念于最初潘的帮助，更可能源于妻子潘敏峰的牵线。潘宇海能够愿意让与姐姐和姐夫 50% 的股份，是出于血缘之情。不过蔡达标同潘敏峰解除婚姻关系后，潘敏峰又撤出了企业的所有人行列，维系这个家族企业的亲缘关系不复存在。利益关系统一、目标一致的三个行为人，演化为两个独立甚至相左的利益个体。潘敏峰这个自然形成的家族关系调解“机制”的粉碎，为蔡潘控制权之争提供了条件。

在家族企业的控制权配置方面，亲缘关系起到了至关重要的作用，甚至决定着整个企业是否能够存续。家族企业创业成功，会带来丰足的财富，同时会带来更多的诱惑，考验着夫妻关系，考验着因夫妻关系而形成的各种亲缘关系。真功夫在潘宇海的治理经营下，一切向好，但是多年的家族内斗，让真功夫空要“功夫”，浪费了大好的发展资源和时机，融资受阻，上市搁置。家族的内斗伤了亲情，又伤了企业，为谋取个人利益最终还是伤了个人利益。

反观和真功夫有着相同初始股权比例的海底捞，却有着不同的发展。1994年，张勇、舒萍和施永宏、李海燕四人合开海底捞，每人25%的股份。创建之初，海底捞沿用着家族企业的管理模式：股东既是老板又是员工，管理结构简单。家族企业忠诚度高，但易散漫，海底捞也未逃脱这个怪圈。张勇觉得“这样的队伍不能走得长远”，在开会时决定自己当经理。2004年，张勇让自己的妻子舒萍和施永宏的妻子李海燕离开公司，只做股东。2007年张勇让施永宏也离开海底捞，并以原始出资额的价格从施永宏夫妻手中购买了18%的股权。2007年，张勇夫妇成了海底捞68%绝对控股的股东。虽然同样开局不利，但是好在张勇能够说服其他三人，成为绝对控股者，一个具有企业家才能的人，能够拥有对公司的绝对控制权，是有利于公司的发展的。

对于真功夫，蔡达标和潘宇海显然没有张勇那么好运，在股权对等的情况下矛盾只能愈演愈烈，两败俱伤，或许可能成为“民族快餐之光”的真功夫发展缓慢，上市受挫。对于初创企业，尤其是家族企业，在最开始的股权设计中，最应该避免的就是对等的股权结构，毕竟也不是每个人都能拥有张勇的好运，一不小心就会成为下一个“真功夫”。

三、相关政策及建议

真功夫的蔡、潘之争不仅是两个等权股东对企业控制权的“真功夫”对垒，也绝不是中国家族企业的个案，这在一定程度上是中国很多家族企业的投影，这些家族企业基于我们的固有观念、传统思想以及不完善的公司治理能力和经验，在企业管理机制上有重大设计漏洞和缺陷，同时缺乏标准化管理，必然会有诸多潜在甚至已经暴露的问题出现。我们以真功夫案为标的，提出以下相关建议。

（1）强化立法与执法是根基。从完善《公司法》等基本法律的法条和及时更新工商局、税务局等相关人员法律知识做起，在法律中强化董事会法律地位，明确董事长具体职责，并细化监事会成员任命等各方面的法规制度，使相关家族企业治理有法可循。执法方面，要严格贯彻落实，杜绝因亲属关系原因的触碰甚至打破原则底线的情形出现。有法可依、执法严格，也是避免职务身份和亲属身份双系统双身份的利益不一致导致的内部冲突的必要办法和基本途径。

（2）家族企业股权分配要保持一定的集中度，并适当引入独立董事制度。股权代表着企业的控制权，家族股权的配置是家族企业关系型控制权配置中的关键，同时也是家族控制权的来源，决定着家族成员在家族企业决策中的话语权。蔡达标夫妇同潘宇海双方选择了初始均衡配置的股权分配，在企业前景未卜的创业初期，这种家族股东风险均担会有一定的治理优势。不过，真功夫的控制权之争也在于此，股权配置过于均衡，使家族内部没有具有股权优势的控股人，这往往会出现家族股东争权，最终导致分家或者集体搭便车的低效经营状况，而由于控制权的不确定性，持股股东在关键问题上无法做决策，又在日常经营事务中干预过多，使真功夫出现管理流程混乱、事务处理低效等局面。因此，家族内部股权配置保证适当的集中度是必要的，同时适当引入独立董事制度，更加有针对性地用科学合理的方法解决办理企业事务，能够有效改善家族企业的治理效率和效果。

(3) 控制家族企业股东成员各自的亲缘关系网规模。真功夫的创始股东是蔡达标夫妇和潘宇海，就像我国常见家族企业一样，选择了同自己亲缘关系较近的核心家庭或近亲家族成员一起合作创业，然而随着企业规模的扩张，家族内部的关系网发生了外扩。创业之初的三名创始股东，在蔡达标和潘宇海的控制权争夺战中，蔡达标将真功夫的重要岗位赋予其妹妹和妹夫，潘宇海妻子窦效嫘则为真功夫监事，甚至潘宇海曾试图委派其兄长潘国良担任副总经理。这为家族企业提供了更为丰富的人力资源的同时，也使家族成员股东间的亲缘关系逐渐疏远，企业内部各家族成员之间的利益并未同程度并行增强，内部潜在冲突的可能性自然会增加。事实上，企业内家族成员由于同事关系与亲缘关系并存，代理成本会更高。因此，必要地在家族企业中控制个人亲缘关系网的扩张能在一定程度上保障股东目标的一致性。

(4) 建立家族成员之间企业事务有效的沟通渠道和拟定协议。家族成员交流沟通的频率增加，会使成员间关系更为牢固。建立起常规的沟通机制和内部调解机制会有效解决成员间目标不一致和利益不一致的问题。由此，可以有效缓冲企业经营的负面趋势，降低风险。蔡达标和潘敏峰夫妻关系的破裂是真功夫控制权争端逐步展开的转折点，两人婚前未订立双方财产独立的协议，婚后财产归双方共同拥有，尤其是二人的财产主要是家族企业股权，财产分割等同于丧失控制权。此外，蔡达标与真功夫之间不明晰的资金界限，也给了蔡达标钻空子的机会，最终使其锒铛入狱。因此，应当通过合约方式明确家族成员间、家族成员与企业间的财产归属，防患于未然，也可以利用信托架构的隔离优势，起初设立签订股权家族信托协议，有效避免婚姻破裂导致的股权分割从而丧失企业控制权的问题。

参考文献

［1］高闯，张清．创业企业家和创业投资者的控制权争夺［J］．经济与管理研究，2017（6）：105－112.

［2］高苏．家族企业股权设计及治理研究［J］．企业改革与管理，2016（3）：12－13.

［3］龚俊琼．我国上市公司控制权争夺的原因与负面效应［J］．经营与管理，2015（7）：103－105.

［4］李永清．论初创企业股权设计研究［J］．法制与社会，2018（29）：62－63.

［5］王桂英，乌日罕．上市公司股权结构设计的理性思考——以宝万之争为例［J］．会计之友，2018（24）：21－25.

［6］王丽娜，高前善．控制权争夺、创始人离职与企业市场价值波动［J］．管理现代化，2015（3）：46－48.

［7］夏宁，陈露．冲突视角下大股东制衡研究——基于山水水泥控制权争夺的案例分析［J］．会计研究，2016（11）：46－52，96.

［8］徐细雄，刘星．创始人权威、控制权配置与家族企业治理转型——基于国美电器“控制权之争”的案例研究［J］．中国工业经济，2012（2）：139－148.

［9］张继德，陈昌彧．双重股权结构相关理论综述与国内推行展望［J］．会计研究，2017（8）：62－67.

［10］Jarrell，G. A.，et al.，Dual class recapitalization as anti-takeover mechanism：the recent evidence［J］. Journal of Financial Economics，1988，20：129－152.

上市公司股份回购的动因及影响：基于网宿科技的案例分析

于月娟

一、我国上市公司股份回购发展历程

股份回购是指上市公司利用现金等方式，从股票市场上购回本公司发行在外一定数额股票的行为。在国外成熟市场中，股份回购已经有较长时间的发展历程，被广泛应用于上市公司市值管理、分配股利、维护控制权及股权激励等方面。

纵观我国上市公司股份回购的发展历程，几个重要监管制度的发布实施将我国股份回购的历史分为不同阶段。

2005 年，我国股份回购开始发展。2005 年以前，《公司法》禁止股份回购行为，发生的几起股份回购案例均带有行政主导色彩，回购目的和回购方式单一。2005 年，《公司法》进行了修订，允许部分情形下的股份回购行为，证监会配套发布了《上市公司回购社会公众股份管理办法（试行）》，从此我国迎来了真正意义上的社会流通股股份回购。该办法明确了上市公司股份回购的先决条件、审批程序、回购方式和信息披露要求等，上市公司从此可以依循明确的法律法规和规章制度开展股份回购。2005 ~ 2006 年，在股权分置改革的大背景下，股份回购成为解决改革过程中大股东侵占、资产剥离、并购等问题的工具而发挥了重要作用①。其作为信号传递、支撑股价、公司利润分配工具的功能也逐步开始被上市公司探索。受限于审批流程和发展程度，这一阶段开展股份回购的上市公司数量有限。

2008 年，股份回购快车道建成。2008 年，证监会发布了《关于上市公司以集中竞价交易方式回购股份的补充规定》。该规定取消了上市公司开展股份回购的行政许可要求，上市公司拟以集合竞价方式开展回购的，在股东大会做出决议以后，

① 谢超，李瑾．对于支撑股价，A 股回购有用吗？——中美股份回购比较研究［R］．光大证券．

只需要向证监会和交易所备案，不再需要等待监管部门进行审核。同时，该规定增加信息披露要求和股份回购的交易时间的要求，规范了股份回购的操作，增加监管措施以避免回购过程中的利益输送和内幕交易行为的发生。上市公司开展的股份回购的大门敞开，只待外部因素的触发。2013 年，伴随着 A 股市场的多年下行走势，以及上市公司推行股权激励的热情释放，上市公司出于市值管理的目的或者实施股权激励/股权激励注销的需求原因频频开展股份回购，回购笔数和回购金额迅速上升。

2018 年后，股份回购再攀高峰。2018 年 10 月，全国人大常委会通过了《公司法》的修订方案，2018 年 11 月，证监会、财政部、国资委联合发布《关于支持上市公司回购股份的意见》，2019 年 1 月，沪深两地交易所分别配套出台了各自的《上市公司回购股份实施细则》（两个交易所的细则差异较小，所以本文不做特别区分），监管层面对股份回购的态度由谨慎转为支持。新的制度中增加了三种允许股份回购情形，允许新增的几种情形下只需 2/3 董事出席的董事会会议进行决策即可实施，无须再经过股东大会决议；回购股份的转让或注销期限由 1 年放宽到 3 年，库存股制度得到强化，实施股权激励更加灵活。随着监管制度和操作细则的落实，2019 年股份回购的规模创造了历史新高。2019 年 1 月 ~ 11 月，A 股市场累计完成股份回购金额超过 1150 亿元，回购的主要目的包括市值管理、股权激励注销、实施股权激励或盈利补偿等。

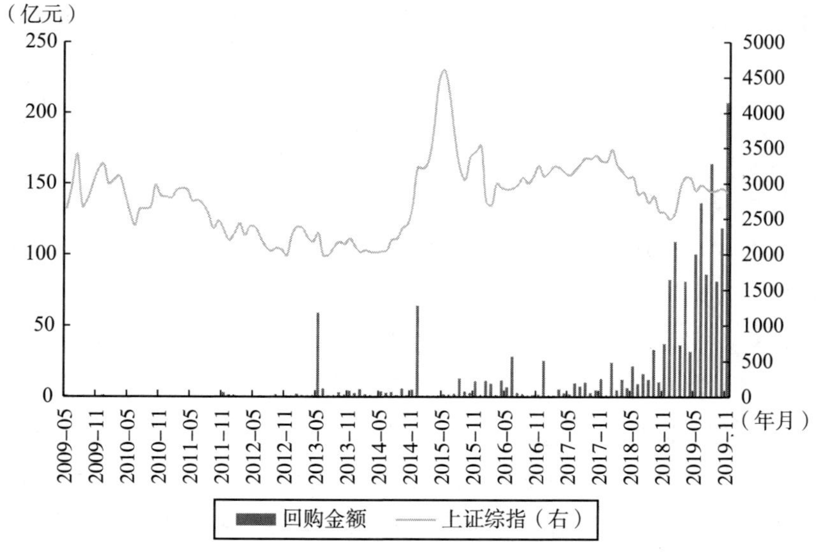

图 1　2009 ~ 2019 年 11 月股份回购金额及证券市场表现情况

资料来源：Wind 数据库。

我国上市公司股份回购历史较短且法律法规、监管政策发生了数次显著变化，上市公司回购股份的行为在不同时期表现出不同特点，研究者常会面临过往样本、过往结论是否已经不适用当前环境的困惑。为此，本文选取当了近期发生的股份回购案例进行研究分析，以匹配新的市场环境、政策环境。

网宿科技股份有限公司（以下简称“网宿科技”或“公司”）2018 年公告了回购预案，2019 年完成股份回购，其间经历了 A 股市场大涨大跌和股份回购监管政策的变化，是近期 A 股上市公司开展股份回购行为的典型案例。本文以网宿科技股份回购为例，分析近期 A 股上市公司开展股份回购的存在动机，发现仍然可能存在可被利用的政策漏洞和损害投资者利益的问题，并针对潜在的问题提出应对建议。

二、网宿科技股份回购及管理层减持过程分析

公开信息显示，网宿科技成立于 2000 年，注册资本 24.35 亿元。公司是一家互联网业务平台提供商，公司服务的中大型客户包括互联网企业、政府、传统企业及电信运营商。公司通过多年积累的运营经验为客户提供专业服务，帮助客户提升自身互联网服务质量、简化维护管理流程、降低运维成本。公司主要产品包括内容分支网络（CDN），互联网数据中心（IDC），云计算，云安全等。

网宿科技于 2009 年 10 月 30 日起在深圳交易所上市，截至 2019 年 10 月 31 日，公司第一大股东和第二大股东为自然人陈宝珍和刘成彦，分别持有公司 15.54% 和 10.53% 的股份，此外，陈宝珍还通过九泰基金间接持有公司 0.7% 的股份。

网宿科技 2018 年的股份回购始于 2018 年 10 月 21 日，公司董事会审议通过了股份回购预案，称由于近期公司股价表现偏弱，不能合理体现公司的实际经营状况，基于对公司未来发展前景的信心及对公司价值的高度认可，综合考虑公司长期员工激励计划，公司拟使用自有资金回购公司部分社会公众股份，用于实施股权激励计划、员工持股计划或注销以减少公司注册资本。回购拟使用的资金总额不低于人民币 20000 万元（含）且不超过人民币 40000 万元（含），回购股份的价格不超过人民币 9 元/股（含）。回购决议的有效期为自股东大会审议通过回购股份方案之日起 12 个月内。[①] 预案随后提交公司股东大会审议，并于 2018 年

① 网宿科技股份有限公司关于回购公司股份预案的公告［EB/OL］.（2018－10－21）［2020－11－09］. https：//q. stock. sohu. com/newpdf/201833314162. pdf.

11 月 1 日召开的临时股东大会得到了通过。2019 年 3 月 29 日，公司董事会召开会议再次讨论了回购方案，确定本次回购的公司股份全部用于实施股权激励计划或员工持股计划。

截至 2019 年 10 月 31 日回购期届满，网宿科技通过股份回购专用证券账户以集中竞价交易方式累计回购公司股份 8122329 股，占公司总股本的 0. 33%，最高成交价为 8. 04 元/股，最低成交价为 7. 93 元/股，成交总金额为 65005110. 61 元（不含交易费用）。回购全部发生于 2019 年 1 月 16 日，当日网宿科技股票成交额合计 3. 2 亿元，股价收涨 0. 5%。①

尽管回购预案的前提是董事会认为公司股价被低估以及对公司未来前景和价值的认可，股份回购期间，公司大股东、管理层却纷纷减持。早在 2018 年 10 月 11 日，公司公告回购预案的 10 天前，公司副总经理、财务总监肖蒨就提交了减持计划，计划合计减持其持有的公司股份不超过 1570000 股，占公司总股本比例不超过 0. 0646%，减持理由为偿还支付前期期权行权个人所得税的借款。随后的时间里，公司的主要股东、管理层或直接通过大宗交易减持，或提交减持计划后按计划减持。公司主要股东、管理层在回购期间的减持行为汇总如表 1 所示。

表 1　　网宿科技主要股东、管理层在本次回购期间的减持行为

序号	减持计划公告时间	减持发生时间	减持人员	职务	减持数量及占比	减持方式	减持理由	减持均价（元/股）
1	无公告	2019. 1. 8 ~ 2019. 2. 14	刘成彦	董事长、总经理、5% 以上股东	32530000 股，合计占当时公司总股本的 1. 3371%	大宗交易		7. 379
2	2018. 10. 12	2019. 1. 9	肖蒨	副总经理、财务总监	927400 股，占当时公司总股本的 0. 0381%	集中竞价交易	偿还支付前期期权行权个人所得税的借款	8. 172
3	无公告	2019. 1. 10	陈宝珍	5% 以上股东	4087000 股，占当时公司总股本的 0. 1680%	大宗交易		7. 34

① 网宿科技股份有限公司关于回购期届满暨股份回购实施结果的公告［EB/OL］.（2019 - 11 - 1）［2020 - 12 - 09］. https：//q. stock. sohu. com/newpdf/201833314162. pdf.

续表

序号	减持计划公告时间	减持发生时间	减持人员	职务	减持数量及占比	减持方式	减持理由	减持均价（元/股）
4	无公告	2019. 2. 12 ~ 2019. 2. 13	魏晶晶	证券事务代表	65500 股，合计占当时公司总股本的 0. 0027%	集中竞价交易		8. 263
5	2019. 3. 12	2019. 3. 21	黄莎琳	副总经理	643000 股，占当时公司总股本的 0. 0264%	大宗交易	个人资金需求	13. 36
6	2019. 3. 12	2019. 3. 26	储敏健	副总经理	6734402 股，占公司总股本的 0. 2768%	集中竞价交易	个人资金需求	13. 585
7	无公告	2019. 4. 29	魏晶晶	证券事务代表	30000 股，合计占当时公司总股本的 0. 0012%	集中竞价交易		11. 51
8	2019. 3. 12	2019. 4. 29 ~ 2019. 4. 30	周丽萍	董事、副总经理、董秘	2538727 股，合计占当时公司总股本的 0. 1044%	集中竞价交易	个人资金需求	11. 785
9	2019. 3. 12	2019. 4. 29	陈宝珍	5% 以上股东	1470000 股，占当时公司总股本的 0. 0604%	集中竞价交易	个人资金需求	12. 219
10	无公告	2019. 9. 25， 2019. 9. 27	陈宝珍	5% 以上股东	5400000 股，占当时公司总股本的 0. 2218%	大宗交易		9. 28

注：持股 5% 以上股东通过大宗交易减持无须提前公告。
资料来源：Wind 数据库、网宿科技公告。

此外，2019 年 10 月 17 日公司发公告称公司董事长、总经理刘成彦拟以其持有的公司股份不超过 24000000 股参与 ETF 基金份额认购。后因此类换购被滥用于上市公司股东减持行为而被监管层叫停，刘成彦终止本次换购。

从股价表现上来看，自 2018 年 11 月 1 日股东大会通过股份回购议案，至 2019 年 10 月 31 日回购到期终止，网宿科技股价上涨了 21. 5%，终止日股价

9.53 元，高于回购上限价格，同期创业板指数上涨 29.9%。

三、网宿科技股份回购动因分析

学术界对上市公司开展股份回购的动因有许多观点，李曜、何帅（2010）发现，尽管在理论上莫衷一是，但现实样本中上市公司大都宣称回购动因是公司价值被低估，而其中部分上市公司存在隐藏动因，甚至宣告的动因本身并不真实。因此，分析一家上市公司实施股份回购的动因，仅从其公告中可能并不能理解其真实目的，需要结合其实际回购情况及回购期间大股东、管理层、实际控制人的其他行为来分析。

在网宿科技案例中，具体分析其股份回购的可能动因包括：支撑股价，实施激励措施以及有掩护大股东、管理层减持行为之嫌。

（一）支撑股价

网宿科技本次股份回购的目的之一为支持公司股价。公司的回购预案称“近期公司股价表现偏弱，不能合理体现公司的实际经营状况”。我们确实可以看到，自 2018 年 4 月 2 日网宿科技股价达到每股 15.49 元的年内高点后一路下跌，于 2018 年 10 月 16 日达到年内最低点每股 6.90 元，股价遭遇“腰斩”。

市场常用市盈率（PE，公司市值/当期公司盈利）来衡量股价的估值水平。市盈率通道（PE－Band）可以展现一家公司过往一段时间股价对应市盈率倍数的分布情况，反映其股价估值水平在其自身历史过程中的位置高低。网宿科技 2014～2018 年市盈率通道显示，2018 年 10 月之后公司股价处于其近 5 年间的历史最低水平，接近 19.2 倍的市盈率，公司股价近 5 年市盈率中枢水平约为 45.4 倍，最高曾超过 71.7 倍（见图 2）。市净率、企业价值倍数等其他相对估值指标同样反映出类似结果。从这个角度来讲，公司认为其股价被市场低估确实存在一定的事实基础。

上市公司运用股份回购达到稳定或者抬升股价的做法在国外成熟市场屡见不鲜。上市公司通过股份回购支撑股价的方式有以下两种。

1. 向市场传递股价被低估的信号

根据信号传递理论，由于外部投资者和上市公司内部之间存在信息不对称，当上市公司股价下跌，低于其内在价值时，上市公司管理层通过股份回购，向市

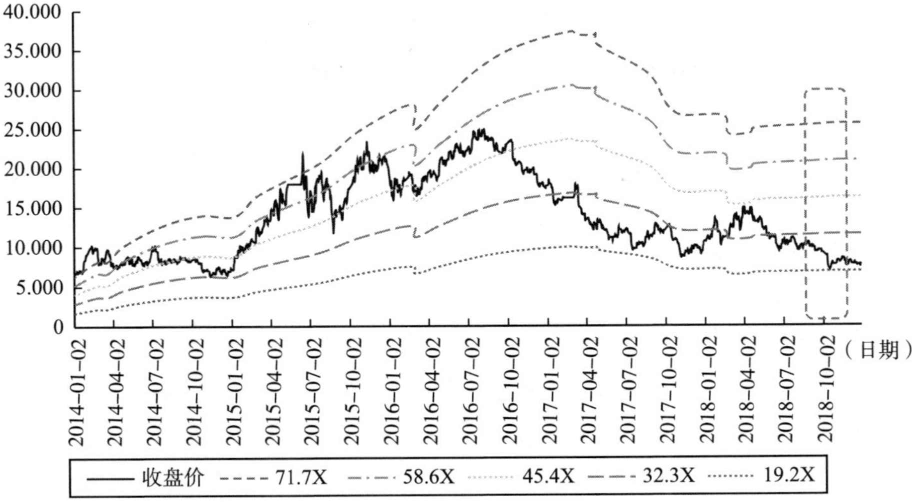

图2　网宿科技 2014～2018 年收盘价市盈率通道

注：市盈率采用过去 12 个月（TTM）盈利口径计算。
资料来源：Wind 数据库。

场传递未来业绩预期好转、股价被低估的信号，以重建市场信心，刺激资金流入，引导股价向公司合理内在价值回归，达到支撑、提升股价的目的。公司的回购方案中的回购价格上限，既是公司控制回购成本的手段，又是引导市场重估的价格标杆。梁丽珍（2006）的实证研究认为我国上市公司确实能通过股份回购传递信号，提升公司价值。

网宿科技是在深圳交易所创业板上市的，以网宿科技股价在公告日后第一个交易日的股价表现与创业板指的表现来看信号的影响。网宿科技于 2018 年 10 月 21 日公告了董事会关于股份回购的预案，公告日后的第一个交易日 2018 年 10 月 22 日，网宿科技股价上涨了 5.98%，同日创业板指上涨 5.21%，超额回报 0.77%；股份回购议案于 2018 年 11 月 1 日获得公司股东大会审议通过，下一个交易日 2018 年 11 月 2 日，网宿科技股价上涨 4.58%，同日创业板指上涨 4.82%，超额回报 -0.24%。公司最初公告股份回购方案确实使股价有所反应，股东大会通过议案的信息则没有带来超额收益。以最初公告日为起点，观察之后一段时间内网宿科技的股价和创业板指的表现情况，网宿科技股价短期内战胜指数，但并未能够持续优于指数表现（见表 2）。

表 2　　网宿科技回购方案公告后一段时间内的股价表现

项目	1 天	7 天	1 月	3 月
网宿科技	5.98%	2.52%	6.91%	5.05%
创业板指	5.20%	0.05%	8.32%	0.19%
超额回报	0.77%	2.48%	-1.42%	4.86%

资料来源：Wind 数据库。

股份回购传递信号并不一定会推升股价，市场环境、投资者专业程度、流动性水平等各种因素都会对股份回购的效果造成影响。汇总 2011 年以来 A 股市场上市公司公告的董事会回购预案，只考虑公告信息传递的影响而不考虑后续回购实际实施情况，可以看到在 2015 年、2018 年市场大幅下跌期间出现大量上市公司试图通过股份回购救市，但巨额的回购规模公告出来后并未明显改变市场下行趋势（见图 3）。光大证券基于 2008 ~ 2018 年 A 股股份回购的研究结果支持这一观点，A 股股份回购在短期内有稳定股价的作用，但更长期限内未能扭转股价的下行趋势。①

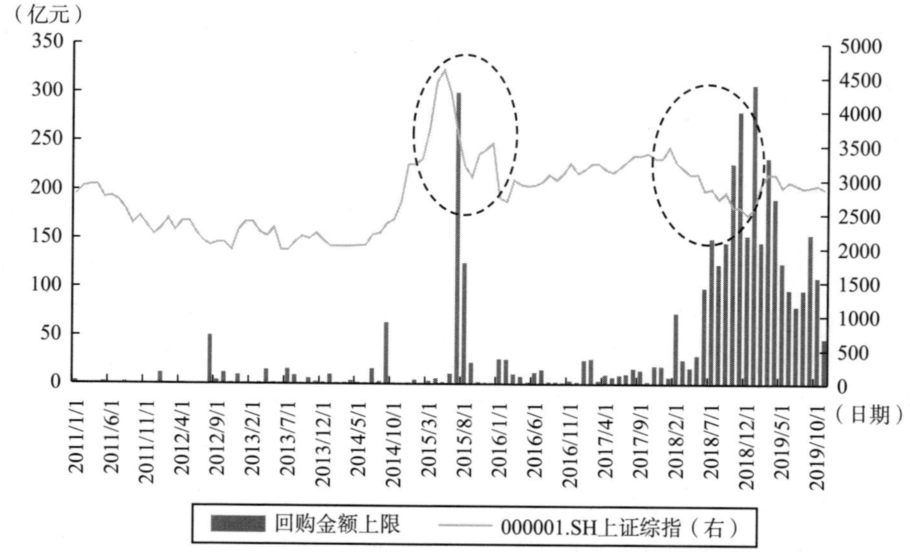

图 3　2011 ~ 2019 年 11 月上证综指走势与回购预案金额

资料来源：Wind 数据库。

① 谢超，李瑾．对于支撑股价，A 股回购有用吗？——中美股份回购比较研究［R］．光大证券．

2. 改善财务指标

上市公司回购股份后将回购的股份转为库存股用于股权激励或注销，反映到报表层面会减少自由流通股股本，提高每股收益（EPS）和净资产收益率（ROE）等反映公司盈利能力的指标。每股收益等盈利指标的提高能够支撑股价上涨，提高股东的持股收益。部分公司管理层的考核指标和公司的盈利指标挂钩，使管理层更有动力推动股份回购。

网宿科技将回购股份存放于公司回购专用证券账户，该账户内的股票不享有股东大会表决权、利润分配、公积金转增股本、配股、质押等权利。因此，无论回购的股票注销与否，只要公司开展回购都会使回购后网宿科技的股东的每股收益增加，盈利指标上升，进而支撑股价。由于回购股份不参与利润分配，具有提升每股收益、支撑股价的效果，我国交易所在最新的股份回购实施细则中将股份回购所花费现金视同现金分红。同时，由于我国对资本利得不征税，对股息收入征税，对股东来说以股份回购的方式分配利益相对现金分红具有一定的税收优势。

（二）实施激励

许多上市公司通过实施股权激励计划或员工持股计划来激励公司管理层及核心员工，将管理层及核心员工的个人利益与公司经营发展目标及股东利益挂钩。如以增发形式生成拟授予股票，会造成原有股东的股权稀释，公司通过股份回购的方式获取股票来实施激励则可以避免这一问题。国内外一些研究结合委托—代理理论将这一目的总结委托代理动因，同类的回购目的还包括提高股权集中度、反收购等。干胜道、林敏（2010）阐述了股份回购影响企业价值的四条路径，认为股份回购会通过降低代理成本从而提升公司价值。

网宿科技初始股份回购方案中回购股份用途未明确，包括实施股权激励计划、员工持股计划或注销股票以减少公司注册资本，后因 2018 年监管出台新政要求确定回购股份的用途，公司董事会后续确认回购股份全部用于实施股权激励计划或员工持股计划。但值得注意的是，从 2018 年至 2019 年 11 月股份回购到期，公司董事会并未提出新的股权激励计划或员工持股计划方案，而公司 2014 ~ 2017 年每年都实施新的激励计划，且本次回购最终完成金额仅为 6500 万元，回购 812 万股，远小于 2014 ~ 2017 年每年的激励计划规模。综上所述，再考虑到回购方案中最初的回购股份用途不是唯一确定于股权激励，推测网宿科技本次回购的动因更加倾向于支撑股价。

（三）存在配合股东、管理层减持之嫌

上市公司大股东、管理层减持套现常被市场解读为大股东、管理层对公司前景和价值信心不足，导致股价下跌，进而影响后续减持套现。公司的大股东对公司具有更大的影响，可能通过施加影响使公司采取偏好大股东利益的行为；公司管理层管控公司具体运营并掌握内部信息，可能因信息优势获取更多利益。通过促成公司实施股份回购，大股东和管理层可以缓解外界对公司价值的质疑，为减持套现提供掩护。

网宿科技本次股份回购期间，第一、第二大股东及公司四名副总经理、公司证券事务代表进行了减持，合计减持5433万股，约占公司总股本2.2%。减持金额约4.77亿元，超过了股份回购方案中的回购金额上限4亿元，减持明细详见表1。股东和管理层一方面表示对公司前景的信心，一方面大额减持套现，公司回购未按计划完成，股东和高管却实实在在减持了，一时间引起市场不少争议。

从事后来看，网宿科技股东、高管减持早有预兆。2018年7月16日，网宿科技实际控制人陈宝珍、刘成彦发声明称，双方签署的《一致行动人协议》于2018年7月16日到期即自动终止，不再续签，双方解除一致行动关系。公司自此无控股股东、实际控制人。这一特殊的举措被市场猜测为网宿科技大股东退出的前兆。2019年6月6日，网宿科技公告称大股东陈宝珍、刘成彦与广西投资集团有限公司（以下简称“广投集团”）签署了《股份转让框架协议》，拟向广投集团转让公司合计12%的股份，如转让完成，广投集团将成为公司第一大股东，可能取得公司的控制权。这份公告验证了市场之前的猜测，而大股东解除一致行动关系、减持股份等举动均有可能是为新的控股股东入局扫清障碍。如果大股东退出早有计划，网宿科技抛出股份回购方案的时间和目的就有些耐人寻味了。

管理层将持股变现本是十分正常的行为，但管理层集体减持则显得有些异常，而公司财务总监又在减持几个月后离职，这很容易让投资人对公司经营状况产生怀疑。事后来看网宿科技的真实业务状况，网宿科技2019年3季度报告显示公司1～3季度营业收入同比小幅下滑1.34%，1～3季度扣除非经常性损益后的净利润同比大幅下滑了82.98%，公司传统的主业CDN业务遭到阿里等竞争对手的挤占，而边缘计算业务未能如愿突破成为公司支柱业务。这样的经营表现显然与股份回购方案中董事会所称对公司有信心不匹配。结合大股东股权退出的一系列操作和公司经营面临的挑战，不难理解为何管理层在2019年一季度公司股票刚完成5连板、最受市场热捧的时点集体抛出减持计划。而无论是否有预谋，

公司本次股份回购都难免有配合大股东、管理层减持之嫌。

（四）未完成回购计划的原因分析

网宿科技本次股份回购计划回购 2 亿 ~4 亿元，最终完成回购 6500 万元，完成率不足回购金额下限的 1/3。网宿科技并不是孤例，同期推出股份回购计划的其他上市公司也有不少未按计划足额完成回购。以网宿科技为例分析，造成这一现象的原因大致有以下三点。

1. 价格限制和回购日期限制等客观因素

网宿科技的股价在回购期间经历了市场从熊市转为牛市的过程。2019 年初市场进入快牛行情，网宿科技的股价 2 月初启动了上涨行情，导致自 2019 年 2 月下旬至 2019 年 10 月 31 日回购期结束，公司股价一直处于回购价格上方（见图 4）。整个回购期间共 245 个交易日，只有前 75 个交易日的收盘价低于回购价格。此外，根据交易所的相关要求，上市公司在业绩公告前 10 个交易日内，重大事项发生、决策日至披露后两个交易日期间不得回购股份。综合考量，实际满足回购股份条件的交易日只有前 75 天中的 58 天，在网宿科技开展第一次回购后只剩 4 个交易日的时间窗口。这种情况下，如管理层不采取低于回购价即买入托底的策略，则较大可能在整个回购期内无法完成回购计划。

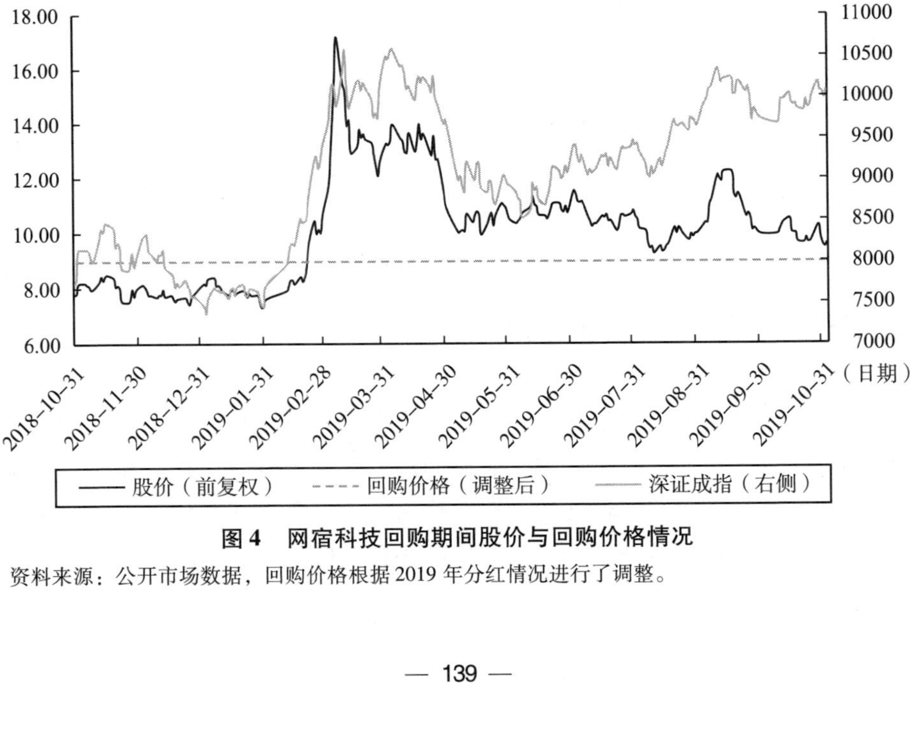

图 4　网宿科技回购期间股价与回购价格情况

资料来源：公开市场数据，回购价格根据 2019 年分红情况进行了调整。

2. 信号传递完成

根据信号传递理论，管理层通过发布股份回购的信息，向市场传递对公司未来业绩好转的信心和股价被低估的信号。而当市场接收信号、股价出现反应后，公司管理层目的已经达到，因此就没有必要再继续回购了。

A 股市场上曾见一些“忽悠式”回购，上市公司公告回购方案后再变更回购方案，最终回购金额远小于计划金额，公司实际回购意愿不高，大股东、管理层的目的存在机会主义，更加倾向于试图通过股份回购的公告吸引投资者投资来拉升股价。杜炳昕（2016）分析了 A 股上市公司回购执行情况，提出了回购积极性指标用于衡量上市公司在有限交易日内开展回购的积极程度，定义为：

$$回购积极性=\frac{实际回购金额与公告最高金额的比值}{满足回购条件天数与总回购天数的比值}$$

这一指标考虑了股价约束、监管约束对回购操作的影响，相对单纯比较实际回购金额与计划回购金额更能体现出公司在回购股份上的主观意愿。网宿科技的回购积极性数值为 0.686，回购积极性不高，存在一定机会主义之嫌。

3. 自由现金流不足

股份回购需要占用公司现金，对公司现金流造成压力。从可持续经营的角度来讲，公司的股权自由现金流应大于回购金额上限以确保完成股份回购不影响公司的经营、偿债和必要的资本支出。

从报表数据来看，2018 年末网宿科技的现金资产高达 23.2 亿元，足以支付最高的 4 亿元的股份回购款项，但其股权自由现金流却只有 -9.9 亿元，远不足以覆盖股份回购所需现金。截至 2019 年 3 季度末，网宿科技的资金状况未发生改善，现金类资产 13.8 亿元，股权自由现金流量为 -20.5 亿元，虽然公司所持现金仍然足以支付股份回购价款，但从持续经营的角度来讲不适宜开展股份回购。

四、网宿科技回购中存在的问题

股份回购由公司管理层发起，并由公司管理层具体执行，中小投资者对回购过程中的影响较小。在实际操作中，股份回购容易被管理层、大股东滥用，成为谋利或套现的工具。以网宿科技的本次回购为例，结合近期其他上市公司股份回购案例中出现的问题，总结当前我国股份回购存在以下三点问题。

（一）监管制度有完善空间，回购工具可能被滥用

我国在股份回购方面的监管政策已经过多次完善修订，但随着监管政策的市场化程度大幅度提高，放松管制支持上市公司回购股份的同时，也难免出现可能被利用的漏洞，且随着回购业务迅猛发展，政策的更新存在一定的滞后性。

在2018年出台的《深圳证券交易所上市公司回购股份实施细则》中，一大亮点就是明确了回购期间的减持限制：深交所要求对于以“维护公司价值及股东权益所必需的”股份回购，上市公司的“董监高”及控股股东、实际控制人等不得在回购期间减持所持股份；对于其他目的的股份回购，在回购方案中需披露“董监高”及控股股东、实际控制人在回购期内的增减持计划及持股5%以上股东在未来6个月内的增减持计划（如适用）。这项举措无疑对减少内幕交易、保护中小投资者权益来说是一大进步，限制了大股东、管理层等以股份回购掩饰减持套现行为的可能。但当前政策同时拓展了回购用途，上市公司大股东、管理层、实控人仍可以利用以股权激励或持股计划为目的的股份回购来掩护其减持行为，如网宿科技本次回购期间出现的大股东、管理层集体减持。并且，由于对上市公司未完成回购的理由难以明确界定其合理性，且目前对于不按计划完成股份回购的上市公司、相关人员没有实质惩罚措施，可能出现股份回购未完成而大股东、管理层已减持完成的假回购、真减持情形。此外，新的实施细则为了支持上市公司开展股份回购，允许上市公司以公司章程的形式或股东大会授权的形式将股权回购方案的决策权下放至董事会，在极端情形下中小股东将难以对具体的回购方案表达意见。

《关于支持上市公司回购股份的意见》和《上市公司回购股份实施细则》中允许上市公司回购股份用于转换上市公司发行的可转债，同时也允许上市公司运用自筹资金开展股票回购。政策本意应为支持上市公司开展股份回购、拓宽回购股份用途和减少资金压力，但却创造出了上市公司空手套现的机会。上市公司发债在前而回购在后，如果回购价格低于可转债的转股价格，上市公司即可通过转债募集的资金进行股份回购，从回购价与转股价之间的差价中盈利，而如果公司股价大幅上涨高出转股价，上市公司又未必会高价回购股份承担价格亏损。2019年有多家上市公司在发行可转债的预案中将回购股份列入募资用途，引起了市场争议。其中部分公司后续以股价上涨或为了加快可转债发行审批为理由，修订了发行可转债预案，删除了回购股份的募资用途。

（二）大股东决策权过重，中小股东参与不足

不少中小股东因投资规模小、缺乏对公司深入了解、专业能力不足等原因，对参与公司管理决策的热情不高，而又因为股份回购一般被认为是支撑、抬升股价的措施，中小股东作为受益方缺少仔细研究回购方案具体细节的动力，可能最终导致上市公司大股东在股份回购的决策过程中主导权太重。此外，上市公司的内部决策体系、内部控制体系设置不当也可能导致中小股东在股份回购的决策过程中缺乏表达意见的机会。

以网宿科技为例，本次股份回购其决策流程为：形成预案—董事会审批—股东大会审批。整理网宿科技发出的公告发现，股份回购的决策流程耗时很短，公司董事会为审议股份回购议题召开紧急会议，从发出会议通知到董事会开会决策仅有两天时间，而董事会通过议题日期距离股东大会审议仅有 10 天，这其中留给中小股东的反应时间较短。网宿科技股东大会审议本次回购事项的会议上中小股东的参与度也很低，股东大会出席股东及股东代理人代表了有表决权股份总数的 31. 8411%，其中除公司“董监高”外，出席的小股东或代理人仅代表有表决权股份总数的 3. 7819%，无法对议题的通过与否产生实质影响。

（三）信息披露有待加强，回购价格定价不透明

回购价格是股份回购的重要指标，是引导市场重新估值的基准，决定了回购股份数额，关系着回购计划能否完成，对于要约方式的回购尤其重要。理论上，回购价格区间应由股东在一定价格评估基础上协商确定。但在实际操作中，中小股东在股份回购的决策流程中一般参与度不高，回购价格区间在董事会环节或更靠前的环节已经实质确定。此外，回购价格确定的细节和底稿不属于上市公司必须披露的内容，开展流通股回购的 A 股上市公司不会披露其定价细节，对于投资者来说缺乏对价格合理性的判断基础。

网宿科技股份回购案例中，公司发起回购议案前其股价位于市盈率通道的历史低位，反映其相对估值水平处于自身历史低点。但股价下跌、市盈率位于历史低点不必然等于公司股价被低估。当公司基本面恶化，公司内在价值降低，市场也会降低对公司的估值中枢，导致历史市盈率水平不再具有参考意义。投资者需要了解决定公司内在价值的因素，或是管理层用于评估公司内在价值的参数，即公司未来预期回报及公司综合融资成本等，但这些信息往往不会披露。

2019 年 A 股市场上涨，导致多家上市公司未按计划完成股份回购，也暴露了

另一方面的信息披露问题，即上市公司因外部客观情况发生变化导致不能履行回购承诺，未及时披露原因及拟采取措施，而仅仅是在回购期限到期后披露回购结果。

五、结论与建议

（一）结论

通过对网宿科技股份回购案例的分析，本文发现网宿科技股份回购的动因并不单一，其确实存在支撑股价、实施激励的目的，但隐含为大股东、管理层减持套现提供掩护的动机。在当前政策下，利用股份回购为上市公司实际控制人、大股东、管理层套现提供便利的行为受到限制，但制度套利空间仍然存在。在内部控制体系、信息披露等方面，上市公司也有改进空间。

（二）建议

1. 持续完善法律法规和监管政策

针对目前出现的利用以实施股权激励计划、员工持股计划为目的的股份回购，为大股东、管理层、实际控制人减持套现提供便利的问题，建议加强监管要求，可以要求在股份回购方案中披露前述人员在整个股份回购期间的增减持计划，或限制其自公司首次披露股份回购事项一段时间内增减持股份。

对上市公司利用发行可转债为股份回购募资的行为，建议要求可转债的转股价格与回购价格的偏离程度在一定范围内，避免套利行为发生。

此外，政策制定表应持续跟进新出现的问题，及时对监管制度进行优化完善。

2. 落实惩罚机制

对未按公告方案完成股份回购计划的，且无法提供正当理由的上市公司，建议追究其实际控制人、董事会、管理层相应责任，严格落实对相关人员的惩罚措施，提高其违规成本。回购股份未按公告方案注销、转股、实施激励计划的，建议要求其提供正当理由，并对无法提供正当理由的上市公司的实际控制人、董事会、管理层严格处罚。

对于未在公告方案中披露在回购期间减持计划，而后续违规减持的机构、人员，也应对其严格处罚。

3. 加强信息披露

当前政策对于回购股份方案的内容已有要求，包括披露上市公司董事、监事、高级管理人员、控股股东、实际控制人在董事会做出回购股份决议前6个月内买卖，持股5%以上股东未来6个月内的增减持计划，建议进一步增加董事、监事、高级管理人员未来6个月内的增减持计划的披露要求。此外，建议要求批露回购价格的定价依据，并要求独立董事对回购价格的合理性出具意见。

从财务投资者的角度来，建议投资者积极参与决策，履行股东权利和义务，关注上市公司的各项披露事项，并推动上市公司建立完善的内部控制体系，加强内部制约，减少利益输送的可能性，保护自身权益不被损害。

参考文献

[1] 干胜道，林敏．论股票回购影响企业价值的路径［J］．财经科学，2010（1）：77－81.

[2] 贺坤丽．高派现上市公司的股票回购行为分析［J］．财会通讯，2019（7）：55－58.

[3] 李曜，何帅．上市公司公开市场股份回购宣告动因的真与假——基于公司财务与市场识别的研究［J］．经济管理，2010（5）：103－112.

[4] 梁丽珍．上市公司股票回购的公告效应及动因分析［J］．经济与管理研究，2006（12）.

[5] 吕兆德，杜炳昕．公开市场股票回购：信息传递还是机会主义［J］．财会月刊，2016，763（15）：26－31.

[6] 莫言，孙睿．股票回购信号假说的文献综述［J］．现代管理科学，2019，313（4）：81－83.

[7] 网宿科技公司2018年7月～2019年11月期间的公告。

新三板新股发行定价模型：技术创新与尾部风险的因素验证

张群姿

一、引言

极端的市场条件下的股票收益可以分为系统性与非系统性两个部分。其中系统性收益与股票所处的市场有关，可以定义为与单个公司、所处行业或整个经济体系的正常运行相关的风险，往往与基本经济因素、市场宏观经济状况相关，通过传导机制从不健康的机构传播到相对健康的机构。它是市场体系中固有的，是不可避免的风险。非系统性收益与股票自身性质相关，往往是因为个体的经营管理、市场供求变化、行业结构调整等因素导致某种或几种股票下跌。

所谓尾部是指钟形曲线表示概率密度曲线的末端部分，表示被测量事件的概率水平，左右两侧的尾部就表示最不可能发生的事件。在证券投资中，钟形曲线可用于表示在特定时间段内不同投资回报的可能性，平均预期回报靠近中心位置，越往两边概率越低，极端回报率向边缘更细。一般实际证券投资中该分布曲线的尾部较正态分布左偏厚尾性更明显，即产生极端负收益的可能性比正态分布的负极端概率更大。尾部风险就是发生极端负收益的风险事件，当投资收益偏离均值大于 3 倍标准差时，尾部风险显现，它也是一种证券投资组合风险。

从估算尾部风险的构建技术角度看，目前现有的估测方式存在较大的差异，主要分为无模型尾部风险指标和模型尾部风险指标构建两种。众多学者运用各种模型对尾部风险进行测量，对尾部特征进行描述，各种研究涉及许多不同的模型，有参数模型、半参数模型和非参数模型，涉及正态分布假设、广义误差分布假设等不同的分布，运用各式各样的方法对不同的尾部风险进行测量。

针对左尾风险的计量，常采用的指标为单一类型的识别指标，如暴跌风险哑变量、偏度、条件波动率和波动率偏斜。其中最具代表性且应用最为广泛的就是偏度。克劳斯和李岑伯格（Kraus & Litzenberger，1976）、哈维和斯蒂克（Harvey & Siddique，2000）分别在理论模型和实证研究中强调了偏度在资产定价和投资组合决策中的重要性。因为小概率巨额收益（损失）越大，则资产收益分布的右侧（左侧）尾端越大，因此该特征分布被称为“收益正（负）偏性”。在个股资产定价方面，研究者发现系统性偏度（Kraus & Litzenberger，1976；Harvey & Siddique，2000），特质性偏度（Boyer et al.，2009；Bali & Murray，2013；Boyer & Vorkink，2014；Amaya et al.，2015；Byun & Kim，2016）和风险中性偏度（Bakshi et al.，2003；Neuberger，2012；Kozhan et al.，2013；Conrad et al.，2013；Chang et al.，2013）都会对未来个股价格产生显著的影响。

实证分析表明，尾部风险与新三板股票收益率总体呈显著负相关关系，即尾部风险越大，股票收益率越低。另外对影响尾部风险的因素进行挖掘，得出结论为创新研发投入与股票尾部风险呈显著负相关关系，即创新研发投入越高，尾部风险越小。我们对以上假设进行多角度的稳健性检验，包括分高低研投、分生命周期、分挂牌状态几种角度，发现结论依然稳健。因此本文认为，尾部风险与创新研发投入是新三板股票的重要估值要素。

二、尾部风险估值因子

首先选取用于尾部风险估值模型的因子，主要为负偏度系数、年对数收益率、年收益率指标、公司规模、现金流动性指标、总资产周转率、资产负债率、换手率；创新研发投入选取研发支出占营业收入比例为指标［资料来源于 Wind 数据库和国泰安数据库（CSMAR）数据库，并对空值进行了剔除］。

选取 2015～2018 年全部交易日为历史统计窗口长度，2015 年后在新三板挂牌的企业，以其挂牌日至 2018 年最后一个交易日作为统计区间。具体变量名称及其含义如表 1 所示。

表 1　　变量名称及含义

符号	含义与计算方法
RETURN	年度对数收益率，由日对数收益率加总得出
RSKEW	负偏度系数，具体计算式见 1. 1
RESRATIO	研发支出占营业收入比例，其值为定期报告公布值，如无公布，则使用研发支出合计与营业收入之比计算

续表

符号	含义与计算方法
SIZE	公司规模，公司资产的自然对数
LIQ	现金流动性指标，经营活动净现金流之和营业收入之和的比值
ATO	总资产周转率，为营业总收入与期初资产总计和期末资产总计平均值之比
LEV	资产负债率，为负债各项目合计与资产各项目总计之比
TURNOVER	换手率，证券在指定交易日内转手买卖的频率，成交量（手）的一百倍与截至该日股票的流通股总股数（股）的百分数之比
AGE	公司年龄，为本年（2019）与成立年份之差
TOP10	截至指定日期，上市公司持股比例排名前十位股东持股数占公司总股本的比例

其中，年度对数收益率由日对数收益率加总得出，尾部风险指标参考徐（Xu，2007），陈、洪、施坦（Chen，Hong & Stein，2001），的方法，采用个股年偏度取负值计算，具体公式（1）为：

$$RSKEW_{i,t} = -\frac{Q_{i,t}(Q_{i,t}-1)^{\frac{3}{2}}\sum_{d=1}^{Q_{i,t}}(R_{i,d}-\bar{R}_i)^3}{(Q_{i,t}-1)(Q_{i,t}-2)(\sum_{d=1}^{Q_{i,t}}(R_{i,d}-\bar{R}_i)^2)^{\frac{3}{2}}} \quad (1)$$

其中，$\bar{R}_i = \frac{1}{T}\sum_{d=1}^{T}R_{i,d}$，$Q_{i,t}$为第 i 只新三板股票在第 t 年的交易日数量，$R_{i,d}$为股票 i 在第 d 个交易日的对数收益率。以此求出个股在观测期（4 年）内的平均收益率 $\bar{R}_i$，进而使用平均收益率与每日收益率求出个股每年的偏度。

借鉴哈顿等（Hutton et al.，2009）、吉姆等（Kim et al.，2011a）和许年行等（2012，2013）的研究，本文采用了 RETURN、RSKEW、RESRATIO、SIZE、LIQ、ATO、LEV、TURNOVER、AGE、TOP10 作为控制变量。控制变量中，研发支出占营业收入比例选用 Wind 指标“研发支出总额占营业收入比例”定期报告公布值，如无公布，则使用研发支出合计与营业收入之比计算；其中研发支出为本期费用化研发支出与本期资本化研发支出之和，营业收入中不含折扣折让部分。公司规模选用 Wind 指标“资产总计”，并对其取自然对数。其中资产总计的定义为资产各项目之总计。经营性现金流与营业收入之比选用 Wind 指标“经营性现金净流量/营业总收入”，该指数为成份股经营活动净现金流之和与成份股营业收入之和的比值。总资产周转率选用 Wind 指标“总资产周转率”，该指标算法为营业总收入与期初资产总计和期末资产总计平均值之比。资产负债率选用 Wind

指标“资产负债率”，为负债各项目合计与资产各项目总计之比。换手率即证券在指定交易日内转手买卖的频率，也称买卖周转率，其算法为指定交易日成交量（手）的一百倍与截至该日股票的流通股总股数（股）的百分数之比，其中，流通股本以股份上市日作为变动日期。公司年龄选用 Wind 指标“成立日期”，算法为本年（2019）与成立年份之差。代理问题选用大股东持股比例来衡量，选用指标“TOP10”，算法为截至指定日期，上市公司持股比例排名前十位股东持股数占公司总股本的比例。

对选取的变量进行描述性统计，首先对全部企业的主要变量进行描述性统计，其结果如表 2 所示。

表 2　　全部企业主要变量的描述性统计

变量	观测值数	均值	标准差	最小值	最大值
RETURN	12001	0. 137	1. 038	-7. 948	8. 666
RSKEW	11975	3. 357	7. 788	-15. 62	15. 621
RESRATIO	32009	0. 463	24. 121	-20. 071	3213. 934
SIZE	47027	18. 319	1. 243	9. 88	26. 306
LIQ	46882	-2. 888	211. 881	-35800	2031. 15
ATO	46936	1. 04	1. 068	-0. 211	50. 889
LEV	46954	0. 444	1. 878	0	343. 169
TURNOVER	18193	5. 911	13. 371	0	269. 448
AGE	52444	13. 415	5. 111	3	61
TOP10	32699	0. 83	0. 202	0. 184	1

资料来源：CSMAR 数据库、Wind 数据库。

由表 2 可得，新三板企业收益率均值为 0. 137，其尾部风险标准差为 7. 788，研发支出占营业收入比例标准差为 24. 121，说明新三板企业的尾部风险和研发支出占比个体差异较大。

由于挂牌企业、转板企业和终止挂牌企业的企业特征有较大不同，本文将新三板股票企业分为挂牌企业、转板企业和终止挂牌企业（不含转板企业）三部分，并分别对三部分企业进行描述性统计，其结果如表 3、表 4、表 5 所示。

表 3　　挂牌企业主要变量的描述性统计

变量	观测值数	均值	标准差	最小值	最大值
RETURN	9309	0. 112	1. 018	-5. 412	8. 666
RSKEW	9281	3. 153	7. 689	-15. 62	15. 621
RESRATIO	23798	0. 545	27. 89	-20. 071	3213. 934
SIZE	36023	18. 264	1. 241	9. 88	26. 306
LIQ	35945	-3. 678	241. 892	-35800	2031. 15
ATO	35999	1. 021	1. 025	-0. 211	50. 889
LEV	36011	0. 439	2. 137	0	343. 169
TURNOVER	13638	5. 316	12. 49	0	200. 24
AGE	36472	13. 523	5. 13	3	54

表 4　　转板企业主要变量的描述性统计

变量	观测值数	均值	标准差	最小值	最大值
RETURN	113	0. 388	1. 221	-7. 948	4. 820
RSKEW	114	4. 729	7. 194	-15. 517	15. 620
RESRATIO	360	0. 056	0. 048	0. 001	0. 400
SIZE	407	20. 26	1. 125	17. 093	24. 482
LIQ	405	0. 116	0. 245	-2. 403	1. 221
ATO	405	0. 969	0. 595	0. 030	5. 026
LEV	405	0. 404	0. 171	0. 040	0. 956
TURNOVER	173	6. 395	11. 901	0. 004	78. 256
AGE	468	15. 923	7. 061	6	61

表 5　　终止挂牌企业主要变量的描述性统计

变量	观测值数	均值	标准差	最小值	最大值
RETURN	2572	0. 215	1. 096	-6. 348	7. 244
RSKEW	2574	4. 031	8. 105	-15. 620	15. 620
RESRATIO	7851	0. 233	3. 781	-3. 346	247. 600
SIZE	10597	18. 43	1. 183	12. 606	24. 434

续表

变量	观测值数	均值	标准差	最小值	最大值
LIQ	10532	-0.307	11.567	-1019.440	13.230
ATO	10532	1.110	1.214	-0.048	35.409
LEV	10538	0.465	0.341	0.001	21.220
TURNOVER	4371	7.743	15.719	0	269.448
AGE	15488	13.085	4.962	5	40

由表3、表4、表5可得，挂牌企业的平均研发支出占比为0.545，为三类企业中占比最高，而转板企业的平均研发支出占比最低，仅为0.056。转板企业的平均收益率为0.388，为三类企业中最高，挂牌企业平均收益率为三类企业中最低，为0.112。其中由于转板企业尾部风险观测指数较少，平均值不能很好地描述转板企业尾部风险情况，因此选取中位数来描述三种类型企业尾部风险，其结果如表6所示。

表6　　分企业类型尾部风险中位数

企业类型	中位数
挂牌企业	2.431
转板企业	4.129
终止挂牌企业	4.309

由中位数结果可见，终止挂牌企业尾部风险最高，挂牌企业尾部风险明显低于其他两类企业。由此可得尾部风险对新三板企业股票的存续能少力有较为明显的影响，因此我们选取尾部风险作为解释变量来研究其对收益率影响。

三、尾部风险估值模型

（一）模型设置与检验

建立估值模型之前，首先对各个变量之间相关系数进行统计，避免因变量间多重共线性造成模型失效（见表7）。

表 7　　相关系数

Variables	RSKEW	SIZE	LIQUIDITY	ATO	LEV	TURNOVER	AGE
RSKEW	1.000						
SIZE	-0.048	1.000					
LIQUIDITY	0.024	0.010	1.000				
ATO	0.032	-0.049	0.017	1.000			
LEV	0.004	0.150	0.025	0.093	1.000		
TURNOVER	0.121	-0.147	-0.017	0.038	0.009	1.000	
AGE	-0.029	0.207	0.013	-0.084	0.034	-0.069	1.000

进一步选取变量展开多重共线性检验，由于新三板交易不频繁，且每年常有企业退市，样本存在一定数据缺失问题，但不影响进一步分析。选取模型变量进行 VIF 检验（见表 8）。

表 8　　模型的 VIF 检验结果

变量	VIF	1/VIF
L. TURNOVER	1.042	0.960
L. RSKEW	1.026	0.975
L. SIZE	1.024	0.977
L. ATO	1.012	0.988
L. LEV	1.003	0.997
L. LIQUIDITY	1.002	0.998
Mean VIF	1.018	

由表 8 可得 VIF 的值普遍较小，各变量之间不存在多重共线性。因而可以使用以上变量对 RETURN 进行回归。

另外，对变量进行自相关检验，其 P 值为 0.0288，认为存在自相关。进行异方差检验后，P 值为 0，其结果表明显著存在异方差。

（二）对所有新三板企业的研究

使用面板数据对所有新三板企业的尾部风险进行研究，为减少自相关和异方差问题，使用聚类稳健标准误方法进行回归，建立模型为：

$$RETURN_t = \alpha + \beta RSKEW_{t-1} + \varepsilon_t \qquad (2)$$

$$RETURN_t = \alpha + \beta RSKEW_{t-1} + \gamma ControlVariables_{t-1} + \varepsilon_t \qquad (3)$$

其中，RETURN 为股票收益率，RSKEW 为尾部风险，Control Variables 为一组控制变量，由 SIZE，LIQ，ATO，LEV 和 TURNOVER 组成。公式（2）的目的是检验崩盘风险自身对收益率的影响，公式（3）的目的则是在加入控制变量后得出最终模型。

为减少回归偏差，以下使用聚类稳健标准误对模型进行回归。其中，（1）为根据公式（2）仅使用 RSKEW 进行回归的结果，（2）为根据公式（3）使用所有变量的回归结果。

表 9　股票收益率与尾部风险及相关变量的回归分析结果

变量	(1) RETURN	(2) RETURN
L. RSKEW	-0.014*** (0.003)	-0.019*** (0.003)
L. SIZE		-0.304*** (0.093)
L. LIQUIDITY		0.000 (0.000)
L. ATO		0.108* (0.061)
L. LEV		0.021*** (0.002)
L. TURNOVER		0.014*** (0.003)
_CONS	-0.151*** (0.010)	5.449*** (1.779)
Obs.	6080	5938
R - squared	0.014	0.060

注：括号中数值为标准差。*** 代表 $p<0.01$，** 代表 $p<0.05$，* 代表 $p<0.1$。

由表9可知，RSKEW与收益率之间为负相关，且在模型1和模型2均在99%置信度上保持显著，这说明RSKEW解释新三板股票收益率的能力较强，即尾部风险越高，股票收益率越低。验证了假设H1：新三板股票的尾部风险将显著降低股票收益率。

（三）区分行业的研究

由于各个行业风险特征存在不同，需区分不同行业检验尾部风险对收益率的影响。本文按照证监会行业分类（见表10）区分新三板各上市公司行业，剔除无法区分的综合类行业（S）及观测值较少的住宿和餐饮业（H），居民服务、修理和其他服务业（O）与卫生和社会工作（Q）。按不同行业加入控制变量进行回归分析，得到结果如表11所示。

表10　　　　证监会行业分类及对应代码

代码	含义
A	农、林、牧、副、渔业
B	采矿业
C	制造业
D	电力、热力、燃气及水生产和供应业
E	建筑业
F	批发和零售业
G	交通运输、仓储和邮政业
H	住宿和餐饮业
I	信息传输、软件和信息技术服务业
J	金融业
K	房地产业
L	租赁和商务服务业
M	科学研究和技术服务业
N	水利、环境和公共设施管理业
O	居民服务、修理和其他服务业
P	教育
Q	卫生和社会工作
R	文化、体育和娱乐业
S	综合

表 11　　分行业回归结果

变量	(A) RETURN	(B) RETURN	(C) RETURN	(D) RETURN	(E) RETURN	(F) RETURN	(G) RETURN	(I) RETURN
L. RSKEW	-0.051*** (0.016)	-0.030 (0.026)	-0.016*** (0.004)	-0.051* (0.030)	-0.04*** (0.013)	-0.014 (0.013)	-0.049** (0.022)	-0.018*** (0.005)
L. SIZE	-1.073* (0.576)	-2.249* (1.099)	-0.164 (0.124)	-3.309** (1.328)	-1.216** (0.537)	-0.939 (0.645)	1.097 (0.705)	-0.4*** (0.141)
L. LIQUIDITY	-0.030 (0.029)	0.019 (0.099)	0.001** 0.000	0.408*** (0.130)	-0.050 (0.044)	0.021** (0.010)	-0.386* (0.223)	0.006 (0.013)
L. ATO	-0.037 (1.539)	-0.544 (1.364)	0.511*** (0.152)	1.371 (1.900)	0.783* (0.418)	-0.209* (0.110)	-0.298** (0.112)	0.018 (0.025)
L. LEV	1.98* (1.182)	-3.833 (4.552)	0.178 (0.342)	5.175 (8.895)	3.689 (2.391)	1.269 (0.975)	-1.197 (1.261)	-0.223 (0.389)
L. TURNOVER	0.019 (0.013)	0.044 (0.051)	0.006* (0.004)	-0.063 (0.089)	-0.026 (0.023)	0.000 (0.009)	0.054 (0.040)	0.016*** (0.006)
_CONS	20.187 (12.384)	44.229* (21.599)	2.518 (2.341)	61.906*** (22.386)	21.421** (9.556)	17.363 (12.285)	-20.421 (13.366)	7.216*** (2.608)
Obs.	148	29	3056	44	206	205	68	1319
R - squared	0.264	0.34	0.037	0.349	0.192	0.105	0.319	0.083

变量	(J) RETURN	(K) RETURN	(L) RETURN	(M) RETURN	(N) RETURN	(P) RETURN	(R) RETURN
L. RSKEW	0.025 (0.019)	-0.051 (0.038)	-0.027** (0.013)	-0.021*** (0.006)	-0.012 (0.028)	0.032 (0.023)	-0.018*** (0.005)
L. SIZE	1.077** (0.525)	-2.037** (0.741)	-0.154 (0.395)	-0.816** (0.326)	0.861* (0.495)	-8.466*** (0.924)	-0.4*** (0.141)
L. LIQUIDITY	-0.004 (0.009)	-0.101 (0.114)	0.013 (0.016)	0.000** 0.000	0.000 (0.028)	0.276** (0.120)	0.006 (0.013)
L. ATO	0.638 (0.761)	3.217*** (1.054)	0.532** (0.223)	-0.053 (0.223)	-0.209 (0.846)	-18.567*** (4.318)	0.018 (0.025)
L. LEV	-5.708*** (1.138)	-7.723 (5.146)	0.022** (0.010)	0.014 (0.536)	-2.903** (1.394)	10.929*** (2.691)	-0.223 (0.389)
L. TURNOVER	0.022** (0.009)	-0.027 (0.016)	0.025*** (0.009)	0.009* (0.005)	-0.002 (0.020)	0.641*** (0.131)	0.016*** (0.006)
_CONS	-20.773* (10.372)	39.071** (14.302)	1.932 (7.502)	15.119** (6.013)	-15.538 (9.401)	160.995*** (18.685)	7.216*** (2.608)
Obs.	91	24	223	227	82	35	134
R - squared	0.601	0.635	0.358	0.183	0.094	0.934	0.144

注：括号中数值为标准差。*** 代表 $p<0.01$，** 代表 $p<0.05$，* 代表 $p<0.1$。

回归结果显示，行业农、林、牧、副、渔业（A），制造业（C），电力、热力、燃气及水生产和供应业（D），建筑业（E），交通运输、仓储和邮政业（G），信息传输、软件和信息技术服务业（I），租赁和商务服务业（L），科学研究和技术服务业（M），文化、体育和娱乐业（R）回归结果均显著，且两个高科技行业——信息传输、软件和信息技术服务业（I）与科学研究和技术服务业（M）中，尾部风险对收益率呈显著负相关影响，验证了前面的结论，即崩盘风险的上升会降低新三板股票收益率。

不显著的行业为采矿业（B），批发和零售业（F），金融业（J），房地产业（K），水利，环境和公共设施管理业（N），教育业（P），其中采矿业（B），房地产业（K），教育业（P）观测值分别仅占总观测值 0.8% 以下，不具有统计上的意义，因此将其排除。

（四）区分挂牌状态的研究

分别对挂牌股票、转板股票和终止挂牌股票进行回归分析，其结果如表 12 所示。挂牌股票和终止挂牌股票 RSKEW 结果显著且系数为负，进一步验证了我们的回归模型。由于转板股票观测值较少，无法进行有效回归分析，回归结果不显著。

表 12　　挂牌、转板、退市三种情况的回归结果

变量	挂牌 RETURN	转板 RETURN	终止挂牌 RETURN
L. RSKEW	-0.016*** (0.003)	0.028 (0.036)	-0.033*** (0.009)
L. SIZE	-0.333*** (0.107)	0.324 (0.780)	-0.218 (0.189)
L. LIQ	0.000 (0.000)	4.608 (2.901)	-0.117** (0.059)
L. ATO	0.082 (0.051)	1.326 (1.290)	0.362 (0.251)
L. LEV	0.02*** (0.003)	3.330 (1.986)	0.097 (0.425)

续表

变量	挂牌 RETURN	转板 RETURN	终止挂牌 RETURN
L. TURNOVER	0.014*** (0.003)	-0.006 (0.014)	0.01* (0.005)
_CONS	5.994*** (2.040)	-9.937 (16.590)	3.691 (3.595)
Observations	4904	48	986
R - squared	0.056	0.315	0.124

注：括号中数值为标准差。*** 代表 $p<0.01$，** 代表 $p<0.05$，* 代表 $p<0.1$。

（五）分生命周期的研究

根据曹裕（2010）的研究，由于企业在各个生命周期所采取的发展战略不同，其企业基本特征也存在较大差异，因此，运用组合的现金流模式代表企业运用资源、获取资金、经营能力和外部宏观环境与企业战略的交互作用，应用整个现金流量的组合信息来划分企业生命周期，此方法无须对生命周期在不同公司的分布进行假设，具体的划分如表 13 所示。其中“+”表示该现金流为正，“-”表示该现金流为负，数据来自 CSMAR 数据库。

表 13　　不同生命周期的现金流组合特征

项目	导入期	增长期	成熟期	淘汰期	淘汰期	淘汰期	衰退期	衰退期
经营性现金流	-	+	+	-	+	+	-	-
投资现金流	-	-	-	-	+	+	+	+
融资现金流	+	+	-	-	+	-	+	-

哥特和克莱珀（Gort & Klepper，1982）定义了五个生命周期阶段：①导入期：企业创新首次推进。②成长期：生产者数量急剧增加。③成熟期：生产者数量达到最大。④淘汰期：生产者数量开始减少。⑤衰退期：净现金流入为零。现金流量可以反映这些不同生命周期阶段的财务结果。立夫纳和扎若文（Livnat & Zarowin，1990）证明，可将现金流分解为经营现金流，投资现金流和融资现金流三部分来分别衡量他们对企业经营状况的影响。现金流量展现了公司的盈利能

力，增长和风险方面的差异，将三种现金流量的组合映射到生命周期理论中可以得出研究中使用的生命周期分类。

考虑到本文研究内容以及样本容量，将导入期和增长期合并为成长期，淘汰期和衰退期合并为衰退期，这样生命周期成长阶段被划分为成长期、成熟期、衰退期三个阶段。

对每个生命周期进行描述性统计和回归分析，其中描述性统计结果如表 14 所示。

表 14　　分生命周期描述性统计

成长期					
Variable	Obs	Mean	Std. Dev.	Min	Max
RETURN	6796	0. 121	1. 02	-5. 667	8. 666
RSKEW	6810	3. 372	7. 627	-15. 62	15. 621
RESRATIO	4462	1. 103	48. 807	-20. 071	3213. 934
SIZE	6179	18. 848	1. 193	11. 576	26. 057
LIQUIDITY	6159	-8. 677	466. 69	-35800	73. 939
ATO	6169	0. 455	2. 688	0. 001	197. 533
LEV	6809	4. 503	9. 37	0	192. 444
TURNOVER	6796	0. 121	1. 02	-5. 667	8. 666
AGE	6810	3. 372	7. 627	-15. 62	15. 621
成熟期					
Variable	Obs	Mean	Std. Dev.	Min	Max
RETURN	2368	0. 167	1. 057	-7. 948	7. 462
RSKEW	2375	3. 129	8. 109	-15. 62	15. 621
RESRATIO	1569	0. 073	0. 092	0	1. 57
SIZE	2198	19. 139	1. 158	13. 715	25. 234
LIQUIDITY	2190	0. 805	13. 548	-573. 549	96. 842
ATO	2193	0. 381	0. 226	0. 002	5. 102
LEV	2374	4. 289	9. 516	0	200. 24
TURNOVER	2368	0. 167	1. 057	-7. 948	7. 462
AGE	2375	3. 129	8. 109	-15. 62	15. 621

续表

衰退期					
Variable	Obs	Mean	Std. Dev.	Min	Max
RETURN	2773	0.148	1.076	-5.298	7.244
RSKEW	2782	3.52	7.903	-15.62	15.62
RESRATIO	1894	0.273	3.76	0	124.15
SIZE	2572	18.698	1.185	13.487	23.755
LIQUIDITY	2565	-3.946	79.438	-2481.02	41.898
ATO	2569	0.368	0.301	0.001	10.13
LEV	2781	5.109	12.628	0	269.448
TURNOVER	2773	0.148	1.076	-5.298	7.244
AGE	2782	3.52	7.903	-15.62	15.62

根据描述性统计分析结果可得，衰退期的企业尾部风险均值最高，为3.52；成熟期企业尾部风险均值最低，为3.154。成熟期企业收益率均值越高，为0.148；成长期企业收益率均值最低，为0.121。另外，成长期企业研发支出占比最高，为1.103。

回归分析结果如表15所示，RSKEW结果显著且系数为负，拟合优度较好，进一步验证了我们的回归模型。

表15　　分生命周期回归分析结果

变量	成长期 RETURN	成熟期 RETURN	衰退期 RETURN
L. RSKEW	-0.011*** (0.003)	-0.025*** (0.006)	-0.032*** (0.007)
L. SIZE	-0.393*** (0.109)	-0.222 (0.215)	-0.187 (0.204)
L. LIQUIDITY	0.001** (0.000)	-0.010* (0.006)	-0.000 (0.000)
L. ATO	0.060 (0.038)	0.255 (0.242)	0.388** (0.197)

续表

变量	成长期 RETURN	成熟期 RETURN	衰退期 RETURN
L. LEV	0. 019 *** (0. 003)	0. 350 (0. 513)	-0. 092 (0. 599)
L. TURNOVER	0. 012 *** (0. 004)	0. 018 *** (0. 006)	0. 013 *** (0. 005)
_CONS	7. 149 *** (2. 075)	3. 789 (4. 071)	3. 064 (3. 777)
Observations	3381	1199	1358
R - squared	0. 064	0. 072	0. 083

注：括号中数值为标准差。*** 代表 $p<0.01$，** 代表 $p<0.05$，* 代表 $p<0.1$。

（六）尾部风险估值模型对收益率的验证

从拟合度和显著性较好的两个高科技行业，即行业信息传输、软件和信息技术服务业（I）、科学研究和技术服务业（M）中各择一只股票。以 2018 年年度股票收益率为估计值，此前 4 年间的年度股票收益率为估计期进行验证。

1. 信息传输、软件和信息技术服务业（I）

以优炫软件（430208）为例，该公司成立于 2009 年，股票于 2013 年 1 月挂牌，至今依然在新三板市场。该公司与北京大学信息安全实验室合作，专注于信息安全领域，为数据安全、管理、挖掘提供卓越的产品、服务及全方位的解决方案，该公司获得了高新技术和双软企业认证。

$$RETURN_t = 7.216 - 0.018RSKEW_{t-1} - 0.4LNASSET_{t-1} + 0.018ATO_{t-1} - 0.223LEV_{t-1} + 0.016TURNOVER_{t-1} \quad (4)$$

式（4）为该行业预测估值模型，依据式（4）预测该股票收益率，其 2018 年年度收益率为 -0.0518，该股票 2018 年真实年度收益率为 -0.0500，估计值与真实值方向统一且相差较小。

2. 科学研究和技术服务业（M）

以瑞德设计（831248）为例，该公司于 1999 年成立，股票于 2014 年 11 月挂牌，至今仍在新三板市场，该股票成立时间为 16 年以上，已进入平稳发展期。其服务领域涉及：品牌定位、设计、传播；新商品研究、发掘、设计；零售终端的定位、设计、跟踪，旨在协助企业持续提升在渠道中的品牌影响力和商品销售力。

$$RETURN_t = 15.119 - 0.021RSKEW_{t-1} - 0.816LNASSET_{t-1} - 0.053ATO_{t-1} + 0.014LEV_{t-1} + 0.009TURNOVER_{t-1} \quad (5)$$

式（5）为该行业预测估值模型，依据式（5）预测该股票收益率，其2018年年度收益率为 -0.44895，该股票2018年真实年度收益率为 -0.46658，估计值与真实值方向统一且相差较小。

四、尾部风险的影响因素

（一）研发支出对尾部风险的影响

1. 模型设置与检验

在进一步分析之前，先对模型相关变量进行VIF检验。若VIF值过大，则怀疑存在多重共线性，如表16所示。

表16　　VIF检验结果

变量	VIF	1/VIF
RESRATIO	68.987	0.014
LIQ	68.987	0.014
SIZE	1.05	0.952
LEV	1.034	0.967
TURNOVER	1.025	0.976
ATO	1.014	0.986
Mean VIF	23.683	

由于现金流动性的VIF指标过高，怀疑其与研发支出占比存在多重共线性，因此将变量LIQ剔除。其他变量均不存在多重共线性。

使用面板数据对所有新三板企业的研发支出占比和尾部风险进行研究，检验自相关和异方差后，其P值均为0，认为显著存在自相关和异方差。

为避免自相关和异方差问题，使用聚类稳健标准误方法进行回归，计算公式为：

$$RSKEW_t = \alpha_t + \beta RESTRATIO + \varepsilon_t \quad (6)$$

$$RSKEW_t = \alpha_t + \beta RESTRATIO + \gamma ControlVariables_t + \varepsilon_t \quad (7)$$

Control Variables 为一组控制变量，由 SIZE，ATO，LEV 和 TURNOVER 组成。式（6）、式（7）设置目的同式（2）、式（3）。为减少回归偏差，以下使用随机效应模型，为减少自相关性和异方差带来的问题，使用聚类稳健标准误对模型进行回归。

2. 对所有新三板企业的研究

依据式（6），模型 1 不加入控制变量，回归结果见表 17（1）；依据式（7）模型 2 加入控制变量，回归结果见表 17（2）。

表 17　　股票收益率与尾部风险及相关变量的回归分析结果

变量	(1) RSKEW	(2) RSKEW
RESRATIO	-0.006 *** (0.001)	-0.006 *** (0.001)
3SIZE		-0.241 *** (0.088)
ATO		0.266 ** (0.115)
LEV		-0.053 (0.440)
TURNOVER		0.084 *** (0.014)
_CONS	3.896 *** (0.088)	7.807 *** (1.672)
Obs.	7926	7922
R - squared	0.0023	0.0303

注：括号中数值为标准差。*** 代表 $p<0.01$，** 代表 $p<0.05$，* 代表 $p<0.1$。

根据模型 1、模型 2 结果可得，研发占比对于尾部风险具有显著负效应。说明整体来看，研发支出会对企业的发展境况产生有利影响，进而能够降低企业尾部风险。因此接受假设 H2：企业的创新研发投入将显著降低股票的尾部风险。

3. 区分高研投与低研投公司的研究

根据《证券日报》的数据，截至 2019 年 5 月 31 日，新三板上市企业中高研发投入企业占比 65%。如果企业增大研发投入的确会降低尾部风险，那么由于高研发投入企业在当下“大众创业，万众创新”背景下的特殊性，若其加大研发投入力度，投资者将更加关注其相关信息，使得价格信息含量增加，从而降低尾部风险。因此，本文将样本企业按照研发支出占比的 90% 分位数，75% 分位数，50% 分位数进行分类，使用公式（7）对新三板上市企业进行研究，从而进一步探究研发支出对企业尾部风险的影响（见表 18）。

表 18　分高低研投回归分析结果

变量	90% 以上 RSKEW	75% 以上 RSKEW	50% 以上 RSKEW	10% 以下 RSKEW
RESRATIO	-0.006*** (0.001)	-0.006*** (0.001)	-0.005*** (0.001)	0.922 (0.763)
SIZE	0.138 (0.276)	-0.161 (0.181)	-0.054 (0.135)	-0.310 (0.281)
ATO	1.327* (0.762)	0.918** (0.451)	1.266*** (0.321)	0.041 (0.097)
LEV	-1.248 (1.154)	-1.319 (0.877)	-0.363 (0.640)	-1.369 (1.502)
TURNOVER	0.075** (0.037)	0.063** (0.027)	0.083*** (0.020)	0.044 (0.045)
_CONS	0.371 (5.288)	6.221* (3.489)	3.715 (2.602)	10.317* (5.362)
Obs.	876	2136	4086	623
R - squared	0.0367	0.0338	0.0350	0.0077

注：括号中数值为标准差。*** 代表 $p<0.01$，** 代表 $p<0.05$，* 代表 $p<0.1$。

研究结果显示，对于研发占比平均水平较高的企业，研发占比对于其尾部风险具有明显的降低作用，在而研发占比平均水平较低的企业则没有这一关系。这一结果验证了假设2。

4. 区分挂牌状态的研究

为进一步对不同类型的新三板上市证券进行研究，我们将新三板上市企业分为挂牌企业、转板企业和终止挂牌企业三部分，如表19所示。

表19　　挂牌、转板、退市三种情况的回归结果

变量	挂牌 RSKEW	转板 RSKEW	终止挂牌 RSKEW
RESRATIO	-0.006*** (0.001)	-46.802*** (18.000)	0.039*** (0.002)
SIZE	-0.341*** (0.096)	-0.694 (1.001)	0.040 (0.221)
ATO	0.307** (0.131)	-1.332 (1.630)	0.046 (0.206)
LEV	0.039 (0.483)	-4.052 (6.822)	-1.041 (0.965)
TURNOVER	0.095*** (0.015)	0.115 (0.137)	0.048* (0.028)
_CONS	9.381*** (1.828)	24.365 (19.941)	4.026 (4.227)
Obs.	6540	91	1291
R-squared	0.0449	0.0554	0.0018

注：括号中数值为标准差。*** 代表 $p<0.01$，** 代表 $p<0.05$，* 代表 $p<0.1$。

研究结果显示，终止挂牌企业的研发支出对尾部风险的影响显著为正。对于经营状况不太好的企业，研发支出会对其尾部风险产生正效应，因为研发活动存在风险，且该风险敞口随研发支出的增加而增加，而经营状况不佳的企业更难以承受研发失败的风险。财务报告只能体现企业的研发支出投入，而企业仍可选择隐瞒其研发进度及结果，因此一旦研发失败，根据“管理层捂盘假说”，管理层出于对自身利益的考虑有更强的动机进行“捂盘”，从而减少价格信息含量，使股价漂移现象更加严重，增大尾部风险。

而挂牌企业研发支出对尾部风险影响显著为负。周铭山（2017）指出，这可能是由于随着国家政策大力推动企业创新，投资者对新三板股票的关注度上升，因此将花费更多的时间和精力来解读企业和市场释放的信息，进而有助于提高信息处理效率，增强股价信息含量（Loh，2010；Drake et al.，2012；李小晗和朱红军，2011）。股价信息含量越高，公司的特质信息反映越充分，股价更不容易发生崩盘（Hutton et al.，2009）。

转板企业的样本数为91，仅占所有企业样本数的1%，由于样本数量过少，不具有统计上的说服力，因此不将转板企业的回归结果纳入解释范围。

5. 分生命周期研究

将新三板企业按照企业生命周期分类进行回归分析，其结果如表20所示。

表20　　分生命周期的回归结果

变量	成长期 RSKEW	成熟期 RSKEW	衰退期 RSKEW
RESRATIO	-0.006*** (0.001)	-3.230* (1.848)	0.036** (0.015)
SIZE	-0.329*** (0.111)	0.317 (0.228)	-0.402** (0.192)
ATO	0.250* (0.134)	0.502 (0.360)	0.202 (0.246)
LEV	0.398 (0.494)	-1.510 (1.222)	-0.769 (0.971)
TURNOVER	0.099*** (0.018)	0.074** (0.037)	0.064*** (0.023)
_CONS	9.210*** (2.124)	-2.367 (4.406)	11.372*** (3.619)
Obs.	4461	1568	1892
R-squared	0.0396	0.0393	0.0110

注：括号中数值为标准差。***代表 $p<0.01$，**代表 $p<0.05$，*代表 $p<0.1$。

由回归结果可得，处在成长和成熟期的企业，其研发支出对企业尾部风险呈负相关关系，衰退期企业其研发支出对尾部风险呈正相关关系。与处于终止挂牌企业相同，衰退期企业经营状况不佳，更难以承受研发失败的风险。因此管理层有更强的“捂盘”动机，信息不对称程度增加，从而导致尾部风险增加。

（二）大股东持股对尾部风险的影响

1. 多重共线性检验

先对模型相关变量进行 VIF 检验。若 VIF 值过大，则怀疑存在多重共线性。

由表 21 可得，变量间不存在多重共线性。

表 21　　　　VIF 检验结果

变量	VIF	1/VIF
SIZE	1.027	0.974
TURNOVER	1.021	0.979
ATO	1.006	0.994
LEV	1.003	0.997
LIQ	1.001	0.999
TOP10	1	1
MEAN VIF	1.01	

使用面板数据对所有新三板企业的前十大股东占比和尾部风险进行研究，检验自相关和异方差后，其 P 值均为 0，认为显著存在自相关和异方差。

为避免自相关和异方差问题，使用聚类稳健标准误方法进行回归，计算公式为：

$$RSKEW_t = \alpha_t + \beta TOP10 + \varepsilon_t \tag{8}$$

$$RSKEW_t = \alpha_t + \beta TOP10 + \gamma ControlVariables_t + \varepsilon_t \tag{9}$$

ControlVariables 为一组控制变量，由 SIZE，ATO，LEV，LIQ 和 TURNOVER 组成。式（8）、式（9）设置目的同式（2）、式（3）。为减少回归偏差，以下使用随机效应模型，为减少自相关性和异方差带来的问题，使用聚类稳健标准误对模型进行回归。

依据式（8），模型 1 不加入控制变量，回归结果见表 22（1）；依据式（9）模型 2 加入控制变量，回归结果见表 22（2）。

表 22　　大股东持股对尾部风险回归结果

变量	(1) RSKEW	(2) RSKEW
TOP10	3.521 *** (0.37)	2.891 *** (0.464)
RESRATIO		-0.012 (0.028)
SIZE		-0.126 (0.09)
LIQ		-0.001 (0.002)
ATO		0.209 * (0.111)
LEV		-0.195 (0.445)
TURNOVER		0.092 *** (0.014)
_CONS	0.864 *** (0.282)	3.49 * (1.819)
Obs.	11889	7886
R^2	0.0215	0.0460

注：括号中数值为标准差。*** 代表 $p<0.01$，* 代表 $p<0.1$。

王化成（2015）随着大股东持股比例的增加，容易出现“一股独大”的现象，大股东更容易控制企业，从而掏空能力增强，这又会提高掏空行为和消息管理行为发生的概率。已有研究表明，大股东可以通过关联交易（柳建华等，2008）以及占用上市公司资金（叶康涛等，2007）等手段掏空上市公司。当大股东利用“一股独大”的机会，实施掏空行为，并通过隐瞒坏消息来掩盖其掏空行为时，将增大上市公司的股价崩盘风险。我们称之为“更多掏空效应”。

五、一级市场多因素修正模型

（一）建立一级市场多因素修正模型

首先根据不同行业各自适用的股票价值估值方法，对股票价值进行初步估计，其选取估值方法如表 23 所示。

表 23　　不同行业所适用的当年股票价值估值方法

行业/发展阶段	分类		适用估值方法
农、林、牧、渔业			PB、DCF、PE
制造业	钢铁等金属制造		PB、EV/钢铁量
	消费品制造		PE
	机械制造		PE
	生物制药		PEG
电力、热力、燃气及水生产和供应业			PE、PB、EV/EBITDA
建筑业			PB、PE
交通运输、仓储和邮政业			PE、PB
信息传输、软件和信息技术服务业	幼稚期		EV/S、PB
	成长期		PE、PEG
	成熟期		PE
租赁和商务服务业			PE
科学研究和技术服务业			PE
文化、体育和娱乐业			PS、PE
水利、环境和公共设施管理业			PB、EV/EBITDA、PE
批发和零售业	批发		PE
	零售		EV/S
金融业	银行		PB、PE
	保险	财险	PB
		寿险	P/EV
	证券	经纪	PE、营业部数量、交易活跃账户数量
		自营	PB
	基金		P/AUM（管理资产规模）
房地产业			PB、P/NAV（净资产价值）、P/FCFE（股权自由现金流）
教育			PE
卫生和社会工作			PE、EV/EBITDA
采矿业			PB、EV/Reserve、EV/Resource、EV/Annual
居民服务、修理和其他服务业			PE
住宿和餐饮业			PS

资料来源：中泰证券、中国证券业协会。

依据式（10）对初步估值结果进行调整，将企业的尾部风险对股票价格的影响纳入考虑范围。其中 RSKEW 为回归分析中所计算的尾部风险指标，以负偏度系数表示，β 为前面中尾部风险对收益率回归分析时式（3）的系数，β × RSKEW 为收益率的估计值。

$$P_1 = e^{(\beta \times RSKEW + \ln P_0)} \tag{10}$$

（二）估值模型验证

为验证估值模型的准确性，本文选取分行业进行 β 值估计时，回归结果显著的 9 个行业，从每个行业中各选择一只成立时间较长，运营稳定，各研究变量数值完善的公司进行股票价格验证。作为被选取股票的股票代码、公司名称、所属行业、成立日、挂牌日信息如表 24 所示。

表 24　　被选取公司的相关信息

行业	股票 ID	公司名称	成立日	挂牌日
A	832130	圣迪乐村	2003. 4. 29	2015. 3. 23
C	430025	石晶光电	2003. 08. 26	2008. 01. 16
D	831962	尚慧能源	2011. 11. 03	2015. 02. 13
E	837673	莱泰园林	2002. 12. 16	2016. 6. 16
G	430659	江苏铁发	1990. 8. 7	2014. 3. 28
I	430137	润天股份	2011. 08. 23	2012. 09. 21
L	837321	安家万邦	2005. 12. 27	2016. 05. 10
M	835102	东都节能	2011. 6. 20	2014. 12. 12
R	839242	大业创智	2001. 8. 10	2016. 10. 14

利用公式（10）对上述 9 只股票的 2018 年年均股价进行估计，得到估计值 P_1，并将 P_1 与各股票 2018 年实际年均股价进行对比，其验证结果如表 25 所示。

表 25　　估值模型验证结果

行业	股票 ID	β 值	实际年均股价	估计值 P_1	估计误差
A	832130	-0. 051	16. 4889	16. 0791	-0. 4098
C	430025	-0. 016	1. 8900	1. 8950	0. 0050

续表

行业	股票 ID	β 值	实际年均股价	估计值 P_1	估计误差
D	831962	-0.051	1.6210	2.1370	0.5160
E	837673	-0.04	3.4894	3.3774	-0.1120
G	430659	-0.049	2.2655	3.0908	0.8253
I	430137	-0.018	2.500	2.5760	0.0760
L	837321	-0.027	10.2900	10.7400	0.4500
M	835102	-0.021	3.2830	3.7050	0.4220
R	839242	-0.018	23.0650	22.6929	-0.3721

将利用估值模型估计得到的估计值 P_1 与各股票实际年均股价对比可发现，二者相差较小，波动范围为 -0.4098 ~0.8253 元，估计值贴近市场表现。

股权互换：基于酩悦·轩尼诗—路易·威登与爱马仕的案例分析

张　弛

一、背景介绍

（一）酩悦·轩尼诗—路易·威登集团与爱马仕集团背景介绍

1. 酩悦·轩尼诗—路易·威登集团

酩悦·轩尼诗—路易·威登集团（Moët Hennessy Louis Vuitton，LVMH），该公司是由品牌路易·威登与酩悦·轩尼诗合并成立的奢侈品综合企业，而酩悦·轩尼诗则是由香槟酒制造商酩悦和干邑白兰地制造商轩尼诗并购而成。酩悦·轩尼诗—路易·威登集团总部位于法国巴黎，奢侈品集团克里斯汀·迪奥是酩悦·轩尼诗—路易·威登集团的主要控股公司，拥有其41%的股份和56.8%的投票权。

酩悦·轩尼诗—路易·威登集团为当今世界上最大的跨国奢侈品综合企业，雄踞在《财富》杂志世界500强公司排行榜上，它作为世界奢侈品行业之翘楚，自1987年成立合并以来一直采取积极增长的商业经营模式。它是唯一一家涵盖奢侈品市场五大主要领域——葡萄酒和烈酒、时装和皮具、香水和化妆品、腕表和珠宝以及高端零售的集团。集团旗下拥有75家高品质的卓越品牌，比如耳熟能详的芬迪（Fendi）、纪梵希（Givenchy）、日默瓦（Rimowa）、路易威登（Louis Vuitton）、迪奥（Dior）、娇兰（Guerlian）、丝芙兰（Sephora）等知名品牌都归属于酩悦·轩尼诗—路易·威登集团旗下。

这里，不可不提的是酩悦·轩尼诗—路易·威登集团的主席兼首席执行官伯纳德·阿诺特（Bernard Arnault），他出生于法国一个工业家庭，曾进入巴黎综合理工学院学习。他采取开发世界顶级奢侈品公司的策略，复兴克里斯汀·迪奥并将其作为构筑全新企业机构的奠基石。1989 年，阿诺特完成了他缔造世界顶尖奢侈品集团的目标，取得了对酩悦·轩尼诗—路易·威登的控制权，许下确保法国奢侈品牌在世界范围内占据翘楚地位的诺言。2008 年前后，他开始了对爱马仕的收购，最后以失败告终。

尽管对爱马仕的收购以失败告终，但阿诺特带领酩悦·轩尼诗—路易·威登集团对于其他多个品牌的收购之路仍是业界的传奇。自 1987 年阿诺特把迪奥香水整合到其名下开始，他便开始了在奢侈品细分行业的大肆收购。从法国的纪梵希、丝芙兰，到西班牙的罗威（Loewe）、瑞士的豪雅表（TAG Heuer），到美国的唐纳·凯伦（Donna Karan）、贝玲妃（Benefit）、马克·雅各布斯（Marc Jacobs），再到意大利的芬迪，以及艾米里·欧普奇（Emilio Pucci），都被酩悦·轩尼诗—路易·威登收入麾下。根据咨询公司 Alacrastore 的数据，从 1987 年至此，酩悦·轩尼诗—路易·威登进行了 62 笔收购，财力不容小觑。在 2019 年 11 月 25 日，酩悦·轩尼诗—路易·威登集团又以 162 亿美元的巨额资金收购了蒂芙尼（Tiffany & Co.）。

自 2019 年初以来酩悦·轩尼诗—路易·威登集团股价上涨超过 51%，市值已突破 2000 亿欧元，约为其竞争对手开云集团市值的三倍。目前酩悦·轩尼诗—路易·威登集团已成为欧元区市值第二大的公司，仅次于石油巨头荷兰皇家壳牌集团的 2060 亿欧元市值。据酩悦·轩尼诗—路易·威登对外公布的集团 2018 年业绩，数据显示 2018 年全年营业收入达到了 468 亿欧元，利润达到 100 亿欧元。2018 年亚洲市场的销售额占比达全年营收的 36%，中国市场的销售增长维持在 10% 左右。

2. 爱马仕集团

爱马仕（Hermès International S. A.）起源于 1837 年以制造和分销马具用品起家的一家法国高级马具店。经过两代人的漫长发展，爱马仕第三代接班人在第一次世界大战期间远渡重洋到美国，目睹了马车时代的终结和汽车工业的崛起，他做了两个关键性决定：一是将主力商品从马鞍转到手提包；二是即使改变商品，但制造过程仍坚持传统手工制作，并在内侧标明由哪位工匠所制，而客人日后需要保养维修，也可只由同一工匠负责。这种售后服务间接促使了后来因王妃格蕾丝·凯莉（Grace Kelly）和女星简·铂金（Jane Birkin）而得名的凯莉包（Kelly bag）和铂金包（Birkin bag）的出现，这两款包可以说是时尚界知名度最高、最受欢迎的包，经久不衰。

现如今，爱马仕仍是一家忠于传统手工艺并集创作、手工制作与销售于一体的法国家族企业，更是一个忠于传统手工艺，不断追求创新的国际化品牌。它拥有箱包、丝巾、领带、男女装和生活艺术品等十七类产品系列以及新近开发的家具、室内装饰品及墙纸系列。全球共 30 个分公司管理及分销来自四大范畴的产品——爱马仕鞍具及皮革、爱马仕香水、爱马仕钟表及爱马仕餐瓷。

爱马仕集团秉持可持续发展和精益求精的精神，以其有效的管理制度，培养出每位员工独立自主的工作方式。将以人为本和重视资源的理念深入到方方面面，爱马仕对品质的坚持和其精湛工艺，使其一直以精美的手工和贵族式的设计风格立足于经典服饰品牌的巅峰。它奢侈、保守、尊贵，整个品牌由整体到细节，再到它的专卖店，都弥漫着浓郁的以马文化为中心的深厚底蕴，它的每一件作品都满载爱马仕的无限创造力，并得以代代延续和传承。

与酩悦·轩尼诗—路易·威登集团不同，爱马仕是在蔓生式家族结构内形成发展的，它的出色，离不开家族的掌控、管理和精心呵护。它有牢不可破的家族控制体系，在爱马仕的股权结构中，至少有五位家族成员位列世界亿万富豪榜，爱马仕集团的董事会主要由家庭成员构成，这也保障了家族成员对于股权的控制。它于 1993 年上市，但仍有超过 80% 的股份掌握在 56 个家族成员手中，其中有 6 个家族成员集中持有 5% ~10% 的股份，股权上保持家族绝对控制地位的好处，就是可以始终站在统一战线，抵御外来风险，这一优势在爱马仕抵御酩悦·轩尼诗—路易·威登集团的恶意收购中可见一斑。除此之外，家族从小就注重继承人的培养，在爱马仕“实用之美”的信条之下，家族成员在进入企业管理层之前要经历一个学徒期，而且要毫不妥协地坚守家族追求本真和品质的传统，尊重人与自然，尊重创新。让·路易斯·杜马斯曾经说过，“我们成功的秘诀在于将每份工作都做好——每个人都应为自己的全力以赴而感到骄傲。这种骄傲并不是傲慢，而是谦逊和热情。一想到子孙会收获你的劳作时，你就会更加骄傲”。家族基业的健康传承也更多依靠治理结构的科学化、契约化，对家族财富和权力的绝对控制，以及对继承人长期的、系统的培养，把家族的价值观和道德文化传承下去。

（二）酩悦·轩尼诗—路易·威登集团与爱马仕集团的横向比较

1. 收入规模

图 1、图 2 表明两家集团的年度总收入都呈上升趋势，前景极好，两家集团 2018 年总收入大约都是 2013 年总收入的 1.6 倍，均有明显增势。但就规模而言，酩悦·轩尼诗—路易·威登各年度总收入几乎是爱马仕的 7 倍有余，其中财力规

模可见一斑。就市值而言，到 2019 年 11 月，酩悦·轩尼诗—路易·威登集团市值已达到 2023.17 亿欧元，约为爱马仕集团市值的 2.8 倍。

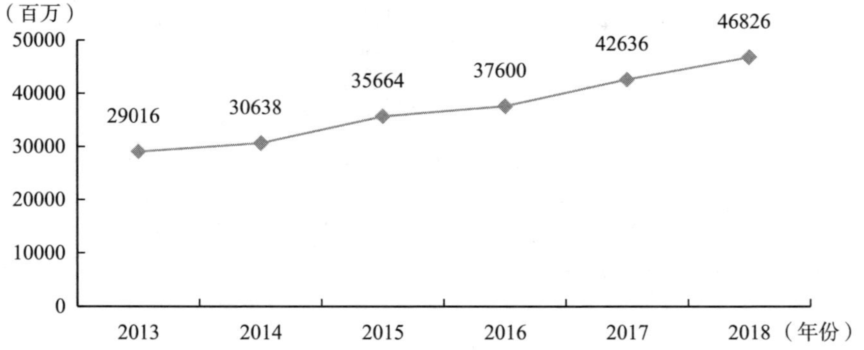

图 1　2013～2018 年酩悦·轩尼诗—路易·威登各年度总收入

资料来源：酩悦·轩尼诗—路易·威登集团官网年报。

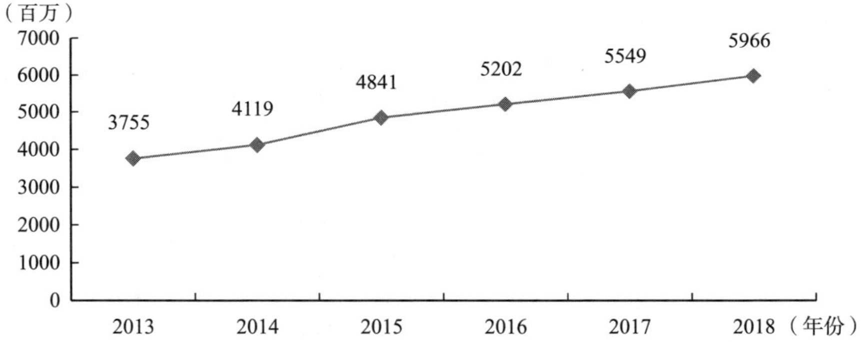

图 2　2013～2018 年爱马仕各年度总收入

资料来源：爱马仕集团官网年报。

2. 地域分布规模大小差异

由图 3、图 4 可知，两家集团虽然都为顶尖奢侈品集团，但由于定位规模风格等因素的差异，各地区销售额占比也出现了明显的不同。对于酩悦·轩尼诗—路易·威登集团，美国销售占比 32% 位列地区第一，而爱马仕集团则是在除日本之外的其他亚太地区的销售额遥遥领先。

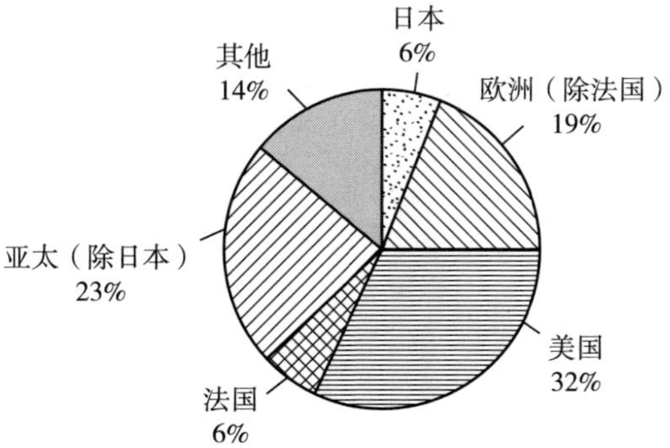

图 3　2018 年酩悦·轩尼诗—路易·威登地区销售额占比

资料来源：酩悦·轩尼诗—路易·威登集团官网。

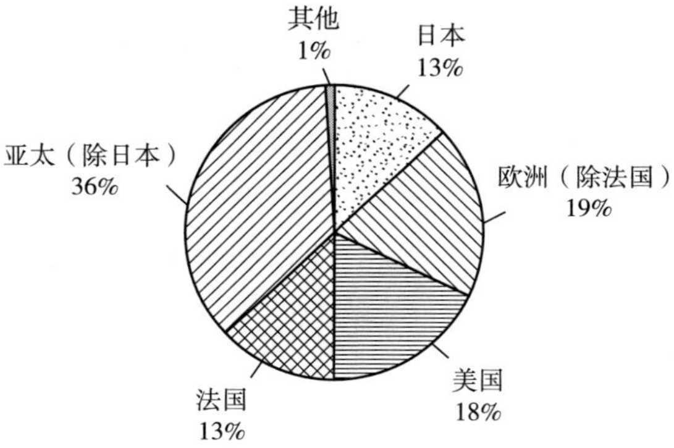

图 4　2018 年爱马仕地区销售额占比

资料来源：爱马仕集团官网。

3. 品牌模式对比分析

两家集团品牌模式对比如表 1 所示。

表 1　　酩悦·轩尼诗—路易·威登与爱马仕品牌模式对比

品牌	经营模式	生产方式	产量	价值观	业务模式	消费群体
酩悦·轩尼诗—路易·威登	集团化运营、去家族化、品牌协同效应	工厂、流水线	高级、大量	名流、社交、当代文化	多样	富裕消费者
爱马仕	家族运营	家庭式小作坊	小众、高端、限量	历史、文化、工艺核心价值观	单一	名流、贵族

（4）综述

在2019年品牌咨询（Interbrand）全球最佳品牌100强全榜单中，路易威登排在第17名，爱马仕排第28名。前30名的最佳品牌中，仅有路易威登、爱马仕、香奈儿三家奢侈品品牌位列榜上，足可见酩悦·轩尼诗—路易·威登和爱马仕在奢侈品行业的地位，但同时也暗示了两家集团竞争之激烈，诸多不同的因素使其各据一方，但路易·威登集团的规模之大，主席阿诺特的视野之宽，注定两家有不可避免的纷争。因此，路易·威登集团想要收购爱马仕并非毫无缘由。

二、收购过程及结果

（一）为什么酩悦·轩尼诗—路易·威登集团会对爱马仕采取某些行动（收购或投资）

即使酩悦·轩尼诗—路易·威登集团在事件一开始，坚决否认有收购爱马仕的意图，但最终，在业界看来，这就是一场资本收购战。酩悦·轩尼诗—路易·威登集团负责人之一戈德给出的官方说法是："在2007年底，金融危机开始，股票市场受挫，但是酩悦·轩尼诗—路易·威登集团不能放慢对新产品线、商店的支持，为了筹措资金，我们的政策一直是投资，即在奢侈品行业进行投资。2007年底，该行业的股票正遭受重创，当时以现金结算的股权互换很流行，几乎所有的银行都来找我们提议购买这些衍生品，我们相信经济复苏，也相信爱马仕比其他潜在投资更能度过金融危机，且在成立衍生品时，集团已经拥有了近5%的爱马仕股票，所以在2008年初，我们开始签订合同，并选择爱马仕作为股权分支机构购买股权互换（equity swap）。"

但实际上，酩悦·轩尼诗—路易·威登集团做出此种投资行为暗含的意图并非完全如其所述，爱马仕作为奢侈品行业里的小仙女，是一个从未受到资本污染的精品奢侈品品牌，它拥有时尚圈品牌鄙视链的绝对统治地位，路易威登在根本上无法与其相提并论，从产品售价上也可以看出两家不在一个档次。从资本的角度看，每个品牌都有明确的标价，且如果想获取更大的利润，自家公司的产品线要全面覆盖，那时的酩悦·轩尼诗—路易·威登就缺少一家像爱马仕这样的头部精品。因此，这场战争，仍是始于借用股权互换的恶意收购，终于爱马仕的绝地反击。

（二）收购事件前期

早在2001年、2002年，酩悦·轩尼诗—路易·威登集团就通过设在避税天堂的子公司获得了爱马仕4.92%的股份，有报道称，酩悦·轩尼诗—路易·威登集团在随后的财务报告中也误导性地埋藏了这些通过子公司得到的爱马仕股份信息，可猜测起初购买动机就不单纯。

2006年，阿诺特与他的律师和投资银行罗斯柴尔德（合作的三家投行之一）开始制定一项彻底赢得爱马仕控制权的计划。酩悦·轩尼诗—路易·威登预备利用以现金或股票标的作为结算支付的金融工具，利用此类金融工具在爱马仕股票中建仓，即股权互换，这是一种不透明的衍生品形式。酩悦·轩尼诗—路易·威登通过金融中介机构和子公司购买股票衍生品，积累爱马仕的股份。据法国《世界报》（Le Monde）报道，“股权互换这项技术产生了有用的效果，即没有提供任何关于股权互换的明确或个性化的信息，并使公众无法发现这些信息”。

在2008下半年，酩悦·轩尼诗—路易·威登集团通过位于卢森堡和香港的两家子公司与三家法国投行签订了三份股权置换协议，标的规模一共为爱马仕17.1%的股份。事实证明，酩悦·轩尼诗—路易·威登通过股权互换在爱马仕家族、公司管理层和行业分析师的关注下获得了巨大的潜在所有权。股权置换是金融衍生工具合约，其中双方同意在预定日期交换未来现金流量。现金流量被称为交换的“分支”，在大多数股权置换的交易中，一个分支与一个浮动利率［如伦敦同业银行间拆借利率（LIBOR）］相关，另一分支与股票或股票指数的表现（权益分支）相关。根据现行的法国法律，一家公司必须承认何时获得另一家公司5%以上的股权，或通过股权互换等衍生工具购买5%或以上的股份的权利。但这里有一个漏洞，交换的结构可以使其价值仅与权益工具挂钩，在平仓时，因为合同可以现金而非股票结算，而使用这种结构，交换持有人无须向AMF提交备案，因为他们永远不会真正拥有该股票，也就是说，当酩悦·轩尼诗—路易·威登集团选择采取现金结算的股权互换时，不需要披露，也无人知晓。可以说，酩悦·轩尼诗—路易·威登集团对爱马仕股票的袭击是阿诺特最严密的机密之一，极少人知道股权互换的合同，阿诺特于2008年开始采取行动，当时三家法国银行将三批爱马仕的股份（总计1280万股）悄悄地投放到市场。同时，从结果来看，阿诺特应该和银行制定了一项策略，即他可通过股权互换持有股份的权利，前提是他必须持有现金，在合同到期时，酩悦·轩尼诗—路易·威登会在股价的任何变动中实现盈亏。但是，作为与银行达成的协议的一部分，酩悦·轩尼诗—路易·威登也可以选择购买股票。

在2009年，酩悦·轩尼诗—路易·威登暗中勾结各种持有爱马仕股票的人，比如通过后续的调查结果，我们可以知道阿诺特合作的银行至少从爱马仕家族获得了一部分的爱马仕股票。且据《世界报》报道，杜马斯的表亲，爱马仕家族最大的股东尼古拉斯·普伊赫（Nicolas Puech）持有 5.7% 的股份，他向阿诺特合作的银行出售了 880 万股票，用于股权互换。但监管机构后来表示，由于缺乏合作，他们的调查遇到了障碍。虽然在当时他向家族否定了自己出售股份，但在全球经济低迷时期，爱马仕的表现一直好于同行，长期以来，市场也一直在猜测，一些家族成员是否会出售股票，改变公司的资本结构，甚至将其作为收购目标。

2010 年，爱马仕家族的传奇领袖让—路易斯·杜马斯（Jean - Louis Dumas）去世后，阿诺特要求原本以现金支付他的衍生品收益的银行现在以股票结算给他。（根据法国 2009 年通过的一项法律，公司有义务宣布股权互换，但前提是他们必须通过转让股份而不是现金来解决，所以当初签订合约的时候，因为是以现金结算，故而没有披露）当酩悦·轩尼诗—路易·威登集团这么做的时候，阿诺特突然成了爱马仕的第一大股东。这一事实激怒了爱马仕，爱马仕联席首席执行官之一帕特里克·托马斯（Patrick Thomas）后来说："我们在背后被捅了一刀。"在 2010 年 10 月 22 日，酩悦·轩尼诗—路易·威登和两家投行的股权置换协议到期。2010 年 10 月 23 日，酩悦·轩尼诗—路易·威登宣布，它已累计收购了爱马仕 14.2% 的股份，即 15016000 爱马仕股。2010 年 10 月 24 日，另一份股权置换协议到期，3001246 股。至此，酩悦·轩尼诗—路易·威登集团成功得到了爱马仕 17.1% 的股票，即 18017246 股，加上早些年购买的 4.92%，总计 22.02%，酩悦·轩尼诗—路易·威登集团成了爱马仕最大的股东。

对于爱马仕和整个股市而言，这一切的发生只用了三天时间。而此次持股 17.1% 的总成本约为 14.5 亿欧元。根据酩悦·轩尼诗—路易·威登集团声明提供的信息，酩悦·轩尼诗—路易·威登似乎以每股 80.50 欧元的平均价格收购了 17.1% 的股份。（与三家投行合同的设计使酩悦·轩尼诗—路易·威登在 2010 年 10 月公开宣布其在爱马仕的所有权之前，一直无法实际持有这些股份，而在此期间，爱马仕的股价在 60 欧元到 102 欧元之间浮动，这就解释了酩悦·轩尼诗—路易·威登如何以平均每股 80 欧元的价格收购爱马仕股票）而这明显低于爱马仕股票最近的价格区间，爱马仕 2010 年大部分时间的股价都在每股 100 欧元以上，这意味着酩悦·轩尼诗—路易·威登购买其部分股票的时间要早得多，或是通过与爱马仕家族成员或其他股东协商的期权合同。

（三）收购事件的后期议论

2010 年 11 月，法国金融服务监管机构（AMF）宣布开始对酩悦·轩尼诗—

路易·威登在爱马仕的投资进行调查。2010 年 11 月 10 日，酩悦·轩尼诗—路易·威登副总裁皮埃尔·戈德（Pierre Gode）接受法国《回声报》的采访时表示，酩悦·轩尼诗—路易·威登集团尊重“规则的精神和文字”，并解释了为什么酩悦·轩尼诗—路易·威登选择收购爱马仕 17% 以上的股份，而不是套现股票互换。他表示，酩悦·轩尼诗—路易·威登集团甚至从未考虑过关闭股票互换交易的可能性，一方面这是集团无法按照合约进行的事情，同时酩悦·轩尼诗—路易·威登也不希望向银行要求股权结算，但是到了 2010 年，情况发生改变，酩悦·轩尼诗—路易·威登重新评估了其爱马仕的股票互换合约，合同本身即将到期，那些向酩悦·轩尼诗—路易·威登出售股权互换的银行，以及自己购买爱马仕股票进行对冲的银行，现在很想在公开市场上出售这些股票，这些股票大约占爱马仕股份的 12% 。本质上讲，出售股份这对于酩悦·轩尼诗—路易·威登来说没有伤害，但这也并非是一个无关紧要的问题，因为这些股票可能会落入某些人手中，当时有确切的传闻称，有一家强大的外国集团和一些中国投资基金有意购买爱马仕的股票，且价格上涨也证实了这一传闻。此外，市场一直在改善，酩悦·轩尼诗—路易·威登拥有能够支付合同和结算股份的财务手段，最后，根据集团董事会的选择，经过数周的会谈，酩悦·轩尼诗—路易·威登在 10 月和银行达成了协议，购买部分股份。

而外界对这一消息也有诸多的质疑，比如 2010 年 11 月 12 日，法国金融市场管理局主席让 - 皮尔·茹耶（Jean - Pierre Jouyet）表示，机构研究了酩悦·轩尼诗—路易·威登是如何在爱马仕建立了如此大的利益，而市场却一无所知。酩悦·轩尼诗—路易·威登的副总裁戈德对此给出的说法是，“根据法国 2009 年通过的一项法律，公司有义务宣布股权互换，但前提是他们是通过转让股份的方式，而非现金解决。”言下之意，酩悦·轩尼诗—路易·威登并非签订的是以股权结算的合同，因为不需要向公众披露。但调查人员认为酩悦·轩尼诗—路易·威登在 2008 年签订的衍生品合约，这些合约虽然最初设定以现金支付结算，但后来酩悦·轩尼诗—路易·威登改变了这些合约，最后获得了 2010 年秋季的那些股份，这事实上违反了相关规定。但仍遭到了戈德的辩驳，“如果我们有义务在 2009 年宣布我们的合同，我们会毫不犹豫”，“并且爱马仕 70% 的股份由其家族成员相关的股东持有，这使无论酩悦·轩尼诗—路易·威登拥有多少股份，都很难变更控股权”。

（四）爱马仕多重反击

2010 年 12 月 1 日，52 名爱马仕家族成员在巴黎秘密会议，经过多轮沟通，各个家族成员最终选择放弃自己的个人利益，一同保卫爱马仕。会议决定，成员们将公司50.2%的股份通过一种严格的股权托管方式（特殊的托管，由家族信托牵头，由投行设计架构并成立公司）进行锁定，形成H51私人控股公司。且规定这部分股票在未来的20年内不准出售，剩下12.5%未被放到H51的股份，也被规定在出售时，爱马仕家族的托管基金有优先购买权。简言之，就是爱马仕家族创建了一个联合持有爱马仕股份的公司，这有效地锁定了一半以上的股份，确保了阿诺特无法夺取控制权。如今，在家族控股和阿诺特的股份之下，爱马仕只有一小部分股份可以在市场上交易。

除此之外，爱马仕家族也运用了法律手段对酩悦·轩尼诗—路易·威登的行为进行打压。2011年1月7日，法国市场监管机构允许控制爱马仕国际集团的家族在不提出收购少数股东的情况下集中资产（这是法国法律的一项豁免）以增强其对酩悦·轩尼诗—路易·威登可能收购的保护。根据AMF的裁决，酩悦·轩尼诗—路易·威登将不被允许收购爱马仕的少数股东，从而有效地结束了任何收购的可能性。

2012年7月10日，爱马仕在巴黎一家法院（与AMF的调查分开）对酩悦·轩尼诗—路易·威登提起刑事诉讼，指责这家奢侈品集团进行内幕交易，串通和操纵股价。

2012年10月，AMF宣布已发现酩悦·轩尼诗—路易·威登的“不当行为”证据，并要求制裁委员会决定是否对酩悦·轩尼诗—路易·威登施加惩罚。

2013年4月，法国股市主管部门宣布，酩悦·轩尼诗—路易·威登已秘密购买爱马仕的股份，以持有这家位于巴黎的标志性设计公司的股份，而不仅仅是酩悦·轩尼诗—路易·威登声称的金融投资。

2013年5月31日，法国监管机构金融市场管理局称，酩悦·轩尼诗—路易·威登集团在十多年前精心策划，并且执行了对于爱马仕股票的积累计划，阿诺特积累爱马仕股票的方式掩盖了他直到2010年10月23日之前他对于爱马仕股票的参与。根据法国《回声报》获得的一份来自监管机构的报告，酩悦·轩尼诗—路易·威登集团利用顶级投资银行和法律事务所来设计其战略。监管机构还表示，酩悦·轩尼诗—路易·威登集团利用避税天堂和复杂的金融机构来掩盖自己的足迹。且通过调查得出的结论是，只有在有意收购爱马仕大量股份的情况下，酩悦·轩尼诗—路易·威登集团如此复杂的操作才有意义。

2013年6月19日，爱马仕对酩悦·轩尼诗—路易·威登提起另一项诉讼，要求注销用于秘密收购少数股权的酩悦·轩尼诗—路易·威登股权互换。爱马仕称此举是法国股票市场历史上最大的欺诈行为，该公司正在寻求废除金融合同，并希望酩悦·轩尼诗—路易·威登将股票转售给法国兴业银行（Societe Generale

SA），纳蒂西斯（Natixis SA）和法国农业信贷银行（Credit Agricole SA）三家银行，以便将它们重新投放市场。

（五）收购以失败告终

2013 年 7 月 1 日，AMF 制裁委员会裁定对酩悦·轩尼诗—路易·威登罚款 1040 万美元。

2013 年 9 月 4 日，酩悦·轩尼诗—路易·威登宣布将不对 AMF 的裁决提出上诉。

2014 年 9 月 3 日，在法国法院的干预下，酩悦·轩尼诗—路易·威登宣布将其在爱马仕 23% 的股份分配给其股东和机构投资者，并同意在未来五年内不购买更多爱马仕股份。

2014 年 11 月 3 日，酩悦·轩尼诗—路易·威登发表声明称，经酩悦·轩尼诗—路易·威登董事会批准，它将放弃其爱马仕股票。2014 年 2 月 17 日，酩悦·轩尼诗—路易·威登正式放弃其爱马仕股票。酩悦·轩尼诗—路易·威登向其股东和机构投资者分配了 23% 的股份——当时价值 75 亿美元。阿诺特和他的家人现在拥有爱马仕不到 10% 的股份。

经过一系列监管调查，经历了各种刑事诉讼和民事诉讼后，双方最终达成和解协议，AMF 以违反公开披露原则判处酩悦·轩尼诗—路易·威登集团支付 800 万欧元的罚款，未来五年内酩悦·轩尼诗—路易·威登不能购买爱马仕任何股份，判定酩悦·轩尼诗—路易·威登集团将已持有的爱马仕 23% 的股份降低至 8%。

但无论如何，阿诺特的投资都已经获得了丰厚的回报。爱马仕的股价自 2010 年初以来已经上涨了 88%，2010 年 10 月 22 日以 176.20 欧元每股收盘。这意味着阿诺特已经得到了他对爱马仕投资的显著收益，根据估值，这些股份价值近 31.7 亿欧元，如果当期售出，隐含利润为 17 亿欧元。换言之，在监管机构面前，或许他输了，但从财务利润角度讲，他已经赢了，即便没有达到最后的收购目的。

三、股权互换

（一）互换

互换合约的诞生可以追溯到 1981 年 IBM 和世界银行签署的一笔货币互换。

世界银行的借款是美元，而 IBM 的借款是德国马克和瑞士法郎。世界银行（直接以马克和瑞士法郎借款是受限制的）同意支付 IBM 借款的利息，而 IBM 同意支付世界银行借款的利息。自 1981 年第一笔交易之后，互换市场发展迅猛，现在互换合约在场外衍生品市场中正起着至关重要的作用。举个简单例子，如果一家法国公司向一家美国公司贷出一笔为期 5 年的法国法郎贷款，利率 10%，而这家美国公司反过来又向这家法国公司贷出一笔等值的同样为期 5 年的美元贷款，利率 8%，通过这一过程，这两家公司就交换了本金和利息支付，这就等于法国公司按固定汇率以一定量的法郎换取一定量美元，即互换。

互换指两个公司达成的在将来交换现金流的合约。在合约中，双方约定现金流的交换时间与现金流数量的统计方法。且通常对于现金流的计算会涉及利率、汇率及其他市场变量在将来的值。互换合约是一种衍生合约，通过该合约，双方可以交换两种不同金融工具的现金流量或负债。大多数互换涉及基于名义本金的现金流量，例如贷款或债券，尽管该工具几乎可以是任何东西，但通常，一种现金流通常是固定的，而另一种则是可变的，并基于基准利率，浮动货币汇率或指数价格。互换交易不在交易所进行，散户投资者通常不会进行互换交易。相反，互换主要是根据双方需求定制的企业或金融机构之间的场外交易合同。

互换主要包括利率互换、货币互换、差额互换、股权互换、期权互换等多种互换，据国际清算银行的统计显示，利率互换交易占所有场外衍生品市场的 58.5%。利率互换是指双方同意在未来的一定期限内根据同种货币的相同的名义本金交换现金流，其中一方的现金根据浮动利率计算出来，而另一方的现金流根据固定利率计算。

而在酩悦·轩尼诗—路易·威登收购爱马仕这一案例中，主要涉及的互换是股权互换。

（二）股权互换

股权互换是指某个股指的总收益（股息和资本收益的总和）与某固定或浮动利率进行交换。股权互换同样也是衍生工具合约，其中双方同意在预定日期交换未来现金流量。现金流量被称为交换的“分支”，在大多数股权互换的交易中，一个分支与一个浮动利率（如 LIBOR）相关，另一分支与股票或股票指数的表现（权益分支）相关。

股权互换具有很大的灵活性，可以根据客户的需要进行定制，以方便参与互换合约。本质上，股权互换提供了对股票的敞口。

它也为衍生品合同涉及的交易对手提供了许多好处：①避免交易费用，同时也会带来税收优惠。②对冲风险，可用来对冲股票负回报的风险，且不放弃对股票的拥有权。比如，一个投资者持有一些股票，但他相信股票在短期内会下跌，而在长期中将大幅升值，所以他可以用股权互换来消除短期负回报，且不卖掉这些股票。③可以获取无法获取的证券收益，比如通过股权互换可以复制股票收益，而不需要真正拥有这些股票。

股权互换也主要由金融机构使用，包括投资银行、对冲基金和贷款机构或大型公司。为方便理解，举个简单的例子说明（见图5）：一方面，基金A想要得到C公司的股票回报（收益可能为正可能为负，合理假设，这里A相信C公司的股价会上升），却不愿意购买该公司的实际股票。另一方面，投资者B持有C公司的股票，且投资者B认为该公司的股价在短期内会波动，因此他希望对冲股票低回报的潜在风险。此时，基金A就可以和投资者B签订股权互换合约来实现各自的目标，双方支付额都基于名义本金计算，且注意，在开始和结束的两个日期，双方都会交换本金。

图5是一个简化的股权互换的例子，实际生活中，股权互换有多种形式的合同，前面也提到，可以根据需要具体定制，但不变的，是其本质内涵。上面的例子，其实包括股权互换，都是对赌的一种体现。而案例中的酩悦·轩尼诗—路易·威登集团就是通过设置了极其复杂的股权互换合约，悄无声息地在股票市场上以14.5亿欧元获得了爱马仕17.1%股份，成为除了爱马仕家族外第二大股东，操作可谓极其隐蔽和狡猾。事实上，酩悦·轩尼诗—路易·威登签订的股权互换就是为规避监管，偷偷增持爱马仕股票的手段。

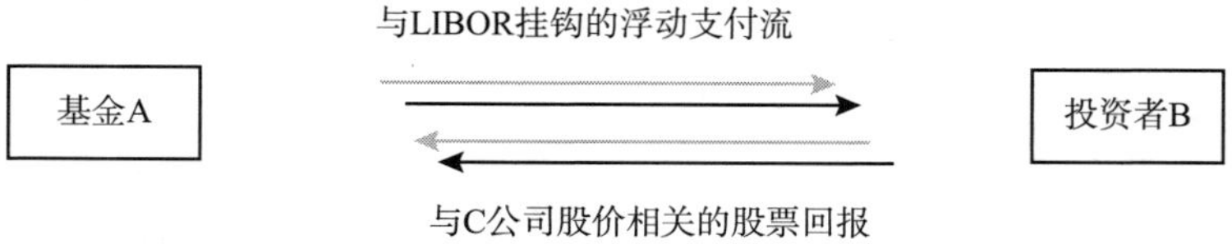

图5　股权互换

四、启示

（一）股权互换协议与恶意并购的联系

企业并购并非总是在友好的环境下进行的，在未获得对方董事会允许的情况下发起的收购，被称作恶意收购。本文案例酩悦·轩尼诗—路易·威登巧妙地运用了对赌协议，在爱马仕流通股量不大的情况下，成功拿下了22.02%的股份。酩悦·轩尼诗—路易·威登公司对股权互换协议的灵活运用，为企业管理者在未来的收购行为中，带来了新的启示。

在企业发起恶意收购时，股权互换协议可以作为一种非常规武器，起到出其不意的作用。如今市场上，巨无霸型的企业增多，而其在收购领域的应用无疑让中小企业的生存更为艰难。股权互换协议可以使企业更为隐蔽的发起恶意收购，被收购方的传统防范措施对于这样的袭击是难以应对的。对于企业，应当谨慎地运用股权互换协议，最基本的经济学原理告诉我们，风险与收益一定是并存的。使用协议时，我们要充分权衡对赌协议的利弊，深层次分析企业需求，尤其要遵守法律法规。在本文中的案例，酩悦·轩尼诗—路易·威登成为爱马仕第二大股东之后，转身就被告上了法庭，酩悦·轩尼诗—路易·威登与三家投行的股权互换协议是以现金结算的，为保证到期不违约，酩悦·轩尼诗—路易·威登应该在上一个会计年度对预留现金的去向做出披露，然而酩悦·轩尼诗—路易·威登却在年报中隐瞒了这一点，这无疑触及了AMF的底线。虽然一千万美元的罚款距离法律规定的最大罚款还有一定距离，虽然阿诺特在这一案例中仍然获益，但酩悦·轩尼诗—路易·威登集团在公司名誉及行业的损失仍是无法估量的。

（二）法律漏洞，监管力度不够

根据法国的监管法律，当投资者持有上市公司5%以上股份时需要进行公开披露，即所谓的举牌，正是这一规定导致了恶意收购的不易操作性；如果持股达到10%，则必须表明收购意图，并由AMF负责监管。但如酩悦·轩尼诗—路易·威登等为收购作了精心安排的集团，完全可以收购一个接近5%的股份，恰好避开举牌，为之后的收购做准备，且不需要披露。与此同时，AMF还规定对于潜在的股权变更不需要报备，这一规定也被酩悦·轩尼诗—路易·威登集团抓住了漏洞。利用股权互换这样的金融工具购入股票无须在到期日执行前公布，导致到了2010年10月阿诺特向市场公布自己的持股比例的时候，他所拥有的爱马仕股份已经达到了22%。所以虽然各国资本市场监管机构已经相继出台相关政策对类似的股权互换协议加以限制，但具体的效果有待观望。

（三）酩悦·轩尼诗—路易·威登并购之路

2019年11月25日，酩悦·轩尼诗—路易·威登集团以162亿美元收购了蒂芙尼（Tiffany & Co）。这不仅是奢侈品世界有史以来最大的一次并购，也是酩悦·轩尼诗—路易·威登集团董事长兼CEO、千亿美元富豪伯纳德·阿诺特人生中的最贵的一笔收购。从福布斯的实时财富榜上可以看到，这次收购之后，他以1083亿美元的身家赶超比尔·盖茨（Bill Gates），成为世界第二。媒体预测，阿诺特很有可能超越目前首富——亚马逊的杰夫·贝索斯（Jeff Bezos），坐上世界第一首富的宝座。如果说酩悦·轩尼诗—路易·威登是奢侈品界的航空母舰，那阿诺特必然是其中最为核心的掌舵人。因此，对于酩悦·轩尼诗—路易·威登集团的经营理念的挖掘变得十分有意义，使人受益匪浅。比如“只有精品或是真正拥有内涵的商品才能生存下来，金玉其外、徒有其表的品牌将愈发举步维艰”。比如在定价上，路易·威登定价时绝不采用“尾数定价”和“声望定价”策略，“永远不打折”。再比如路易·威登的广告注重“丰富度”而非“广度”，简而言之，它的广告不是为了扩大市场占有率，而是扩大心理占有率（即品牌感知），注重对已有客户的深度维护。这些经营理念都在核心、本质上成就了酩悦·轩尼诗—路易·威登今天的“奢侈品帝国”版图。

参考文献

［1］Jolly，D. LVMH – Hermès Dispute at a Boil［N］. THE NEW YORK TIMES，2013 – 05 – 29.

［2］LVMH Takes Minority Stake in Hermès［N/OL］. THE NEW YORK TIMES，2010 – 10 – 24.

［3］Moffett，M.，Stonehill，A.，and Eiteman，D. Fundamentals of Multinational Finance［M］. 5th Edition. Pearson，2014.

［4］Nicholson，C. V. LVMH Defends Its Big Stake in Hermes［N/OL］. *THE NEW YORK TIMES*，2010 – 11 – 10.

［5］Equity Swap Contract［OL］. CFI.

［6］Equity swap［OL］. Wikipedia.

［7］HERMES 2018 RESULTS［OL］. Hermes，2019 – 03 – 20. https：//finance.hermes.com/var/finances/storage/original/application/a8d1bb9c26fecd257938b576c2274d4d.pdf.

［8］Excellent performance of LVMH in 2014 Record Revenue and Net Profit［OL］. LVMH，2015 – 02 – 03. https：//www.lvmh.fr/wp-content/uploads/2015/02/lvmhannualresults2014 – va.pdf.

[9] Excellent performance of LVMH in 2015 Record revenue and Operating Profit [OL]. LVMH，2016 - 02 - 02. https：//r. lvmh-static. com/uploads/2016/02/lvmhannualresults2015va. pdf.

[10] LVMH 2016 record results [OL]. LVMH，2017 - 01 - 26. https：//r. lvmh-static. com/uploads/2017/01/press-release - 26 - 01 - 2017 - lvmh-anual-results - 2016 - va. pdf.

[11] LVMH 2017 record results [OL]. LVMH，2018 - 01 - 25. https：//r. lvmh-static. com/uploads/2018/01/lvmhannualresults2017va. pdf.

[12] Record results for LVMH in 2018 [OL]. LVMH，2019 - 01 - 29. https：//r. lvmh-static. com/uploads/2019/01/press-release-lvmh-annual-results - 2018 - va. pdf.

[13] 胡经天. 对赌协议在企业并购中的应用与风险防范 [J]. 现代商贸工业，2015 (8).

[14] 刘琼. LVMH 集团与爱马仕股权纷争和解 [N/OL]. 新浪财经. http：//finance. sina. com. cn/world/20140905/015420217525. shtml.

[15] 约翰·赫尔著，王勇，索吾林译. 期权、期货及其他衍生产品 [M]. 北京：机械工业出版社，2009.

[16] 贺燕青. 全球最大奢侈品集团成长启示——《路易威登的秘密》[J]. 读书笔记 (22). https：//xueqiu. com/7682184830/135375827.

[17] 2019 年 Interbrand 全球最佳品牌 100 强 [OL]. MBA 智库·百科，2019 - 10 - 23. https：//wiki. mbalib. com/wiki/2019% E5% B9% B4Interbrand% E5% 85% A8% E7% 90% 83% E6% 9C% 80% E4% BD% B3% E5% 93% 81% E7% 89% 8C100% E5% BC% BA#. E5. 8F. 82. E8. 80. 83. E6. 96. 87. E7. 8C. AE.

国有股东的控股地位和控制权市场竞争

——基于“鄂武商事件”的案例研究

张媛春

一、引言

股权分置改革是我国国企产权改革的重要举措，股权分置改革降低了国有企业股权集中度，使股权结构趋于制衡性和多元化，但与此同时这样的股权结构也削弱了国有股东对控制权的掌控，为企业控制权的市场竞争提供了必要条件。因此，股权分置改革在解决“一股独大”问题的同时也将控制权竞争的问题推到了国有企业面前。作为国有上市公司的武汉武商集团股份有限公司（以下简称“鄂武商”）在股改之后6年内发生了两次激烈的控制权争夺战，这一事件折射出国有股东同样面临着在竞争中失去企业控制权的风险。保持国有经济的控制力和影响力是我国国有资产调整和国企重组的主要原则之一，然而这一原则的贯彻在股改之后面临着新的挑战。在竞争格局之下，要确保国有企业的控制力和影响力首先要确保国有股东的市场竞争能力，而这恰恰是长期拥有绝对控制权的国有股东所欠缺的。鄂武商控制权之争（以下简称“鄂武商事件”）呈现出了非国有股东对于控制权的冲击，反映了国有股东所面临的竞争性风险以及国有股东竞争能力的问题，是一个具有代表性的案例。本文将以此案例为对象，讨论在股改后形成的新的产权格局之下，国有股东参与控制权市场竞争的问题。本文的研究可以为国有股东控制权问题的理论研究和制度创新提供相应的线索和参考。

公司控制权是极具价值的企业资源，对控制权的争夺会导致企业控制权的转移，并由此引发企业契约结构的根本性变化。因此，以敌意接管为主要方式的公司控制权竞争一直以来都是资本市场关注的重要事件。不仅如此，不同管理团队对企业控制权的竞争也构成了一种外部的公司治理机制，实现了市场竞争机制在配置公司控制权资源中的作用（Manne，1965）。自曼尼（Manne）提出控制权市场理论之后，很多研究从不同角度对控制权市场的有效性进行了论证（Jensen & Ruback，1983；Kaplan，1989；Song & Walkling，1993；Hitt et al，1996；Höpner & Jackson，2006；Van Apeldoorn & Horn，2007；Kumar & Ramchand，2008）。最新的研究进一步关注到在控制权竞争中不同利益相关者的行为与交易效率的关系。罗宾森（Robinson，2009）的研究提供了一个比较独特的视角，指出了敌意接管方的内部人持股状况对于控制权竞争的影响。罗斯（Rose，2009）的研究关注到一个"摇摆不定"的董事在控制权竞争中所扮演的角色，认为这种董事会往往会降低目标公司的价值。奥芬博格（Offenberg，2009）的研究则揭示了外部市场对管理者控制权竞争行为的反应。以我国资本市场的经验看，由于较高的股权集中度和股权的非流通性的限制，上市公司的控制权市场竞争并不活跃，对于控制权竞争的研究也呈现出不同的认识和结论。李善民等（2007）对太太药业收购丽珠集团的案例分析显示了控制权市场竞争对于股东财富的正向作用，而朱红军和汪辉（2004）以及徐细雄和刘星（2012）的研究则揭示了控制权争夺所产生的内耗对于公司价值的损害。崔宏和夏冬林（2006）的研究揭示了全流通条件下的公司控制权市场失灵的状况，而陆瑶（2010）的研究则指出股权分置改革和新的上市公司收购管理办法对于控制权市场有激活作用，促进了上市公司的价值提升。

我国资本市场上的控制权竞争与西方的控制权市场理论所讨论的对象有所不同。在我国，国有股东是掌握公司控制权的一类特殊性主体。这种特殊性主要表现在两个方面：首先，我国的基本经济制度是以国有经济为主体的，保持国有经济的控制力和影响力是我国国有资产调整和国有企业重组所需坚持的主要原则之一；其次，国有大股东同时承担着企业责任和宏观经济的社会责任。因此，解读国有股东的控制权市场竞争不能简单地套用优胜劣汰的竞争法则，这个具有我国经济特色的控制权问题需要新的理论探索，这也是本文研究的必要性所在。

本文对"鄂武商事件"的研究将围绕以下几个问题展开：首先，"鄂武商事件"的制度背景是什么？该事件是否具有代表性？其次，国有股东参与公司控制权竞争是否有碍于市场资源配置？再次，国有股东在控制权市场竞争中面临的竞争约束及平衡机制。最后，在案例研究基础上讨论相关的政策问题。

二、股权分置改革与国有上市公司控制权之争：鄂武商事件的典型性

2011 年 3 月 29 日，证券简称：鄂武商发布了关于大股东浙江银泰投资有限公司二级市场增持股份的提示性公告。① 至此公告发布日，以第二大股东（武汉银泰商业发展有限公司）和第三大股东（浙江银泰百货公司）为代表的银泰系已经控制了鄂武商 22.72% 的股份，持股比例超过了以第一大股东［武汉商联（集团）股份有限公司］② 为代表的国资系，鄂武商随之停牌，以核实公司是否发生第一大股东变更。此事件成为鄂武商 2011 年控制权之争的起点，然而这场颇受注目的国有上市公司控制权之争其实是双方控制权争夺的延续而非开端，国资系与银泰系的控制权之争应当追溯到 2006 年。事实上双方在 2006～2011 年 6 年之内进行了两次股权争夺，附表列示了这两次控制权争夺战的主要信息，其中包括主要事件的公告时间、事件内容、事件引发的股权变动比例以双方控制的股权之比。附表中的信息来自深圳交易所上市公司公告。

从附表可以看出，第一次控制权争夺战发生于 2006 年。2006 年 4 月 13 日，银泰系发布公告称其持有鄂武商的股权比例为 18.22%，超过了居于第一大股东地位的国有资产管理公司的持股比例（17.23%），并于次日发布收购报告书③，声称此次收购的目的是获取鄂武商的控股地位，由此引发了双方之间的第一次争夺。双方通过二级市场增持、联合一致行动人等方式争夺可控制的股权，形成了拉锯战的局面，国资系与银泰系可控股权比例经历了由 17.23%：16.30% 至 17.23%：18.11%，再至 19.66%：20.24% 最后至 22.68%：20.24% 的变化过程。在这一过程中，国资系多次实施联合一致行动人措施，经过几番争夺，在国资系可控制的股权比例高出银泰系 2.44% 之后，2006 年 10 月 18 日，鄂武商公告银泰系撤回《收购报告书》，双方第一次控制权之争暂时告一段落。鄂武商第二次控制权争夺战发生于 2011 年。2011 年 3 月 29 日，银泰系称其实际控制股权比例达到 22.72%，超过国有第一大股东所实际控制的股权比例 22.68%，再度引发了国资系与银泰系的控制权争夺。从 2011 年 3 月 29 日到 2011 年 6 月 3 日，双方经历了三轮轮番成为第一大股东的拉锯战之后，国资系以联合一致行动人，二级市场增持、大宗股权交易等一系列方式控制了 29.99% 的股权，即将达到

---

① 见附表之注①。
② 2007 年之前，鄂武商的第一大股东是武商联集团的母公司——武汉国有资产经营公司。
③ 见附表注⑤、注⑥。

《上市公司收购管理办法》所规定的要约收购比例。2011 年 7 月 15 日，国资系公告将联合一致行动人继续增持，并计划在持股比例达到 30% 时进行要约收购。至此，双方第二次股权之争暂告结束。

本文认为，"鄂武商事件"的直接起因是股权分置改革所导致的上市公司股权结构的实质性变化。2006 年 3 月鄂武商实施了 10 股送 3.5 股的支付方案，这使国有大股东（国有资产经营公司）的股权比例由原来的 29.75% 降至 17.23%；同时使由银泰系控制的股权比例由 13.11% 增至 14.72%，双方持股比例差距由原来的 16.64% 降低至 4.21%。实施股改之后，鄂武商由原来国有大股东占据控股地位的单一集权式结构转变为由持股相近的不同产权性质的大股东相互制衡的多元化股权结构，股权集中度明显降低。图 1 显示了鄂武商股权结构历年的变化趋势。本文选择了三个指标度量股权集中度：①SHCR 代表第一大股东持股比例。②Z 指数代表第一大股东持股比例与第二、第三大股东持股比例合计数之比。③H 指数代表前三大股东持股比例的平方和。指标的计算数据来自 CSMAR 数据库。2006 年上半年，即公司改革之后，SHCR 由 29.75% 减至 17.23%；Z 指数由 5.4 降至 1.09；H 指数由 9% 降至 4.23%，其中，代表制衡程度的 Z 指数的相对下降幅度最大。股权分置改革所形成的制衡性的股权结构为鄂武商的控制权之争提供了必要条件，2006 年的控制权争夺就是承接股改而起的。经历了 2006 年第一次控制权争夺之后，鄂武商股权结构的制衡程度进一步提高，Z 指数由 1.09 变为 0.87。除此之外，企业实质权力的制衡程度也进一步加强，尽管银泰系在第一次争夺中未能成功获取控制权，但却获得了董事会的一个席位。[①] 制衡性的权力结构为进一步的控制权争夺留下了空间，2011 年国资系和银泰系的控制权之争再起，尽管国有股东在这次争夺中一定程度上拉大了股权差距，但是基本上没有改变制衡性的权力格局，这意味着国有股东仍然要面对在竞争中失去控制权的风险。

我们认为"鄂武商事件"并非国有股东控制权风险的特例。通过上述对鄂武商事件的简要回顾可以看出，股权分置改革是控制权竞争的基本背景。因为股权分置改革之前，国有股东的股权比例占绝对优势，企业权力结构相对平稳；股权分置改革之后，产生了与国有股东股权实力相当的大股东，这才使鄂武商控制权争夺战的发生有了可能，而股改是我国国有企业产权改革的重要举措，是国有上市公司共同的制度背景，其最直接的作用是降低了以国有股东为主体的大股东的

① 见深证交易所上市公司公告《武汉武商集团股份有限公司第四届十五次董事会决议公告》。

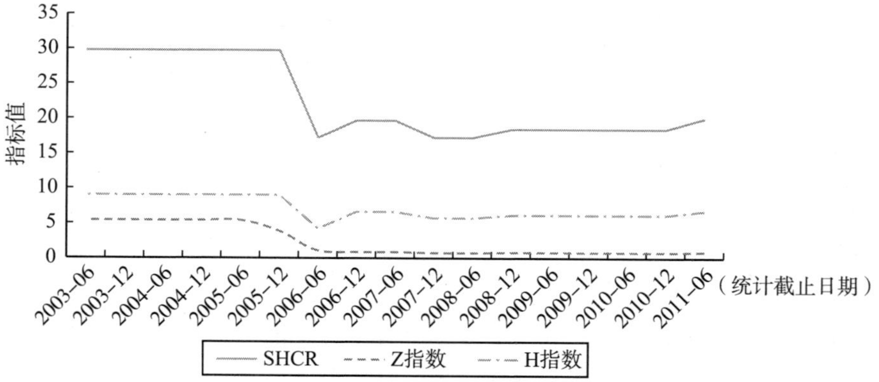

图 1　鄂武商股权集中度 2003～2011 年趋势

持股比例，弱化了大股东对公司的控制权，这种作用是系统性的。本文由此认为，“鄂武商事件”集中反映了股改之后国有股东的控制权问题，具有很强的代表性。为证明这个判断，我们对深沪两市国有上市公司的股权结构数据进行了统计分析。选取的样本是已经完成股改并且截至 2010 年 12 月 31 日股改时间超过 12 个月（即第一阶段解禁期结束）的国有上市公司，共包括 696 个样本。图 2 显示了样本公司 2003～2010 年股权集中度的变动趋势。可以看出，一个明显的趋势是股权集中度的下降。股改时期①（2005 年 6 月～2006 年 12 月）是国有上市公司股权集中度下降幅度最大的时期，而代表股权制衡程度的 Z 指数在这一时期的变化最为明显。

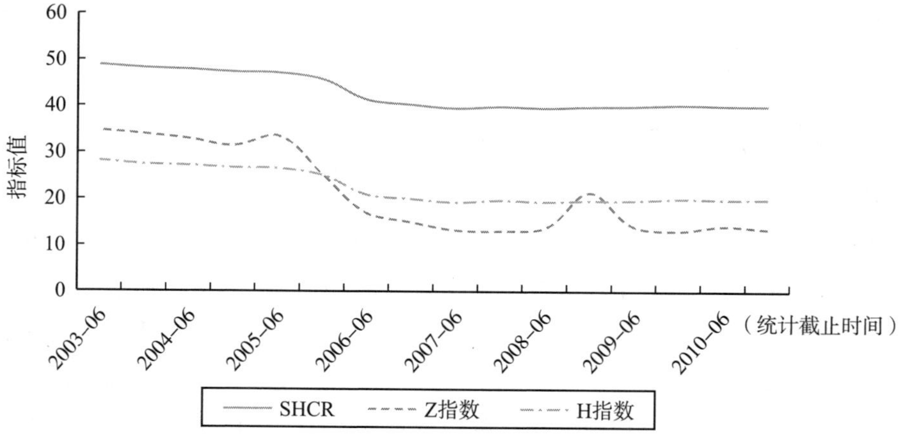

图 2　国有上市公司股权集中度 2003～2010 年趋势

① 696 个样本中有 640 个的股改发生在 2005 年 6 月～2006 年 12 月。

我们进一步对样本公司股改前后的股权结构进行了直接的比较，以获得股改对国有上市公司股权集中度产生影响的直接证据，相关数据来自 CSMAR 数据库。表 1 列示了股改前后 SHCR、Z 指数和 H 指数的配对平均数的 t 检验结果。股权分置改革前的股权集中度指标的取值是距股改完成日最近一期的统计值，统计截止日期距股改完成日在 6 个月之内。股改后的指标数据取值于 2011 年 12 月 30 日的股权结构数据。从表 1 中可以看出，股改后的股权集中度明显低于股改前的股权集中度，各个指标的平均值的差别在 1% 的水平下显著。其中，Z 指标股改前后的差异度最大。

表 1　　国有上市公司股权集中度变化

股权集中度指标	股改前	股改后	股改后减股改前
SHCR（%）	46.70	38.38	-8.32*** (0.0000)
Z 指数	25.43	15.35	-10.08*** (0.0000)
H 指数（%）	26.07	18.23	-7.84*** (0.0000)

注：*** 表示差别在 1% 的水平下显著。

为证明股改引发的国有大股东控股地位的降低，本文对国有股东股改前后的控股情况进行了分类统计，表 2 列示了相关统计结果。我们将国有大股东持股比例按高低分为四个持股层次：股权比例介于 5% ~20% 的为第一层；介于 20% ~30% 的为第二层（接近相对控股）；介于 30% ~50% 的为第三层（相对控股地位）；50% 以上的为第四层（绝对控股地位）。表 2 纵向列示的是股改前样本公司在各层次的数量分布情况，横向列示的是股改后样本公司在各个层次上的分布情况。总体来看，经历了股改之后，国有股东从较高的持股层次降为较低的持股层次的有 307 家，占总体样本的 44%；而从较低的持股层次升至较高持股层次的只有 44 家，仅占总体样本的 6%。在股改前居于绝对控股地位的国有股东中，有一半以上在股改后失去了绝对控股地位（179/325）；在股改前居于相对控股地位的国有股东中，有近 40% 的国有股东在股改后失去了相对控股地位（89/234）。由此可以看出，股权分置改革较大程度地削弱了国有股东在上市公司的控制地位。

表 2　　国有大股东持股量的分布

股改前第一大股东持股比例	股改后第一大股东持股比例				
	5% ~20%	20% ~30%	相对控股（30% ~50%）	绝对控股（50% 以上）	合计
5% ~20%	18	5	2	1	26
20% ~30%	39	54	8	10	111
相对控股（30% ~50%）	13	76	127	18	234
绝对控股（50% 以上）	6	21	152	146	325
合计	76	156	289	175	696

注：30% ~50% 为相对控股权；50% 以上为绝对控股权。

根据上述研究，本文认为股权分置改革所形成的制衡性股权结构是引发“鄂武商事件”的重要原因，而这种由股改形成的制衡性股权结构在国有上市公司中具有普遍性。因此，“鄂武商事件”是国有上市公司股改之后控制权竞争问题的典型案例。

三、国有股东是否应当参与控制权市场竞争：基于效率的分析

随着产权改革的推进，国有股东的控制权已经不可避免地暴露于市场的竞争风险之中，那么，国有股东应该如何应对？这是国企改革面临的新问题。本文认为对于这样一个问题，首先需要讨论清楚国有股东是否应当参与控制权的市场竞争。

自曼尼（1965）提出控制权市场的概念之后，很多实证研究论证了这一市场的有效性，认为由敌意接管形成的公司控制权市场可以使企业资源配置到更有管理能力的团队手中，在实现效率的同时也形成了一种外部治理机制。控制权市场认为成功的接管优化了资源的配置，而没有成功的接管则意味着效率的潜在损失。根据控制权市场理论，如果国有股东维护和争夺控制权是否一定意味着效率的潜在损失呢？我们认为并非如此。因为控制权市场理论本身存在一定的局限性。曼尼在提出控制权市场的同时也强调了这一点，指出这一理论依赖的基本假

设是公司市场价格和管理者效率的高度正相关关系。以这一假设为逻辑起点，管理低效的公司市场价格低，易于成为接管的目标，而高效的管理可以创造高的市场价格，以此覆盖接管所支付的成本。由于低效的管理团队总是可能被高效的管理团队取代，竞争规则下的控制权市场是一个有效的市场。而反接管则意味着低效管理者固守企业控制权，使企业资源无法转移到高效的管理团队手中，因而造成了效率的损失。然而，市场价格与管理团队的效率高度正相关是一个过于强势的假设。因为接管者所支付的较高的收购价格不一定来源于接管后通过高效管理产生的企业价值，也可能来源于接管后获取的控制权私利。当接管者的控制权私利较高时，通过竞价获得控制权的“优胜者”未必是高效的管理者，也有可能是获取较高控制权私利的管理者。如果效率并非接管的必然结果，那么反接管也并非必然导致效率损失。

我们通过一个简单的模型来分析考虑控制权私利下的控制权竞争。令 B_t、B_s 分别为接管者和被接管者利用控制权可以获得的控制权私利；Y_t、Y_s 分别为在接管者和被接管者管理下，企业可以实现的每股价值；令 θ 代表接管者接管控制权的所需获取的股票数量。接管者可以为此支付的每股最高的价格为：

$$\bar{P}_t = \frac{B_t + \theta Y_t}{\theta} \tag{1}$$

每股最低价格为接管时股票的市场价值，也即 Y_s。接管者可能的支付 P 介于 $[Y_s, \bar{P}_t]$ 之间，这一价格受被接管者的控制权竞争能力 λ 的影响，λ 介于 (0，1] 之间，$P = \lambda \bar{P}_t + (1-\lambda) Y_s$。

λ 越大，意味着被接管者的争夺控制权的能力越强，接管者要想获得控制权所需支付的代价越大。在这种情况下，令 α 为被接管者持有的股票数量，被接管者保护控制权所需增持的股票数量为 $\theta - \alpha (\theta > \alpha)$，那么被接管者可以支付的每股最高价格为：

$$\bar{P}_s = \frac{B_s + \theta Y_s}{\theta - \alpha} - \frac{\alpha}{(\theta - \alpha)}\left(\frac{B_t + \theta Y_t}{\theta}\right)^{①} \tag{2}$$

---

① 维护控制权所获收益为：$B_s + \theta Y_t$；而成本包括增持的成本 $[\bar{P}_s \times (\theta - \alpha)]$ 和放弃股权出售的机会成本 $\left[\alpha \times \left(\frac{B_t + \theta Y_t}{\theta}\right)\right]$，被接管者维护控制权所获得的收益不应高于其为此付出的成本，因此其可能支付的每股最高价格应符合如下的条件：$B_s + \theta Y_t = \bar{P}_s \times (\theta - \alpha) + \alpha \times \left(\frac{B_t + \theta Y_t}{\theta}\right)$，则有 $\bar{P}_s = \frac{B_s + \theta Y_s}{\theta - \alpha} - \frac{\alpha}{(\theta - \alpha)} \left(\frac{B_t + \theta Y_t}{\theta}\right)$。

通过价高者得的市场竞争规则，接管者获得控制权的充分条件为：$\bar{P}_t > \bar{P}_s$。将式（1）和式（2）分别代入，可以得到 $\bar{P}_t > \bar{P}_s \Leftrightarrow B_t + \theta Y_t > B_s + \theta Y_s$。由此可见，成功接管控制权的条件为：$\frac{B_t - B_s}{\theta} > Y_s - Y_t$，而并不一定是 $Y_t > Y_s$。因此，当接管者控制权私利很大时，即使管理能力不如被接管者，也可能成功实现控制权接管。因此，被接管者对控制权的维护和争夺并不一定是违反效率原则的。

就“鄂武商事件”而言，国资系与银泰系对控制权争夺的主要目的在于鄂武商对于武汉商业圈的重要战略价值。2006 年，中共中央国务院发布《中共中央国务院关于促进中部地区崛起的若干意见》，要求在中部建立大型流通企业集团，着力发展现代服务业，“武汉城市圈”在中部崛起战略中发挥着重要的作用。在这一背景下，鄂武商对于作为大型商业集团的国资系和银泰系而言都具有很高的战略价值。作为鄂武商的第一大股东，武汉国资管理公司（其后为武商联集团）[①]，同时也是武汉中百和武汉中商两家上市公司的大股东，其主要职责是在三家上市公司之间优化资源配置，合理布局网点，形成相互之间的良性互动的一体化格局，取得区域性的商业规模优势。作为控制权竞争另一方的银泰系也是以百货零售业为主营业务的大型百货零售产业，其发展策略是“巩固浙江领导地位、复制区域领先优势、面向全国连锁扩张”，通过自营式发展和投资式发展，打造商业旗舰，成为中国一流时尚连锁百货集团。在对地处中西部腹地的武汉的商业氛围抱有良好预期之下，对鄂武商进行收购，即是银泰系这一发展战略中的重要一环[②]。因此，鄂武商之争其实质是战略价值之争，而战略价值是控制权股东私利的一种存在形式（Dyck & Zingales，2004）。由此可见，鄂武商的争夺重点主要在于控制权私利。控制权是有价值的企业资源，这对于国有股东而言同样如此。正如其他企业维护控制权一样，国有企业也可以争夺和维护企业的控制权。只要竞争的方式符合市场规则，就是一种合理的市场行为。而与私有股东不同的是，国有股东的控制权私利包括运用控制权追求非经济目标实现社会价值，这其中包括保障就业、配合地区发展的战略目标等。

在关于 20 世纪 80 年代美国接管浪潮的实证研究中，有证据表明反接管引发了市场的负面反应（Dodd & Ruback，1977；Bradley et al.，1983；Jensen & Ruback，1983），市场的负面反应在一定程度上佐证了反接管可能形成的效率损

---

① 2007 年 5 月 16 日，鄂武商第一大股东（武汉国有资产经营公司）的控股子公司（武商联集团）收购了武汉国有资产经营公司所持有的全部鄂武商的股份，成为鄂武商第一大股东。

② 见附表注⑩。

失。基于此，本文也对国有股东争夺行为的市场反应进行了实证分析，以观察市场对于国有股东争夺控制权的态度。我们搜集了在鄂武商事件中国有大股东争夺控制权的主要事件点，这些事件观察点包括了两次控制权之争期间，国有大股东增持股权并公告第一大股东地位得以维护的事件。在这些事件中筛除了以下的事件点：一是公告当日停牌的事件点；二是公告当日或前一日有其他重要事件干扰的事件点。我们计算了经筛选后的事件点当日的市场超额收益率，发现市场反应为正（见表3）。在“鄂武商事件”中，我们并没有发现国有股东争夺控制权会造成效率损失的市场证据。

表3　　　　国资系争夺控制权事件的市场反应

事件公告时间	事件内容	市场反应		
		CAR Ⅰ	CAR Ⅱ	CAR Ⅲ
2006. 09. 20	国资系联合一致行动人增持并公告仍为第一大股东	+0. 0162	+0. 0202	+0. 0176
2006. 09. 27	国资系联合一致行动人增持并公告仍为第一大股东	+0. 0008	+0. 0095	+0. 0019
2011. 03. 30	国资系联合一致行动人增持并公告仍为第一大股东	+0. 0432	+0. 0377	+0. 0467
2011. 04. 11	国资系联合一致行动人增持并公告仍为第一大股东	+0. 0435	+0. 0381	+0. 0470
2011. 08. 03	国资系公告将增持至30%以上，并进行要约收购	+0. 0032	+0. 0139	+0. 0114

注：CAR Ⅰ是运用市场模型计算的累计超额收益率，2006年和2011年的事件的期望收益估计期间分别是2005. 01. 31～2005. 11. 30和2010. 04. 27～2011. 02. 28，估计期间的选择主要是考虑避开股改及争夺事件本身的影响；CAR Ⅱ是运用均值调整模型计算的累计超额收益率，期望收益估计期间与市场模型相同；CAR Ⅲ是运用市场调整模型计算的累计超额收益率。

四、国有股东的市场竞争约束与国企职工的话语权

表4列示了“鄂武商事件”国资系和银泰系增持股权的方式和数量。可以看出，国资系采取的主要是联合一致行动人方式，而银泰系主要采取的是市场交易方式。国资系采取联合一致行动人方式增持的股份数量占其增持总量的近60%，银泰系运用交易方式增持的股份数量占其增持总量的75%。相对于国资系，银

泰系更多地倚重市场手段，所选择的市场竞争方式也更加多样化。

表 4　股权争夺方式及数量

项目		国资系	银泰系
股权争夺方式		增持数量	增持数量
联合一致行动人		7.44%	5.67%
市场交易	二级市场收购	5.32%	11.32%
	协议转让	0	5.82%
	公开拍卖	0	0.26%
合计		12.76%	23.07%

我们认为国有股东要应对控制权的市场竞争，市场交易的竞争方式应该是更为合理和长远的选择，但是国有股东在市场交易方面存在一些约束因素。除了交易的决策程序不够灵活之外，国有股东的竞争约束还来自国有企业的非经济目标和社会责任。国有企业是我国资本市场上的特殊主体，这种特殊性表现在国有企业同时拥有非经济目标和经济目标。国有企业经济目标的产生所依托的企业制度基础与一般企业经济目标的产生所依托的企业制度基础有着根本性的差异，一般企业是天生逐利的，而国有企业的逐利动机是其非逐利的天性的衍生物（黄速建和余菁，2006）。在国有企业诸多非经济目标中，提供就业岗位，调节收入分配是最为重要的目标之一，这使国有企业和国企员工之间形成了较为稳定的长期契约。本文认为，当国有股东面临控制权市场竞争时，国有企业的雇佣关系对国有股东的竞争力构成了约束。控制权市场竞争是价高者得的游戏规则，其实质是看竞争双方谁能给出更令股东满意的股权赎买价格。给定其他竞争条件不变，相对于国有股东，非国有股东具备通过降薪裁员等手段提高股东价值的灵活性，而国有企业的长期和稳定的雇佣关系约束了国有股东在这方面的竞价能力。

我们运用前面提到的简单模型对国有股东的竞争约束加以分析。如果非国有企业通过获取控制权后的裁员减薪降低雇佣成本，则可以增加股东收益，提高股权的赎买价格。非国有股东的每股最高价格将由 $\bar{P}_t$ 提高至 $\tilde{P}_t = \frac{B_t + \theta(Y_t + \Delta Y)}{\theta}$，$\Delta Y$ 代表雇佣成本降低所带来的每股价值的提高。如果国有股东不能通过裁员减薪来提高股权竞争价格的话，在其他条件不变的情况下，非国有股东最高价格高出国有股东最高价格的差距也会相应产生 ΔY 变化，这在一定程度上弱化了国有股东的竞价能力。

本文认为，对于国有股东的竞争约束，赋予国有企业员工在控制权争夺过程中的话语权是一种合理的平衡机制。国有企业的职工在企业中的地位不同于非公有企业雇员，这不仅表现为长期稳定的雇佣关系，还在于国有企业所提倡的职工的主人翁意识。这使国企职工的效用不仅来自薪酬和晋升等经济收益，还包括国企职工身份所带来的稳定感和荣誉感等心理收益。控制权的转移同时意味着国企职工身份的变化，如果赋予职工话语权，国企职工会对身份转变所导致的收益变化提出对应的补偿要求，令 U_s 代表国企职工的收益，δ 代表国企职工身份转变所要求的补偿折算系数。当国企职工拥有话语权时，非国有股东的接管者要想获取控制权，不仅要满足股东的要求还要满足国企职工的补偿要求，即接管者对于职工的安置补偿承诺（$\bar{U}$）要大于职工的补偿需求，需满足条件：$\bar{U} \geqslant \delta \cdot U$。那么，非国有接管者的每股最高价格将由 $\tilde{P}_t$ 降至 $\hat{P}_t = \dfrac{B_t + \theta\left(Y_t + \Delta Y - \dfrac{\bar{U}}{T}\right)}{\theta}$，（T 代表企业股票总数）。非国有股东最高价格高出国有股东最高价格的差距也会相应缩小。因此，赋予国企职工在控制权争夺过程中的话语权能够在一定程度上平衡国有股东的竞争约束。

赋予国企职工话语权并不是单向的保护国有股东控制权，而是激励其更好地参与竞争。从上面的模型可以看出，补偿系数 δ 是平衡机制的关键，δ 越高意味着国企职工地位带给职工的总体收益越高，接管者所需支付的补偿才会越高。也就是说，只有能够给职工带来长期利益的国有股东才更有可能通过职工的话语权平衡在竞争中的劣势。

赋予国企职工话语权是否存在理论依据呢？现代公司制度将企业控制权赋予了企业的所有者，主要基于私有财产的基本逻辑（伯利和米因斯，1932）。企业的所有者获取的是企业的剩余利润，这种分配制度使所有者以其私有财产承担了企业的剩余风险，为了保护其所投资的财产，现代公司制度将企业的剩余控制权赋予了企业所有者，也就是公司的股东。然而本文认为，国有企业的职工也应当与股东一样分享企业的控制权，因为国企职工同样承担了企业的剩余风险。国企与员工所形成的是一种长期稳固的契约关系，不仅如此，国企职工培养的主人翁意识所形成的心理契约[①]在很大程度上巩固了企业和职工之间的契约关系。在这

① 科特尔（Kotter，1973）对心理契约作了一个比较明确的界定，认为心理契约是个人与组织之间的内隐协议。协议中的内容包括一方为另一方付出什么，同时又得到什么。

种长期契约关系下，国企职工对企业进行的是“人质”性投资，即长期雇佣关系下，员工未来的工资部分其实具有员工对企业进行投资的性质（青木昌彦和奥野正宽，2005）。对职工而言“人质”性投资也是一种风险投资，因为其可能返还的金额一定程度地取决于企业的业绩和企业的性质，并且长期人力资本的投资一般具有企业的专用性，也会形成“套牢”风险。企业因控制权转移而发生性质改变，意味着上述长期契约的基础发生了改变，为了保护职工的“人质”性投资，应该赋予职工一定的话语权，这是符合契约精神的。

五、政策问题讨论

2006 年，国资委在《关于推进国有资本调整和国有企业重组的指导意见》（以下简称《指导意见》）中强调了国有资本调整和国有企业重组的基本原则，其中第一条就是“坚持公有制为主体、多种所有制经济共同发展的基本经济制度。毫不动摇地巩固和发展公有制经济，增强国有经济的控制力、影响力、带动力，发挥国有经济的主导作用”。但是同时要“毫不动摇地鼓励、支持和引导非公有制经济发展，鼓励和支持个体、私营等非公有制经济参与国有资本调整和国有企业重组。”本文认为，这一基本原则的贯彻并不是一个自我实现的过程，而是需要培育国有股东，尤其是上市公司国有股东对于企业权力的竞争力和控制力。股权分置改革的推进为非公有制资本竞争国有上市公司的控制权提供了必要条件，随着越来越多的非公有制资本成为国有企业的战略投资者和重要股东，国有企业尤其是国有上市公司的控制权已经不可避免地暴露于市场的竞争风险之下。我们认为，在业已形成的竞争格局之下，要在“鼓励和支持个体、私营等非公有制经济参与国有资本调整和国有企业重组”的同时“增强国有经济的控制力、影响力、带动力”，关键在于增强国有股东在控制权市场上的竞争能力。

（一）国有股东控制权市场竞争与“国有资本有进有退”

我们认为国有股东应当通过提高市场竞争能力维护国有经济的控制权和影响力，国有股东参与控制权的市场竞争与“国有资本有进有退”并不冲突。国有股东参与竞争并非意味着一定“不退”，而是通过竞争实现“有进有退”，这样更可能产生有效的结果。控制权是具有价值的企业资产，国有股东的控制权也是有价值的国有资产。在国有企业产权改革的进程中，由于国有股权的过度集中和非流通性的限制，绝大多数国有上市公司的控制权转移是通过股权协议转让实现的。徐信忠等（2006）在对我国上市公司非流通股协议转让的研究中发现，非流通股协议价格基本处于折价状态。我们认为这除了非流通性限制的折价之外，还可能包括出让方议价能力低所造成的折价。[①] 由于非流通性的限制，国有股权协议转让始终缺乏客观的定价标准，而控制权的转让价格的高低很大程度上决定了国有控制权价值的实现程度。市场竞争具有价值发现的作用，以竞争的方式退出，可以利用市场竞价机制合理地获取国企控制权的价值补偿。正如我们在前面的模型中分析过的，被接管者的市场竞争能力越强，接管者获取控制权所支付的代价越大，当这一代价大于被接管者掌握控制权的收益时，控制权的协议转让方式就有可能成为接管的替代方式，而此时的协议转让价格是通过市场竞争力的较量之后的价格，控制权的出让方可以更好地实现控制权价值的补偿。

（二）如何平衡国有股东的控制权竞争约束

股权分置改革之前，国有股东的股权集聚和股权的非流通性使得国有股东的控制权一直比较稳固。以“鄂武商事件”看，国有股东应对来自市场的控制权争夺的意识、方法和能力都有待提高。本文第三部分的研究显示，国资系在控制权竞争中更多的是使用联合一致行动人的方式，这很容易被视为是一种“准行政”手段。因为政府是管理者，掌握着很大的行政权力，这在联合一致行动人的过程中，有可能发挥很大的强制作用。短期来看，“准行政”手段对于国资系而言也许是便捷和有效的，但是长期来看，却不利于贯彻“鼓励和支持个体、私营等非公有制经济参与国有资本调整和国有企业重组”的基本原则。

本文的研究论证了赋予国企职工在控制权竞争中的话语权是平衡国有股东竞争约束，增强竞争力的合理机制，同时也符合企业理论的权力分配原则。《指导意见》指出国有资本调整和国有企业重组的基本原则之一就是要“坚持维护职工合法权益，保障职工对企业重组、改制等改革的知情权、参与权、监督权和有关事项的决定权，充分调动和保护广大职工参与国有企业改革重组的积极性”。具体到企业控制权竞争，《指导意见》中也给出了主要的政策措施：比如“国有独资企业引入非国有投资者的改制方案和国有控股企业改制为国有资本不控股或不参股企业的方案，必须提交企业职工代表大会或职工大会审议，充分听取职工意见；职工安置方案须经企业职工代表大会或职工大会审议通过后方可实施改制”。

① 戴克和津加雷斯（Dyck & Zingales，2004）的研究显示影响协议转让价格的一个重要因素是交易双方的议价能力。

以及“对国有及国有控股企业之间的重组，……具体重组方案应及时向职工代表大会通报”等。从“鄂武商事件”看，上述原则和政策措施还没有发挥出相应的作用。本文认为，基本原则和政策措施的贯彻需要有意识的企业制度创新，需要具体的公司制度和实施细则。比如说，依据《指导意见》，将国有职工在控制权转换中的话语权以公司章程具体条款的形成确定下来，形成防御敌意接管的公司措施等。在西方资本市场中，修改公司章程，加入特殊的修订条款就是公司增加收购难度，防御敌意接管的重要措施，这其中包括“分类董事会条款”“绝对多数表决条款”等。

六、结语

股权分置改革是国企产权改革的分水岭，在制衡性的多元化股权结构下，国有股东必须面对激烈的控制权市场竞争。对于国有股东而言，企业控制权的转移已经不再是主动性的协议转让，而是被动性的竞争淘汰。随着国有企业公司制股份制改革以及改制上市工作步伐的加快，国有股东主营业务资产逐步向所控股上市公司集中，最终实现整体上市，国有资产监管的重心也将逐步转向国有控股上市公司。针对上述国企改革的大趋势，国有股东对公司控制权的控制力和在控制权市场上的竞争能力至关重要。国有企业应当如何提高控制权市场上的竞争能力？是一个值得学界和政策制定者共同关注的话题。本文以“鄂武商事件”为对象，对国有股东的控制权市场竞争问题进行了研究。主要观点包括：第一，国有股东通过市场手段参与控制权的竞争并不违反效率的原则；第二，国有股东面临着非经济目标所形成的竞争约束，而赋予国企职工在控制权竞争中相应的话语权则是一个合理的平衡机制。

本文的重点是研究国有股东与民营股东在争夺公司控制权的过程中的行为及结果，以及国有企业员工对于控制权竞争结果的潜在影响力。然而控制权之争作为资本市场的重大事件，是一个复杂的博弈过程，这一过程涉及多方利益相关者，机构投资者所扮演的角色尤其重要。机构投资者的行为会引导市场反应，对于控制权争夺的过程及结果都会产生重要影响。贝特尔和胡（Bethel & Hu，2009）的研究就关注到了机构投资者在控制权竞争中的行为，他们的研究指出机构投资者会在一个收购公告后买入股票并获得投票权，通过投票权实施对目标公司的影响。国有控股公司控制权竞争中机构投资者的行为和作用是本文尚未涉及的一个重要方面，这是本文的不足，同时也是我们进一步研究的方向。

我国国有企业产权改革始终是一个不断探索的过程，缺乏前向参照，每个改革阶段都要求有对应的理论和制度创新。国有控制权的市场竞争是股改之后的新问题，本文针对这一问题进行了探索性研究，以此为相应的理论研究和制度创新提供线索和参考。

参考文献

[1] Bethel J. E., Hu G., and Wang Q. H. The Market for Shareholder Voting Rights around Mergers and Acquisitions: Evidence from Institutional Daily Trading and Voting [J]. Journal of Corporate Finance, 2009, 15 (1): 129 – 145.

[2] Bradley M., Desai A., and Kim E. H. The Rationale Behind Interfirm Tender Offers: Information or Synergy? [J]. Journal of Financial Economics, 1983, 11 (1 – 4): 183 – 206.

[3] Dodd P., Ruback R. Tender Offers and Stockholder Returns: An Empirical Analysis [J]. Journal of Financial Economics, 1977, 5 (3): 351 – 373.

[4] Dyck A., Zingales L. Private Benefits of Control: An International Comparison [J]. The Journal of Finance, 2004, 59 (2): 537 – 600.

[5] Hitt M. A., Hoskisson R. E., Johnson R. A., and Moesel D. D. The Market for Corporate Control and Firm Innovation [J]. Academy of Management Journal, 1996, 39 (5): 1084 – 1119.

[6] Höpner M., Jackson G. Revisiting the Mannesmann Takeover: How Markets for Corporate Control Emerge [J]. European Management Review, 2006, 3 (3): 142 – 155.

[7] Jensen M. C., Ruback R. S. The Market for Corporate Control: The Scientific Evidence [J]. Journal of Financial Economics, 1983, 11 (1 – 4): 5 – 50.

[8] Kaplan S. The Effects of Management Buyouts on Operating Performance and Value [J]. Journal of Financial Economics, 1989, 24 (2): 217 – 254.

[9] Kotter J. P. The Psychological Contract: Managing the Join-up Process [J]. California Management Review, 1973, 15: 91 – 99.

[10] Kumar P., Ramchand L. Takeovers, Market Monitoring, and International Corporate Governance [J]. The Rand Journal of Economics, 2008, 39 (3): 850 – 874.

[11] Manne H. G. Mergers and the Market for Corporate Control [J]. The Journal of Political Economy, 1965, 73 (2): 110 – 120.

［12］ Offenberg D. Firm Size and the Effectiveness of the Market for Corporate Control ［J］. Journal of Corporate Finance，2009，15 （1）：66 –79.

［13］ Robinson D. T. Size，Ownership，and the Market for Corporate Control ［J］. Journal of Corporate Finance，2009，15 （1）：80 –84.

［14］ Rose M. J. Heterogeneous Impacts of Staggered Boards by Ownership Concentration ［J］. Journal of Corporate Finance，2009，15 （1）：113 –128.

［15］ Song M.，Walkling R. A. The Impact of Managerial Ownership on Acquisition Attempts and Target Shareholder Wealth ［J］. Journal of Financial and Quantitative Analysis，1993，28 （4）：439 –357.

［16］ Van Apeldoorn B.，Horn L. The Marketisation of European Corporate Control：A Critical Political Economy Perspective ［J］. New Political Economy，2007，12 （2）：211 –235.

［17］ 伯利，米恩斯．现代公司与私有财产 ［M］．甘华鸣，罗锐韧，蔡如海译．北京：商务印书馆，2005.

［18］ 崔宏，夏冬林．全流通条件下的股东分散持股结构与公司控制权市场失灵——基于上海兴业房产股份有限公司的案例分析 ［J］．北京：管理世界，2006，10：114 –127.

［19］ 黄速建，余菁．国有企业的性质、目标与社会责任 ［J］．中国工业经济，2006，2：68 –76.

［20］ 李善民，胡朝晖，夏芸．市场控制权争夺下的成功善意战略并购——太太药业收购丽珠集团的分析 ［J］．经济管理，2007，23：38 –43.

［21］ 陆瑶．激活公司控制权市场对中国上市公司价值的影响研究 ［J］．金融研究，2010，7：144 –157.

［22］ 青木昌彦，奥野正宽．经济体制的比较制度分析 ［M］．北京：中国发展出版社，2005.

［23］ 徐细雄，刘星．创始人权威、控制权配置与家族企业治理转型——基于国美电器“控制权之争”的案例研究 ［J］．北京：中国工业经济，2012，2：139 –148.

［24］ 徐信忠，黄张凯，刘寅，薛彤．大宗股权定价的实证检验 ［J］．北京：经济研究，2006，1：101 –108.

［25］ 朱红军，汪辉．“股权制衡”可以改善公司治理吗？——宏智科技股份有限公司控制权之争的案例研究 ［J］．北京：管理世界，2004，10：114 –125.

附表　　鄂武商控制权争夺事件

时间	控制权争夺事件	国资系股权比例变动	银泰系股权比例变动	国资系控制的股权比例：银泰系控制的股权比例
第一次控制权争夺				
2006.01.06	银泰系以换股方式、协议转让方式、公开拍卖方式、二级市场交易方式获得法人股和流通股[1]		+9.44%	29.75%：9.44
2006.01.13	银泰系以协议转让方式获得法人股[2]		+3.67%	29.75%：13.11
2006.03.30	实施股权分置改革对价安排[3]	-12.52%	+1.61%	17.23%：14.72
2006.04.05	银泰系以二级市场交易方式获得流通股[4]		1.58%	17.23%：16.30%
2006.04.13	银泰系以二级市场交易方式获得流通股[5]		1.81%	17.23%：18.11%
2006.04.14	银泰系发布《武汉武商集团股份有限公司收购报告书摘要》[6]			
2006.04.14	国资系联合一致行动人并公告仍为第一大股东[7]	+2.43%	-2.43%	19.66%：15.68%
2006.09.16	银泰系联合一致行动人以二级市场交易方式增持流通股，并公告成为第一大股东[8]		+4.56%	19.66%：20.24%
2006.09.20	国资系联合一致行动人增持并公告仍为第一大股东[9]	+3.02%		22.68%：20.24%
2006.09.21	银泰系发布《武汉武商集团股份有限公司详式权益变动报告书》，公告收购意向[10]			
2006.09.27	国资系发布《武汉武商集团股份有限公司详式权益变动报告书》公告收购意向[11]			
2006.09.29	银泰受让其一致行动人的股权[12]			
2006.10.18	国资系一致行动人以现金出资换回对银泰的股权投资，银泰系撤回《收购报告书》[13]			
第二次控制权争夺				
2011.03.29	银泰系二级市场增持，成为第一股东[14]		+2.68%	22.68%：22.72%
2011.03.30	国资系联合一致行动人增持，成为第一股东[15]	+0.13%		22.81%：22.72%
2011.04.07	银泰系联合一致行动人二级市场增持，成为第一股东[16]		+1.11%	22.81%：23.83%
2011.04.11	国资系联合一致行动人增持，成为第一股东[17]	+1.18%		23.99%：23.83%
2011.04.14	银泰系联合一致行动人二级市场增持，成为第一股东[18]		+0.65%	23.99%：24.48%
2011.04.15	国资系联合一致行动人增持，成为第一股东[19]	+0.53%		24.52%：24.48%

续表

时间	控制权争夺事件	国资系股权比例变动	银泰系股权比例变动	国资系控制的股权比例：银泰系控制的股权比例
2011.06.03	国资系联合一致行动人增持，成为第一股东[20]	0.15%		24.67%：24.48%
2011.06.10	国资系通过二级市场集中交易及大宗交易增持[21]	5%		29.67%：24.48%
2011.07.15	国资系通过二级市场交易增持[22]	0.32%		29.99%：24.48%

注：①深交易所上市公司公告《武汉武商集团股份有限公司股东持股变动报告书》（2006 年 1 月 10 日）

②深交易所上市公司公告《关于武汉武商集团股份有限公司股权分置改革的补充法律意见书》（2006 年 1 月 13 日）

③深交易所上市公司公告《武汉武商集团股份有限公司股权分置改革方案实施公告》（2006 年 3 月 30 日）

④深交易所上市公司公告《武汉武商集团股份有限公司股东持股增加报告》（2006 年 4 月 5 日）

⑤深交易所上市公司公告《武汉武商集团股份有限公司股东持股增加报告》（2006 年 4 月 13 日）

⑥深交易所上市公司公告《武汉武商集团股份有限公司收购报告书摘要》（2006. 4. 14）

⑦深交易所上市公司公告《武汉国有资产经营公司关于武汉武商集团股份有限公司股东持股情况公告》（2006. 4. 14）

⑧深交易所上市公司公告《关于武汉银泰、浙江银泰及其一致行动人增持 G 武商 A 的股份成为第一大股东的提示性公告》公告编号：2006 – 027（2006. 9. 16）

⑨深交易所上市公司公告《关于武汉国有资产经营公司及其一致行动人成为 G 武商 A 第一大股东的提示性公告》）公告编号：2006 – 030（2006. 9. 20）

⑩深交易所上市公司公告《武汉武商集团股份有限公司详式权益变动报告书》（2006. 9. 21）

⑪深交易所上市公司公告《武汉武商集团股份有限公司详式权益变动报告书》（2006. 9. 27）

⑫深交易所上市公司公告《关于武汉银泰、浙江银泰的一致行动人卓和贸易和中信信托转让其持有 G 武商 A 股份的公告》（2006. 9. 29）

⑬深交易所上市公司公告《武汉银泰、浙江银泰关于撤回 2006 年 4 月 14 日“收购报告书”等申请材料的公告》公告编号：2006 – 034（2006. 10. 18）

⑭深交易所上市公司公告《武商集团关于浙江银泰投资有限公司二级市场增持股份的提示性公告》公告编号：2011 – 009（2011. 3. 29）

⑮深交易所上市公司公告《关于武汉商联（集团）股份有限公司及其一致行动人为公司第一大股东的公告》公告编号：2011 – 010（2011. 3. 30）

⑯深交易所上市公司公告《武商集团关于申请停牌的提示性公告》公告编号：2011 – 011（2011. 4. 7）

⑰深交易所上市公司公告《关于武汉商联（集团）股份有限公司及其一致行动人为公司第一大股东的公告》公告编号：2011 – 012（2011. 4. 11）

⑱深交易所上市公司公告《武商集团关于申请停牌的提示性公告》公告编号：2011 – 014（2011. 4. 14）

⑲深交易所上市公司公告《关于武汉商联（集团）股份有限公司及其一致行动人为公司第一大股东的公告》公告编号：2011 – 015（2011. 4. 15）

⑳深交易所上市公司公告《关于武汉商联（集团）股份有限公司签署一致行动人协议暨权益变动提示性公告》公告编号：2011 – 028（2011. 6. 3）

㉑深交易所上市公司公告《武汉武商集团股份有限公司关于公司股东权益变动的提示性公告》公告编号：2011 – 033（2011. 6. 10）

㉒深交易所上市公司公告《武汉武商集团股份有限公司重大事项停牌公告》公告编号：2011 – 037（2011. 7. 15）